Les manuels du peintre

INTRODUCTION
À L'AQUARELLE

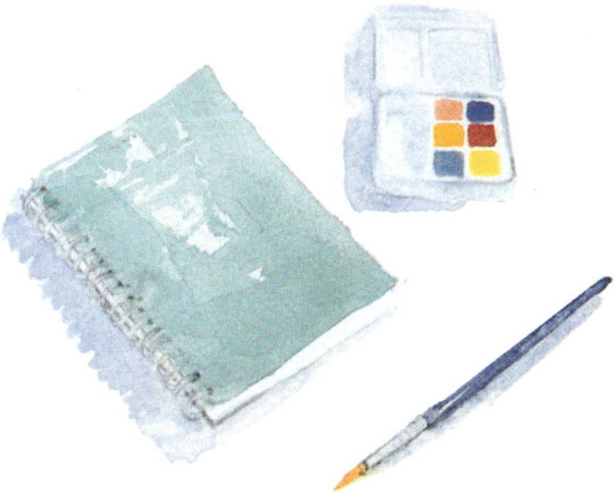

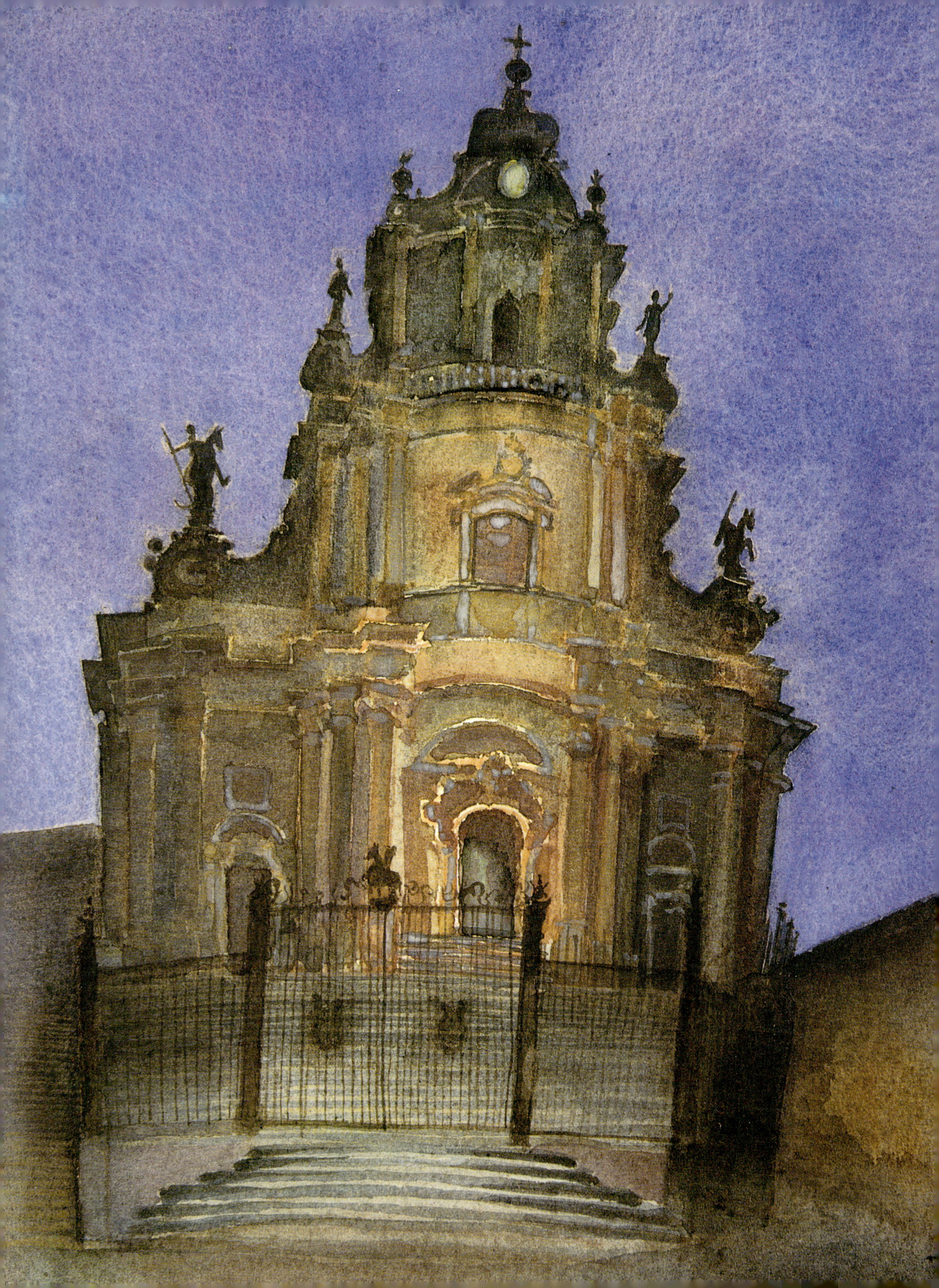

Les manuels du peintre

INTRODUCTION À L'AQUARELLE

RAY SMITH
en collaboration avec la
ROYAL ACADEMY OF ARTS

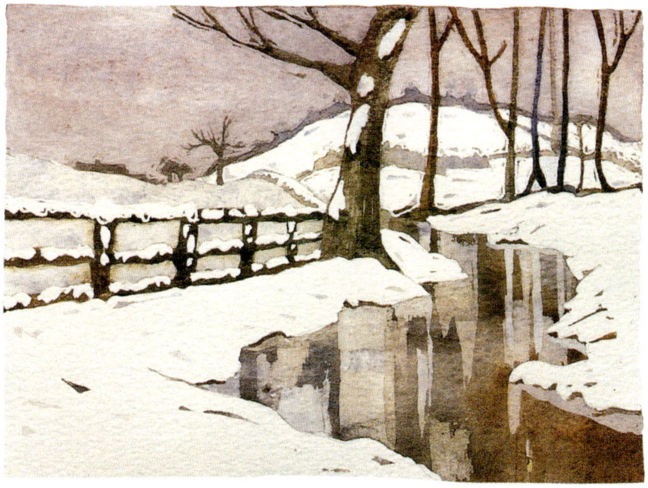

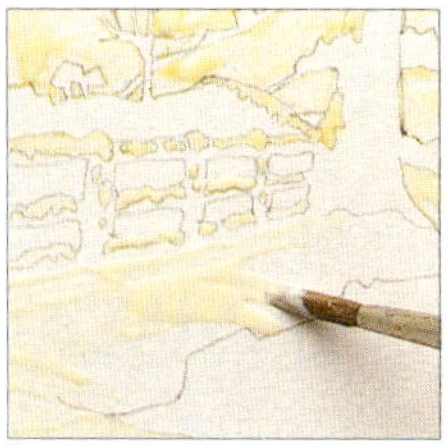
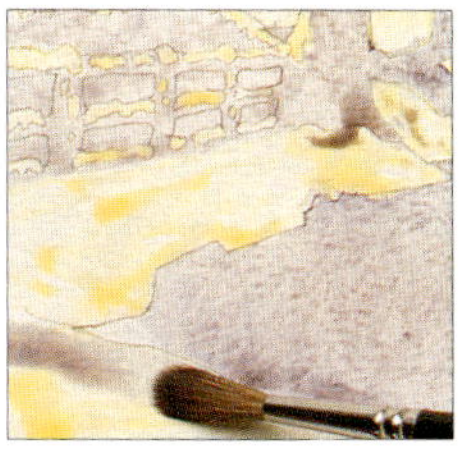
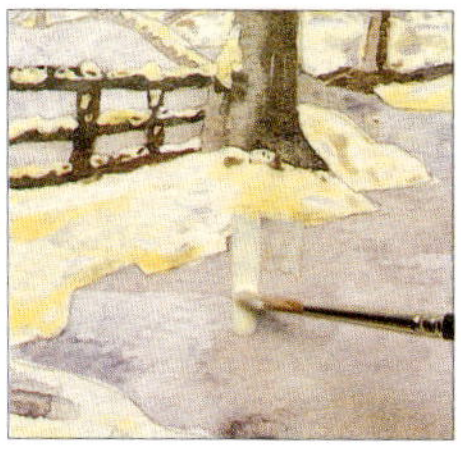
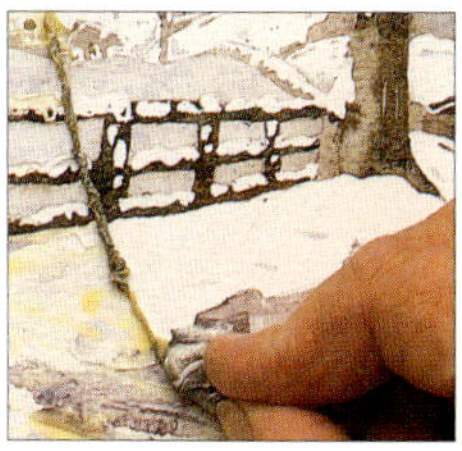

Dessain et Tolra

A DORLING KINDERSLEY BOOK

Édition originale

Titre original en anglais : An Introduction to Watercolour
ISBN 0 7513 0026 8

Édition française

Traduction : Dominique Heliès et Isabelle Taudière
Révision et préparation : Marie-Thérèse Lestelle
Coordination technique : Yann Mahé
Édition : Isabelle Barbin
Directrice éditoriale : Catherine Franck-Dandres
Composition : Empreintes

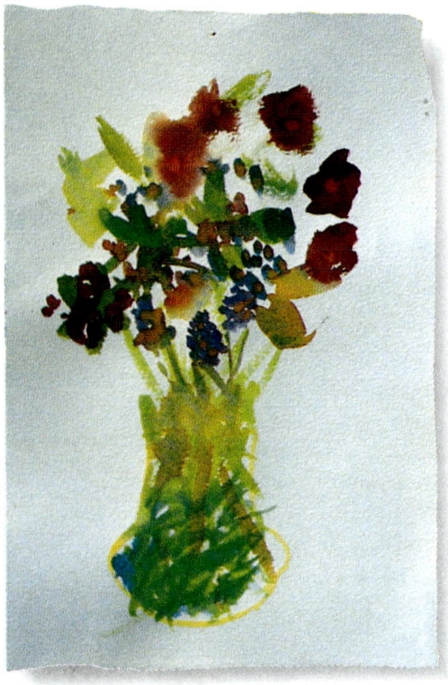

Réimpression Dépôt légal : mars 1997
Imprimé en Chine par Toppan Printing en Juin 2001
ISBN : 2-249-27947-0
ISSN : 1255-0647

TABLE DES MATIÈRES

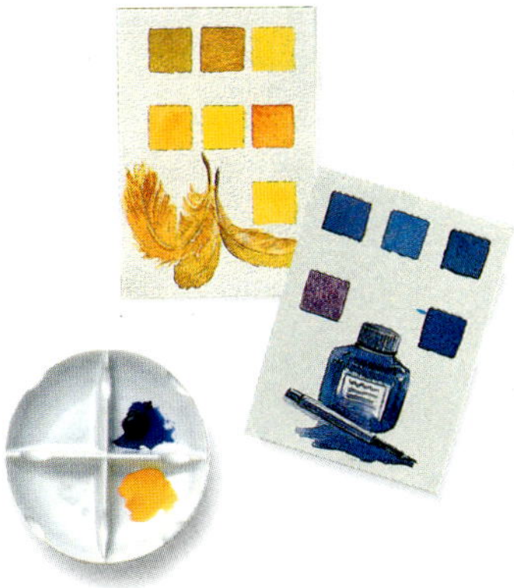

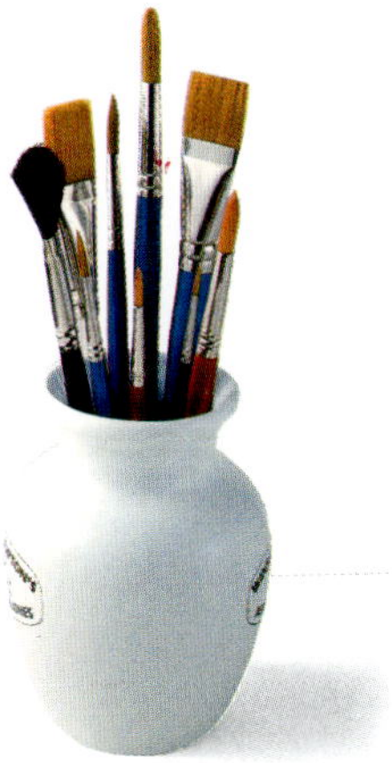

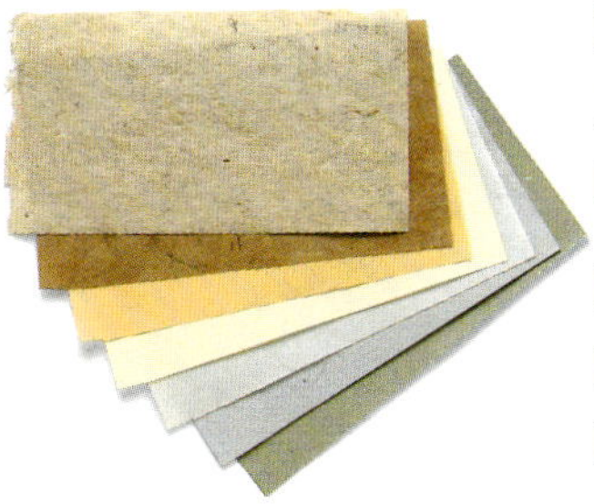

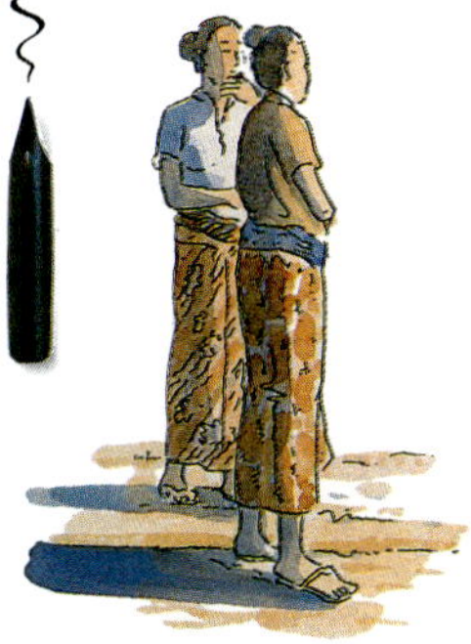

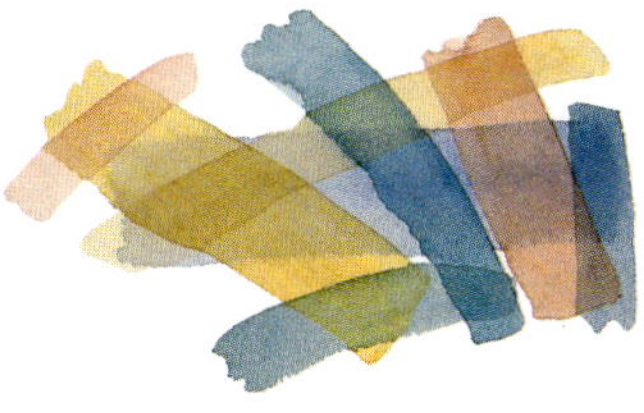

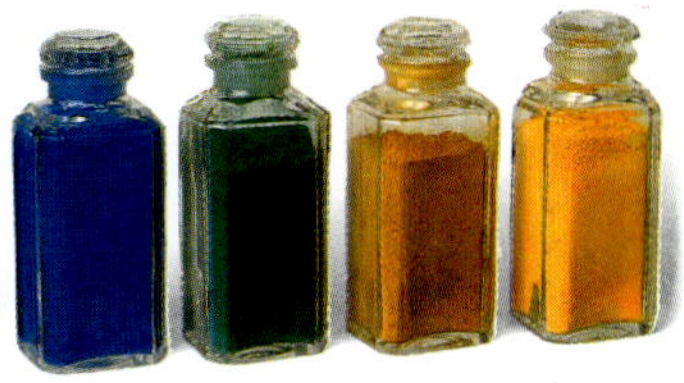

L'Aquarelle

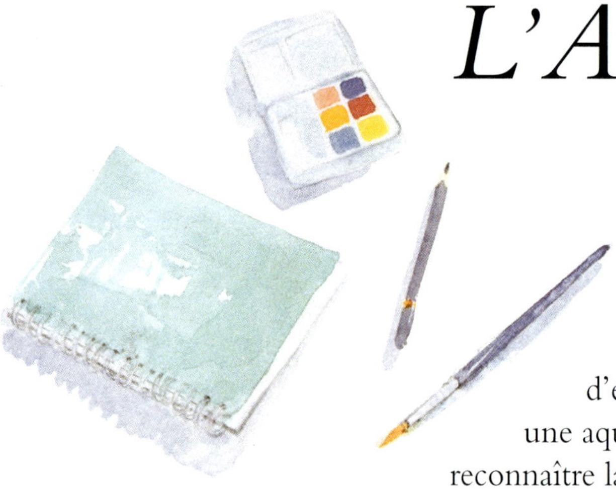

De toutes les techniques de peinture, l'aquarelle est la plus agréable et la plus facile à manier, la mieux adaptée aux différents styles d'expression picturale. Une petite boîte de couleurs, deux ou trois pinceaux, un bloc de papier et un peu d'eau : que faut-il de plus pour essayer ? Il suffit de regarder une aquarelle pour deviner la manière dont elle a été exécutée, reconnaître la touche de son auteur et déceler les moindres gestes et mécanismes qui ont présidé à sa réalisation. C'est la nature de cette technique particulière qui révèle au grand jour les procédés mis en œuvre par l'artiste. À moins d'employer la gouache (voir p. 64-65), vous ne pouvez, avec l'aquarelle, reprendre impunément une couleur ou dissimuler aisément un détail du tableau comme c'est le cas avec l'huile ou l'acrylique.

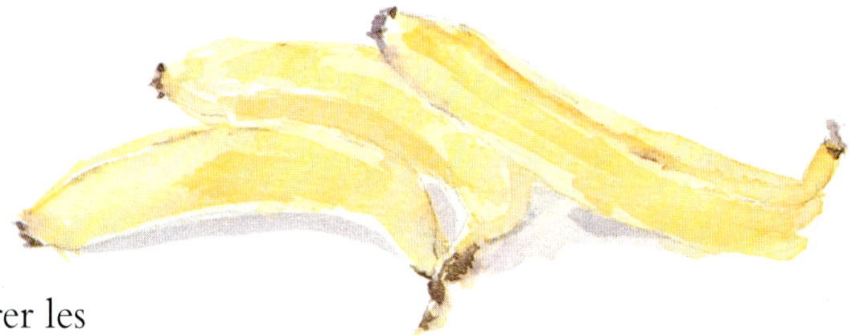

Percer le mystère

La technique de l'aquarelle permet au spectateur attentif de démêler l'écheveau de gestes accomplis par l'artiste. Il suffit d'un peu d'expérience et de quelques rudiments de technique pour que chacun soit capable de déchiffrer les œuvres de maîtres et d'y puiser une mine d'informations pratiques. Ainsi, chaque chapitre de cet ouvrage s'achève sur une « étude » de peintures illustres – fussent-elles chefs-d'œuvre historiques ou contemporains – qui vous aidera, dans le sillage des grands maîtres, à parfaire votre apprentissage.

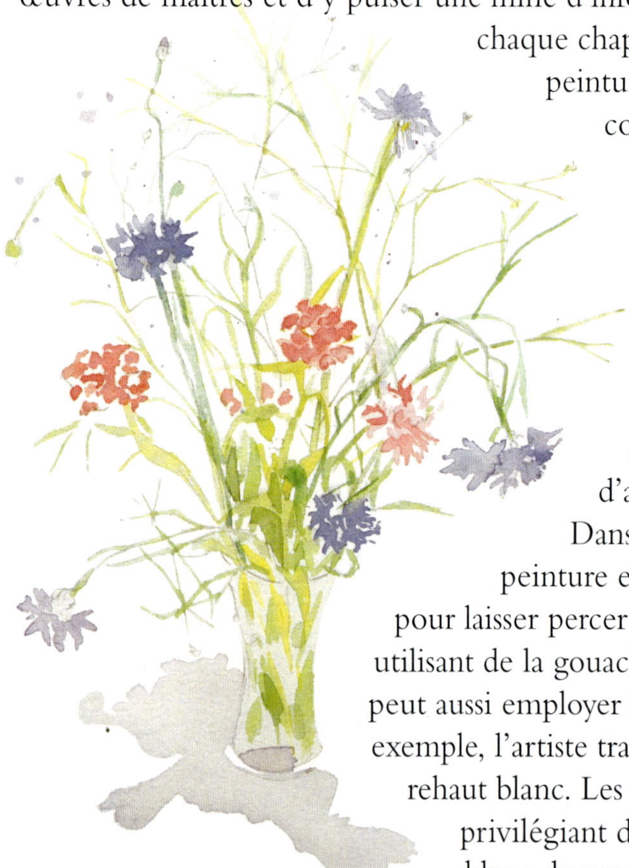

La magie de la transparence

L'aquarelle doit cette prodigieuse « lisibilité » à sa transparence. Elle fonde la plupart de ses effets sur la capacité des rayons lumineux à pénétrer le papier et à se refléter dans l'œil du spectateur à travers la pellicule de peinture diaphane. En superposant plusieurs couches d'aquarelle, les lavis s'assombrissent en absorbant la lumière. Dans les techniques opaques, la lumière se réfléchit sur la peinture elle-même, non sur le papier, la couleur étant trop dense pour laisser percer les rayons. Il existe une technique d'aquarelle opaque utilisant de la gouache, procédé que nous étudierons ultérieurement. On peut aussi employer la gouache dans des peintures très transparentes où, par exemple, l'artiste travaillant sur du papier mi-teinte souhaite ajouter un rehaut blanc. Les plus puristes des aquarellistes n'ont pas utilisé la gouache, privilégiant davantage les superpositions de lavis translucides et le blanc du papier pour obtenir ces touches de lumière.

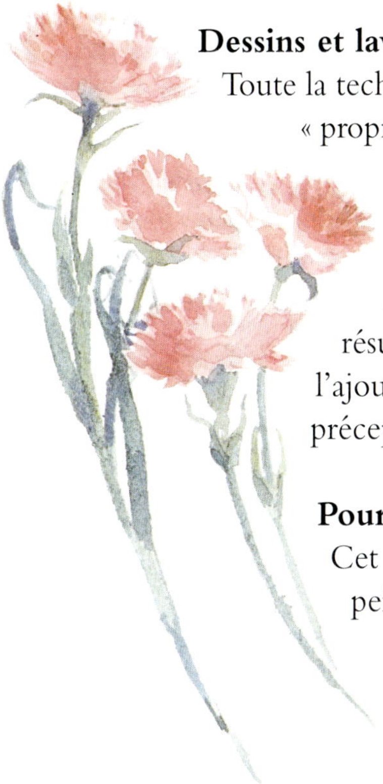

Dessins et lavis de couleurs

Toute la technique de l'aquarelle, *stricto sensu*, se résume à une méthode efficace et « propre » d'application de lavis de couleurs sur un dessin exécuté au crayon. Bien des peintres ont choisi l'aquarelle pour apprendre toutes les « ficelles » du métier et maîtriser progressivement les outils et les procédés de cet art. L'aquarelle constitue une excellente initiation qui, sans risquer d'intimider l'artiste en herbe, lui permet, avec un peu de pratique, d'obtenir des résultats fort convaincants ! Un simple dessin peut être métamorphosé par l'ajout de quelques lavis colorés. C'est en commençant ainsi, aidé de quelques préceptes, que l'on parvient assez vite à une étonnante maîtrise du sujet.

Pour commencer

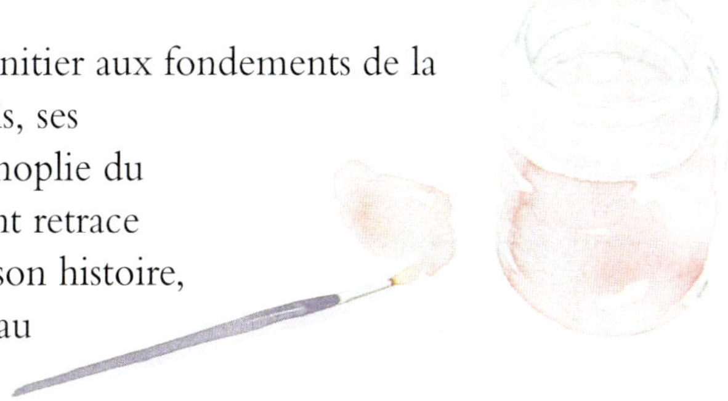

Cet ouvrage se propose de vous initier aux fondements de la peinture à l'aquarelle, à ses outils, ses techniques... et à toute la panoplie du peintre. Si le chapitre suivant retrace quelques grandes pages de son histoire, les multiples astuces glanées au hasard de ce livre vous ouvriront la voie du succès. Un premier conseil : savourez cet art ; laissez-vous guider par le désir et le bonheur de peindre sans chercher à reproduire un sujet à la perfection. S'il vous arrive de vous décourager – c'est le lot de tous les peintres – il faut persévérer, tenter une nouvelle démarche. N'oubliez pas que la qualité de votre matériel est primordiale : inutile de tirer un trait fin si votre pinceau ne tient plus la pointe ! Comment empêcher le papier de gondoler si vous ne l'avez pas tendu au préalable ? Il est temps d'apprécier quelques célèbres aquarelles, puis de vous lancer dans cette superbe aventure artistique.

Bonne chance !

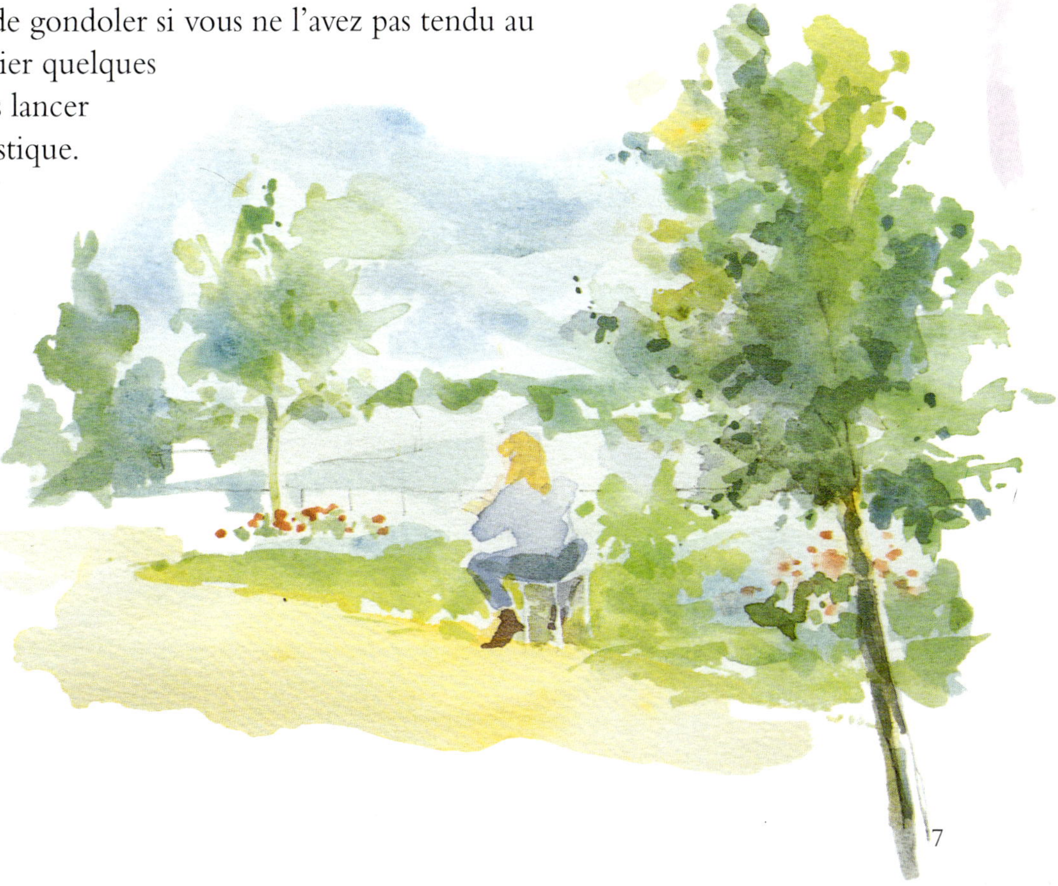

UN PEU D'HISTOIRE

ON A CONFONDU SOUVENT à tort, l'apogée de l'aquarelle qui marque la Grande-Bretagne de la fin du XVIIIe siècle, avec son avènement. Or, les artistes utilisaient des liants solubles dans l'eau avec des pigments depuis fort longtemps. Albrecht Dürer (1471-1528) n'attendit pas la fin du XVe siècle pour exécuter une remarquable série de paysages qui peut, à juste titre, figurer au rang de peinture à l'aquarelle. Ce peintre employait des peintures solubles à l'eau sur du parchemin ou du papier, superposant des couleurs transparentes et jouant de la teinte du papier pour illuminer ses œuvres.

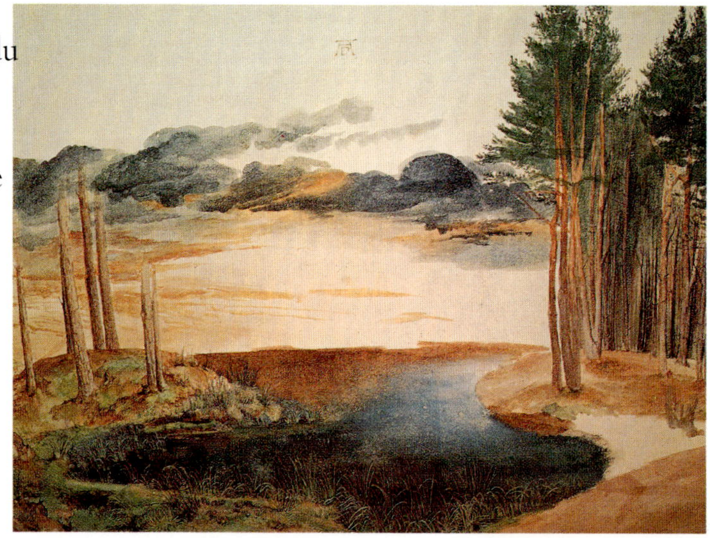

Albrecht Dürer, *L'Étang dans la forêt*, 1495-1497 Londres, British Museum.
Cette aquarelle est émouvante par sa dimension contemporaine ; l'ambiance de désolation, les arbres tronqués ne suggèrent-ils pas une vision apocalyptique du monde ?

LE XVIIe SIÈCLE nous laisse en héritage quelques dessins monochromes réalisés à la plume, à l'encre et au lavis, ou exécutés au pinceau et au lavis, par d'éminents peintres dont Nicolas Poussin (1594-1665) et Claude Lorrain (1600-1682). Si ces études ne peuvent être qualifiées d'aquarelles au sens strict, elles préfigurent toutefois, par leur style et le procédé utilisé, les œuvres des aquarellistes postérieurs.

L'essor du réalisme

C'est en 1636 que Wenceslas Hollar (1607-1677) quitte Prague pour l'Angleterre. Ses vues panoramiques des rivages et des villes anglaises qu'il sillonne attestent son désir de se détourner des paysagistes classiques comme Claude Lorrain pour une représentation simple et authentique des sites. Parmi ses émules, citons Francis Place (1647-1728) qui, outre de multiples paysages panoramiques, exécuta un bel ensemble de dessins d'après nature, à la plume et au lavis, qui révèle une remarquable maîtrise de ces deux techniques.

La seconde moitié du XVIIIe siècle voit l'émergence de peintres séduits par l'aquarelle. Paul Sandby (1725-1809) fut l'un des premiers artistes britanniques à reconnaître et à exploiter le potentiel de cet art dans des œuvres qui révèlent l'alliance de la gouache et de la peinture transparente. Son frère Thomas (1723-1798), architecte de métier, fut aussi un aquarelliste de talent particulièrement doué pour les dessins au lavis pur.

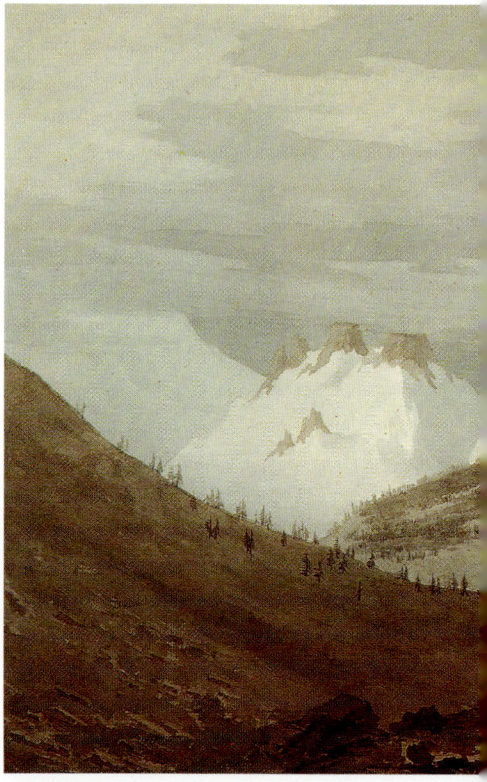

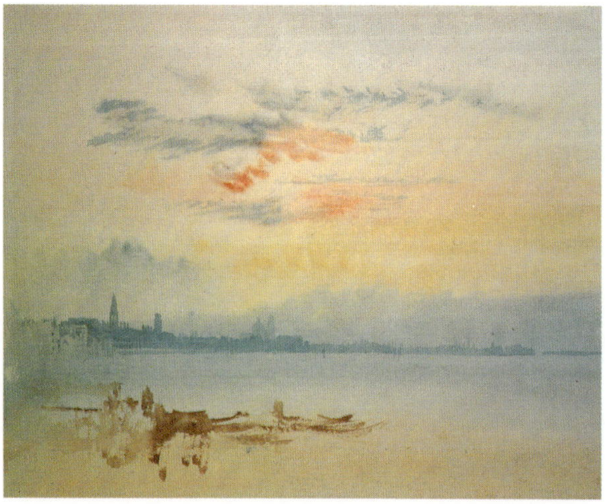

J. M.W. Turner, *Venise : lever du jour à l'est de la Giudecca*, 1819, Londres, British Museum
Cette étude (ci-contre) témoigne d'une grande parcimonie de moyens; les bruns chauds suffisent à créer l'impression de distance sur la lagune.

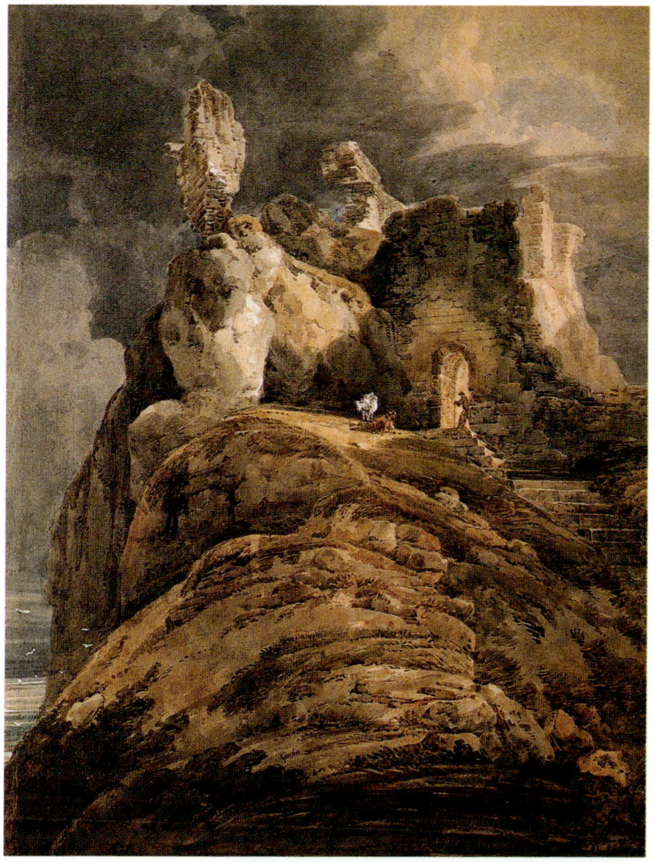

Thomas Girtin, ***Château de Bamburgh, Northumberland,*** **1797-1799,** Londres, Tate Gallery.
Sur du papier teinté d'un brun chaud, Girtin a posé quelques touches de gouache blanche pour mettre en valeur certains détails, comme les vaches, les mouettes (à gauche) et les rochers au sommet de la montagne.

Alexandre Cozens (1717-1786) réalisa quelques études simples d'après nature. Son fils, J. R. Cozens (1752-1797), fut un paysagiste remarquable par l'intensité et la puissance de l'atmosphère qui règne dans ses œuvres (au centre). Ses thèmes sont un hymne à l'imposante majesté de la nature face aux minuscules figures et édifices, tout juste perceptibles, écrasés par la montagne ou les remparts d'une ville.

En revanche, les peintures de Francis Towne (1740-1816), opposent un style schématique, déroutant, reconnaissable par son sens profond de la forme, du dessin et de l'ordre.

Pour d'autres artistes contemporains comme Thomas Gainsborough (1727-1788), l'aquarelle apportait une couleur et une tonalité aux dessins à la craie. Ses études, marquées par des touches vigoureuses et amples, dénotent une remarquable spontanéité.

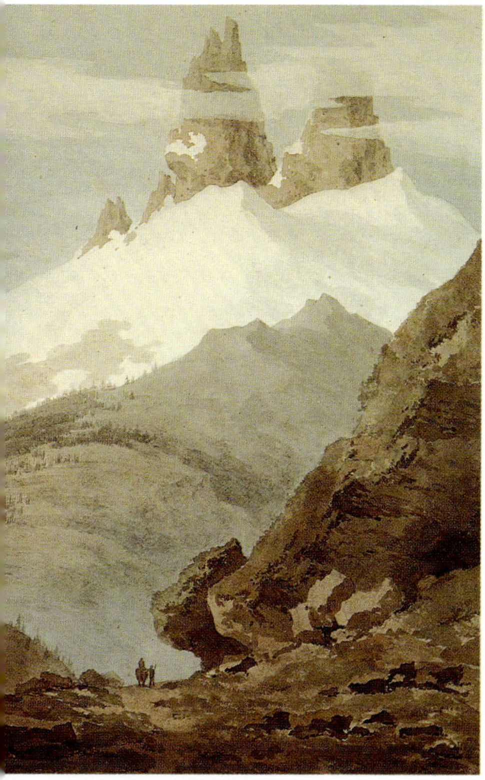

John Robert Cozens, ***Chamonix et Martigny,*** **vers 1776,** collection privée.
La solitude des silhouettes menacées par le rocher et insignifiance des sapins traduisent le caractère de ce site alpin.

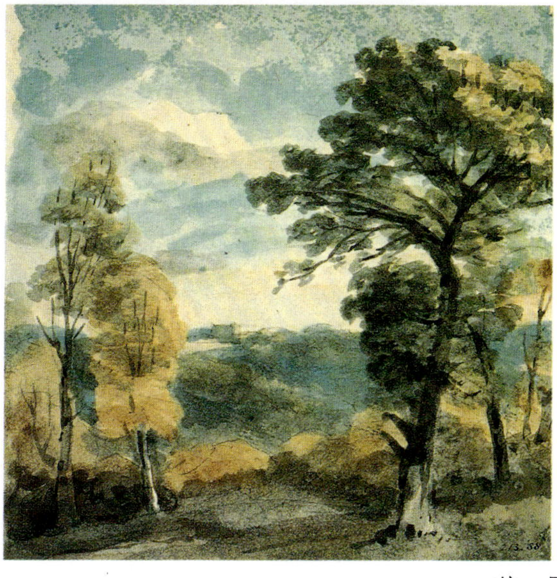

John Constable, ***Paysage avec des arbres et un château au loin,*** **1805,** Londres, Victoria and Albert Museum.
Ce tableau est une étude éclatante d'arbres et de feuillages, traités dans des jaunes et des bruns chauds, qui se détachent sur les bleus du paysage lointain et du ciel. Constable aimait l'étude directe de la nature. On admire en lui la liberté et l'assurance de sa facture ainsi que sa touche large et généreuse.

Un nouveau statut

La fin du XVIIIe siècle fut témoin de l'épanouissement de deux grands génies de l'aquarelle : Joseph Turner (1775-1851) (page de gauche) et Thomas Girtin (1775-1802) (en haut, à droite). La qualité, l'envergure et l'expression franche de leurs œuvres devaient donner à l'aquarelle ses lettres de noblesse. Elles permirent à cette technique – naguère cantonnée au rôle de dessins coloriés et d'études préparatoires pour l'huile – de s'élever au rang d'art à part entière. Thomas Girtin essaya différents matériaux. Il peignit sur du papier à dessin à gros grain de manière à travailler sur un support légèrement teinté. Il n'utilisa que quelques couleurs, constatant que tous les effets souhaités pouvaient naître d'une gamme restreinte de coloris.

Les audaces d'un visionnaire

Turner, plus que tout autre artiste, fit de l'aquarelle un grand art, la pratiquant avec persévérance, au-delà de simples exercices de coloriage de dessins, défiant les lois de la peinture, modifiant les plans, expérimentant de nouveaux pigments et papiers. Il usa de la couleur, de la technique dite « sur fond sec », n'hésitant pas à frotter, éponger et gratter sa peinture (voir p. 56-59) dans une quête effrénée d'effets inédits.

Nombreux furent les contemporains de Turner, en Angleterre comme en France, à jouer un rôle dans l'essor de l'aquarelle. John Constable (1776-1837) exécuta des études directes de paysages dans un style vigoureux et franc, qui manifeste une science de l'instantané et l'usage fréquent de procédés de grattage pour créer divers effets de texture. John Sell Cotman (1782-1842) fut un aquarelliste exceptionnel, fort éloigné du naturalisme de ses contemporains. D'une technique très personnelle, ses œuvres sont composées par des harmonies rigoureuses de plans de couleurs et de tons riches et sombres qui se développent sur le papier à la manière d'un jeu de patience.

Les paysages de David Cox (1783-1859) trahissent un esprit tourmenté et sombre. La vitesse d'exécution transparaît sous les coups de pinceau larges qui viennent frapper la surface rugueuse du papier.

Le temps de l'épanouissement

Durant la seconde moitié du XIXe siècle, des artistes de renom furent attirés par l'aquarelle, notamment les Anglais Samuel Palmer (1805-1881) (ci-contre) et Alfred William Hunt (1830-1896), sans oublier les impressionnistes français Camille Pissarro (1830-1903) (au centre), Paul Gauguin (1848-1903) et Paul Cézanne (1839-1906). Ce dernier peignit près de quatre cents aquarelles et expérimenta avec un rare bonheur les effets de transparence sur le papier blanc, et les effets de la gouache, plus denses, sur un papier mi-teinte.

La diversité des mouvements et des styles dans l'évolution de la peinture au XXe siècle s'est traduite par une grande variété d'approches de l'aquarelle.

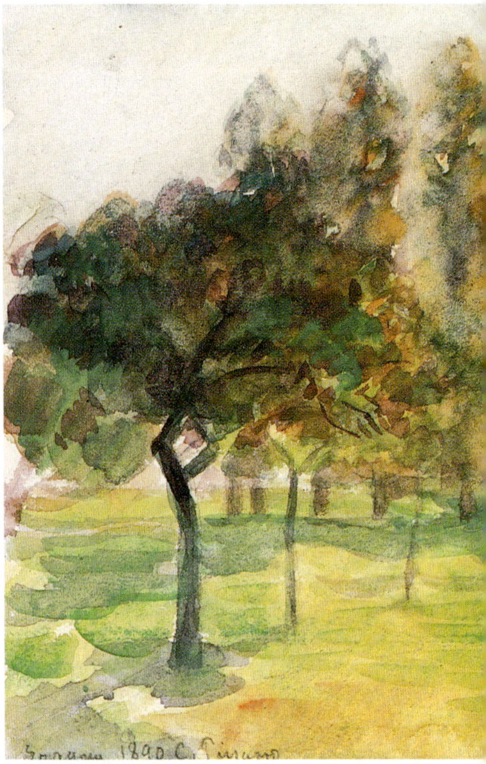

Camille Pissarro, *Verger*, vers 1890,
Londres, British Museum.
Cette étude, toute imprégnée d'eau, révèle la fusion des couleurs.

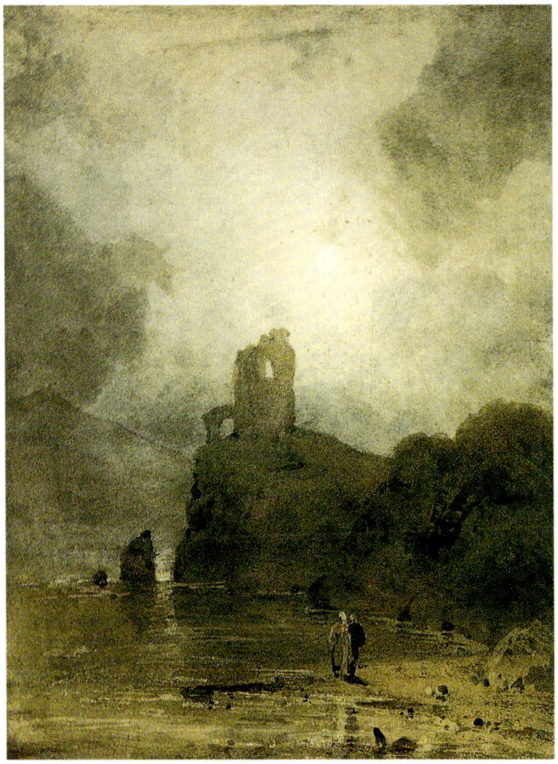

John Sell Cotman, *Le Château de Dolbadarn*, vers 1802.
Cette peinture atmosphérique, dans la calme lumière du soir, traduit la rigueur de la composition et du dessin.

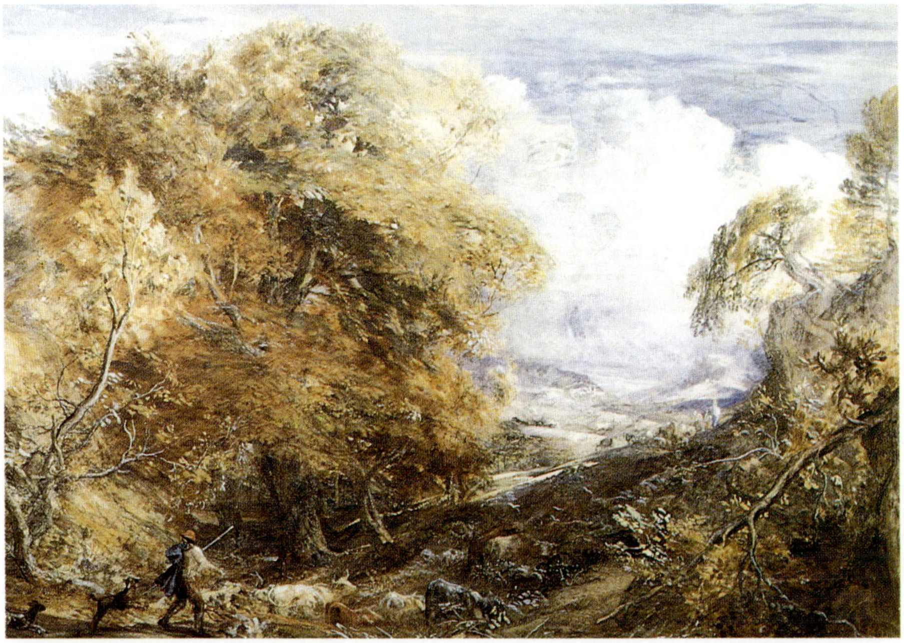

Samuel Palmer, *Le Bouvier*, vers 1855,
Oldham, Oldham Art Gallery.
Ce paysage luxuriant célèbre la nature et son feuillage texturé. Virtuose dans l'étude de la lumière, Palmer avive le premier plan de rehauts de gouache blanche, grattant par endroits la peinture pour laisser entrevoir le papier nu.

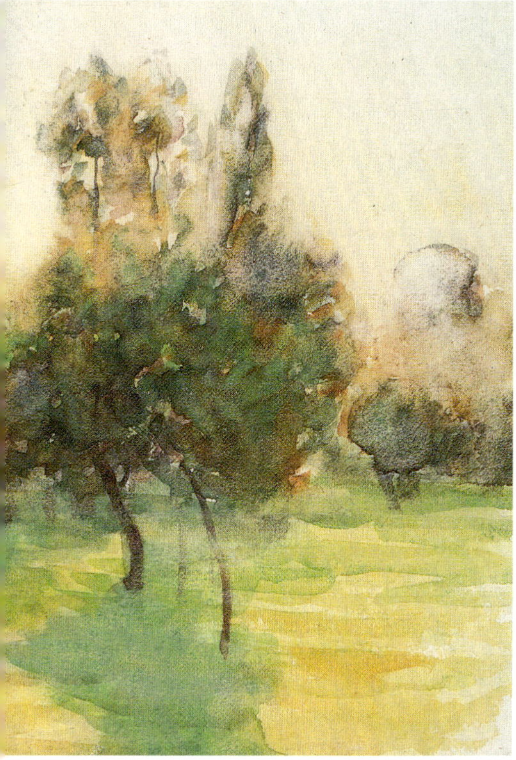

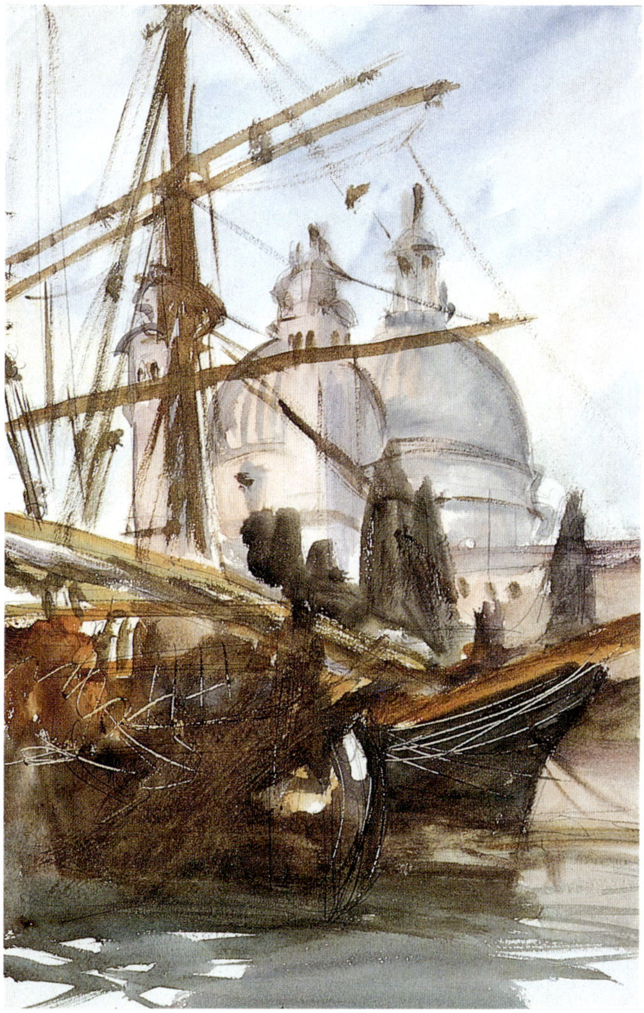

John Singer Sargent, ***Santa Maria della Salute, Venise,*** **1907-1908,** Londres, Victoria and Albert Museum. *Cette étude vibrante et mouvementée est celle d'un artiste qui exécuta des croquis improvisés. Il juxtapose ici couleur et dessin en un jeu adroit de contrastes nuancés, comme en témoignent les angles vifs de la vigoureuse mâture et la lourdeur des navires qui cassent le pâle arrondi des coupoles se dressant élégamment à l'arrière-plan.*

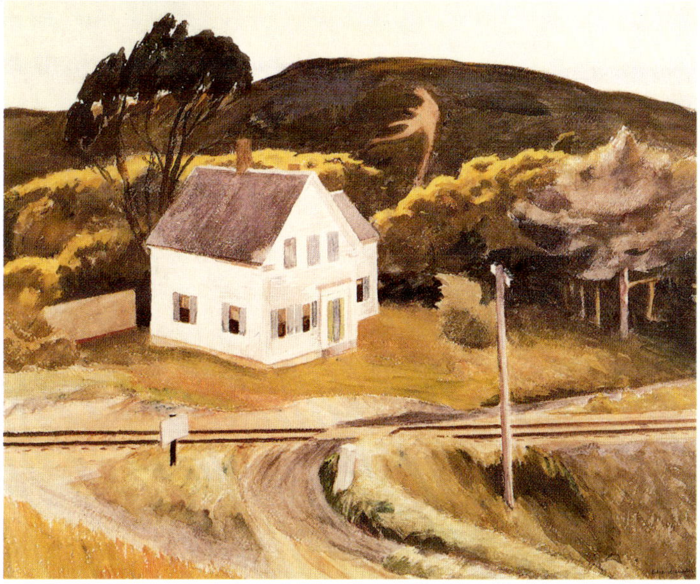

Edward Hopper, ***La Maison du capitaine Kelly,*** **1931,** New York, Whitney Museum of American Art. *Ce tableau demeure enveloppé d'un étrange mystère et d'ambiguïté.*

Parmi les groupes d'artistes ayant joué un rôle prépondérant dans la recherche d'une nouvelle esthétique figurent des membres de l'Académie de Munich dont le Moscovite Wassily Kandinsky (1866-1944), les Allemands Franz Marc (1880-1916), August Macke (1887-1914) et le Suisse Paul Klee (1879-1940) (voir p. 36). Kandinsky fut le précurseur d'un langage abstrait, l'un des premiers à affranchir l'aquarelle d'une fidélité picturale démesurée au profit d'une explosion de formes et de couleurs.

Klee expérimenta souvent l'aquarelle à maintes reprises, usant de fins lavis appliqués librement ainsi que de gouache fortement pigmentée sur une grande diversité de surfaces. Son œuvre est celle d'un magicien empli d'une poésie quasi enfantine.

De l'autre côté de l'Atlantique, Winslow Homer (1836-1910) et John Singer Sargent (1856-1925) (en haut à droite) développèrent un style distinct. Sargent parcourut l'Europe sa vie durant, soucieux de concilier ses talents de portraitiste et un large éventail de sujets. S'il reprend certains thèmes chers à Homer, il travaille surtout les effets de lumière et les jeux de couleur.

Il partage cet engouement avec Edward Hopper (1882-1967) (ci-contre) dont les aquarelles, en apparence d'une facture franche et solide, d'une désarmante sobriété, dénotent une charge émotive qui laisse le spectateur déconcerté.

Le grand maître de l'aquarelle au XXe siècle fut l'Allemand Emil Nolde (1867-1956) (voir p. 23).

Il emportait ses œuvres au théâtre, travaillant dans l'obscurité, sur le vif. À l'instar de Turner, il fit reculer les limites de cette technique, expérimentant sans relâche procédés et matériaux nouveaux.

Toute son œuvre fut un hommage à la couleur et à la forme, une véritable consécration de l'aquarelle.

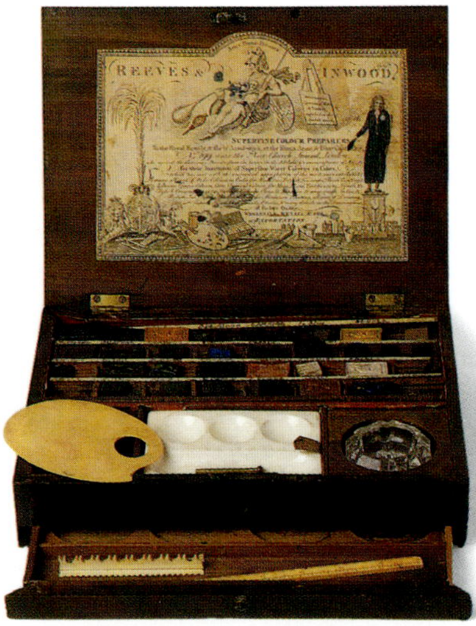

Coffret à aquarelle du XVIIIe siècle

La Peinture

La peinture pour aquarelle s'obtient en mélangeant, puis en broyant des pigments purs, en poudre fine, avec un liant soluble à l'eau comme la gomme arabique. Ces pigments sont les mêmes dans toute peinture : aquarelle, huile ou acrylique. La gomme arabique est un suc naturel qui se récolte en incisant l'écorce d'un acacia d'Afrique, *Acacia arabica*. La gomme la plus utilisée est celle de Kordofan, originaire du Soudan.

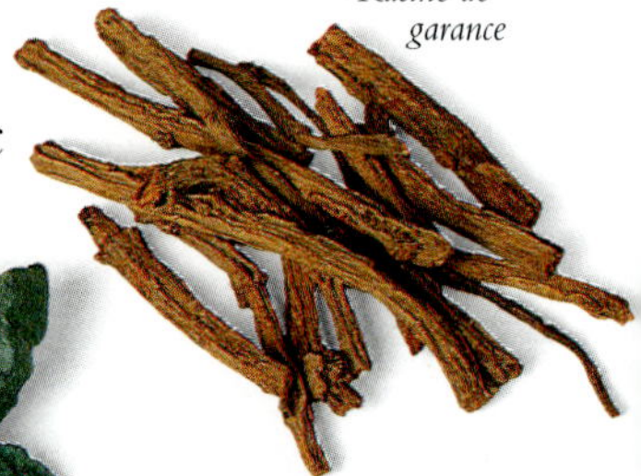

Racine de garance

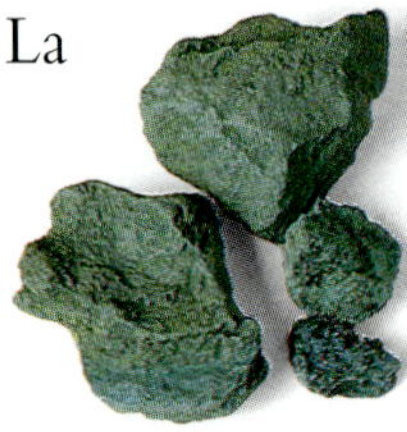

Terre verte

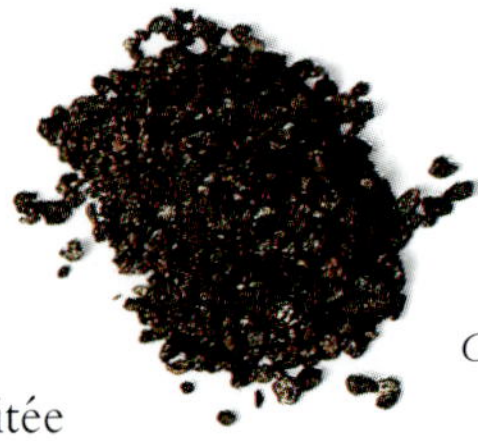

Cochenilles

Pigments
Terres et substances animales, bases de bien des pigments.

La préparation de la peinture est longue et délicate ; la gomme arabique est placée dans une cuve, diluée à 30 p. cent dans de l'eau, puis mélangée en pâte épaisse avec le pigment. Cette pâte est broyée dans un malaxeur à trois cylindres pour être conditionnée en tubes. Si la peinture est commercialisée en godets, la pâte est séchée en galettes qui sont pressées, puis modelées. On obtient ainsi de fins rouleaux colorés découpés à la dimension souhaitée (demi-godets, grands godets) avant d'être emballés.

Certaines substances peuvent parfaire le mélange liant-pigment pour donner au produit final sa stabilité. Citons la glycérine, liquide sirupeux qui, ajouté en infime quantité, facilite l'adhérence entre le pigment et le support et améliore la souplesse du matériau en préservant son humidité. Le miel était jadis utilisé à cette fin. Un agent humide, comme le fiel de bœuf, permet de disperser les particules de pigment. On a parfois recours à un agent épaississant lorsque le mélange pigment-gomme arabique est trop fin et nécessite plus de consistance. La dextrine joue ce

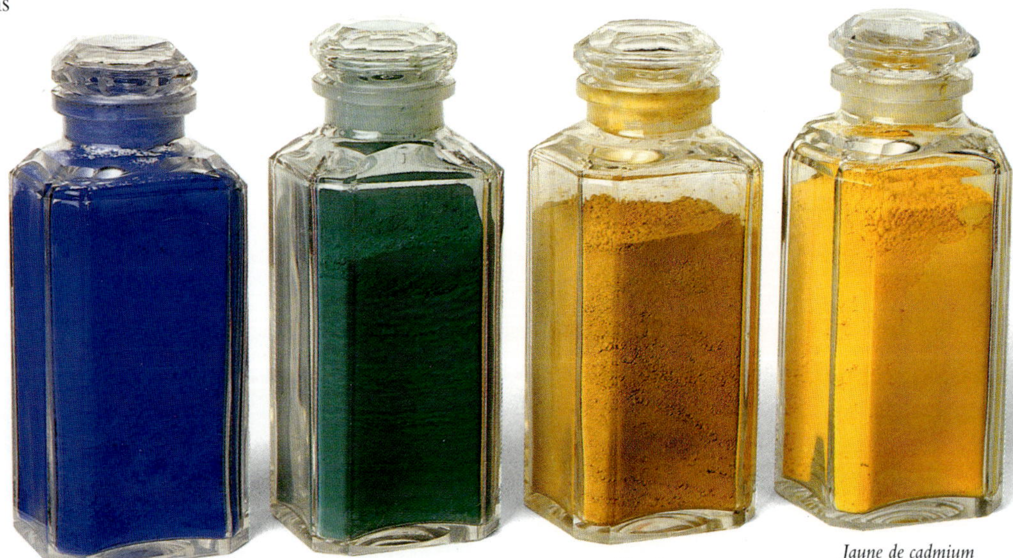

Outremer — *Vert émeraude* — *Ocre jaune* — *Jaune de cadmium*

Pigments en poudre
Les pigments sont constitués de fines particules solides et distinctes ; élément fondamental de la couleur à l'aquarelle, chaque pigment a des propriétés spécifiques, des qualités et des défauts dus à sa force, sa solidité à la lumière et sa transparence.

La « recette » de la peinture
Le mélange pigments broyés-gomme arabique est séché pour obtenir des galettes de couleur avant d'être pressé et modelé sous formes de rondins. Ceux-ci sont ensuite tronçonnés en petits dominos, selon la taille des godets.

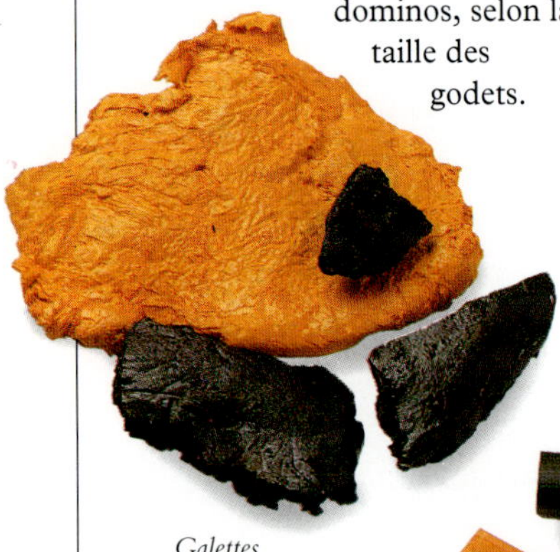

Galettes

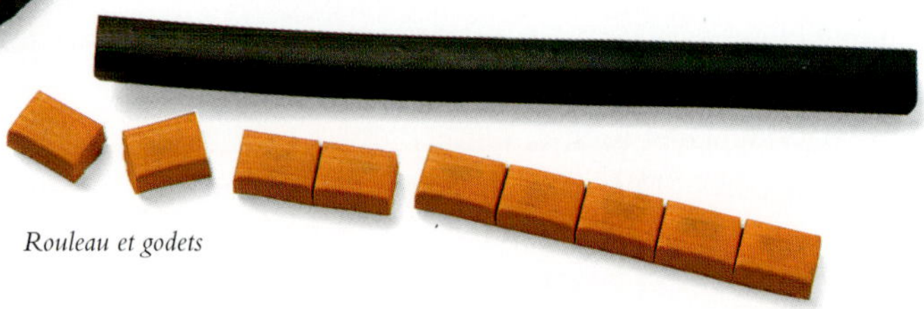

Rouleau et godets

rôle et peut remplacer la gomme arabique pour certains pigments qui, sur le papier, perdent de leur fluidité ou, en mélanges, réagissent mal à la gomme arabique. Il arrive aussi que la dextrine serve de liant dans les aquarelles bon marché. Elle présente l'inconvénient d'être très soluble, ce qui peut compromettre la réussite de certaines techniques, notamment le repeint.

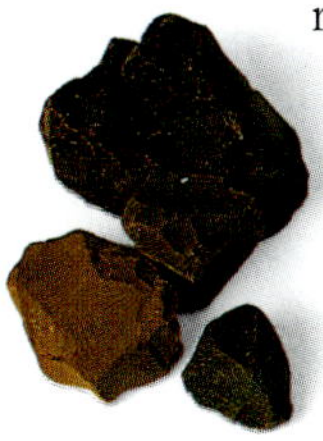

Terre de Sienne

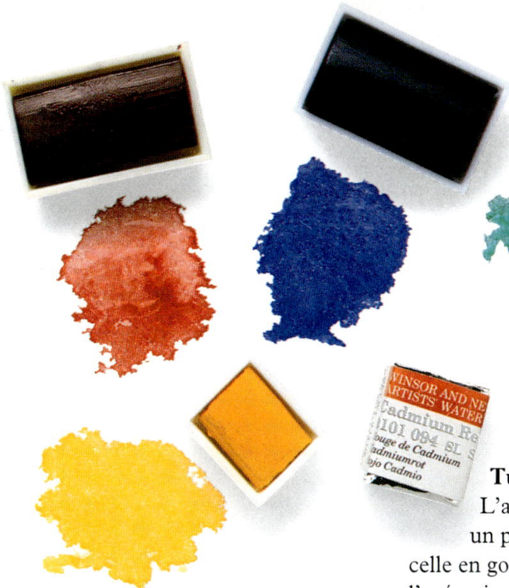

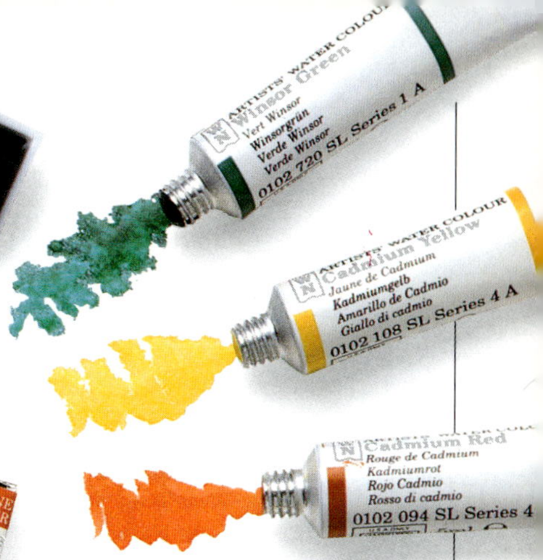

Tubes et godets
L'aquarelle en tubes contient un peu plus de glycérine que celle en godets ; elle convient mieux à l'exécution de grands lavis.

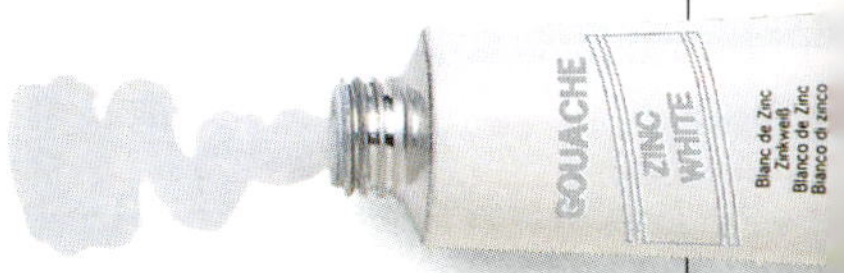

Gouache
Il s'agit d'une peinture à l'eau caractérisée par son opacité.

L'aquarelle extra-fine

Certains fabricants ajoutent un agent conservateur bactéricide et fongicide. La fabrication de la peinture à l'aquarelle est tout un art qui requiert un grand savoir-faire et une belle dextérité pour doser la quantité de chaque ingrédient et produire une couleur aussi stable que maniable. Lorsqu'il s'agit de godets, le fabricant doit s'assurer que la peinture ne séchera pas dans la boîte, mais aussi qu'elle n'absorbera pas trop d'humidité ni perdra sa légèreté. La différence de qualité entre aquarelles extra-fines et des formules moins onéreuses est indéniable ; la teneur en pigments dans les aquarelles extra-fines est telle qu'elle conditionne la tenue de la peinture. La distinction entre couleurs en tubes et couleurs en godets varie d'un pigment à l'autre, mais elle réside avant tout dans une proportion de glycérine légèrement supérieure pour la présentation en tubes, ce qui les rend un peu plus solubles que celles des godets.

Les aquarelles tendres ou humides de notre époque sont bien différentes de leurs ancêtres des siècles précédents. Turner, par exemple, employait des pains de pigments purs mélangés à la gomme sans agent humidifiant, ce que l'on qualifie encore aujourd'hui d'« aquarelles sèches ».

Les lavis parfaitement secs, il était facile d'ajouter une couche de peinture sans nuire aux couleurs sous-jacentes. Aujourd'hui, si une couleur déjà étalée sur le papier est portée à son maximum d'intensité, il n'est guère aisé de lui superposer une autre couche sans la diluer quelque peu.

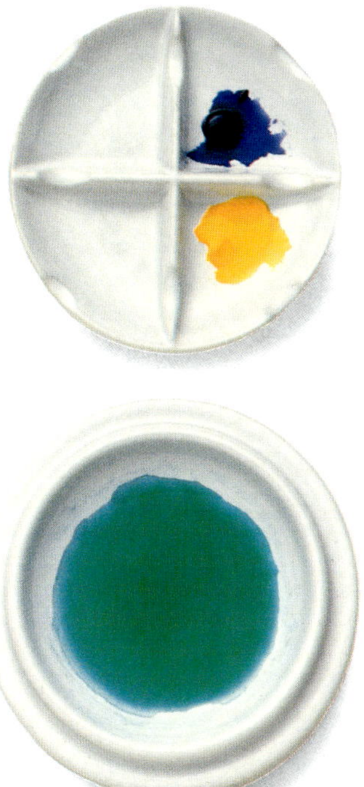

Quelle palette ?
Palette en porcelaine, plastique, godet ou couvercle de coffret de peinture... le choix des récipients est vaste ! Les échantillons peuvent aussi constituer d'excellentes références.

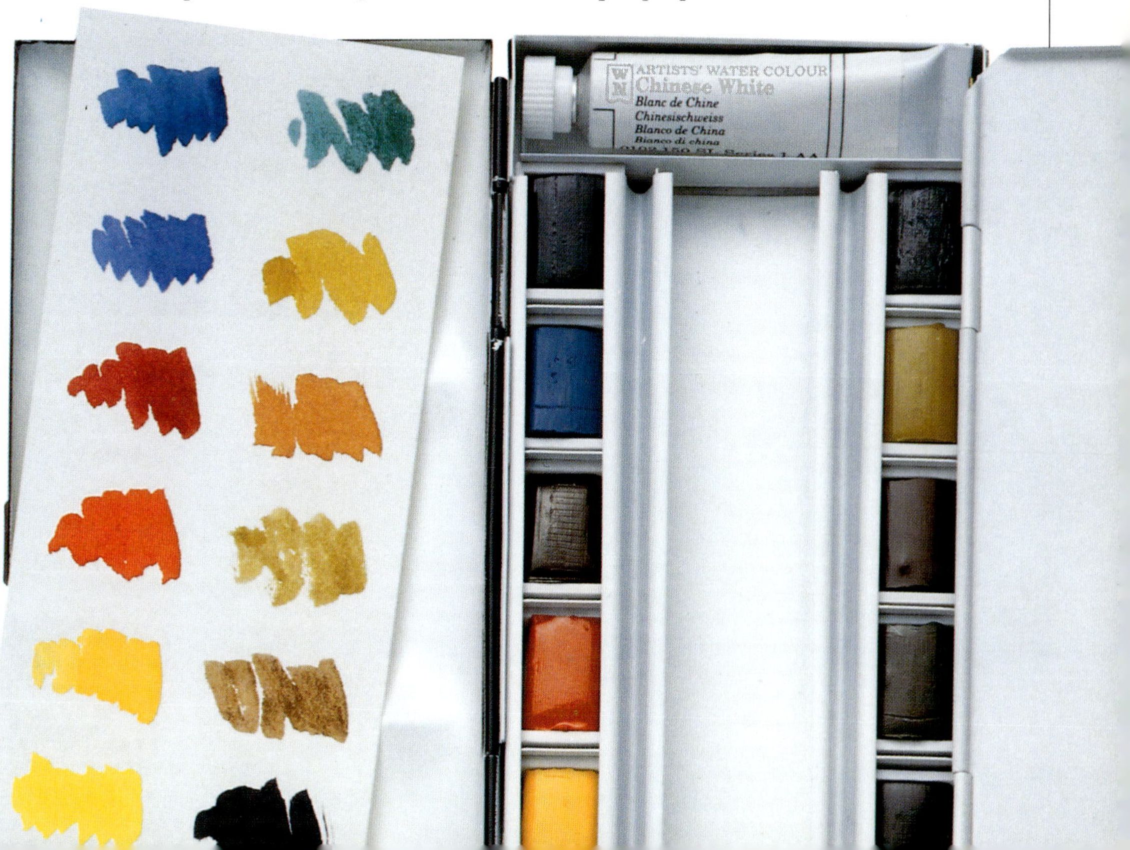

LE MÉLANGE DES COULEURS

EN THÉORIE, IL SUFFIT de mélanger trois couleurs fondamentales, dites « primaires » – le magenta, le jaune et le cyan – pour générer une troisième couleur. Dans la pratique, il est bien difficile de trouver des pigments assez purs pour obtenir des teintes satisfaisantes ; néanmoins, un jaune froid, un rouge cramoisi ou bleuté et un bleu pur et verdâtre s'uniront en de jolis accords de verts et de pourpres.

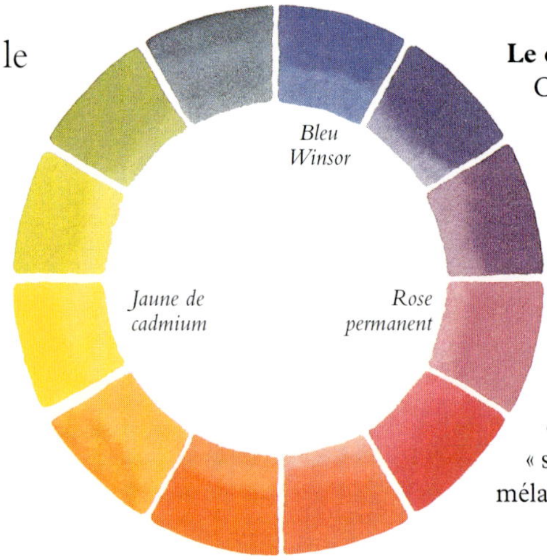

Le cercle chromatique
Ce cercle est bâti autour des trois primaires que sont le bleu Winsor, le rose permanent et le jaune de cadmium. Ces trois teintes ont été retenues pour leur permanence et leur rendu. Sur le cercle chromatique figurent également les couleurs « secondaires » nées du mélange de deux primaires.

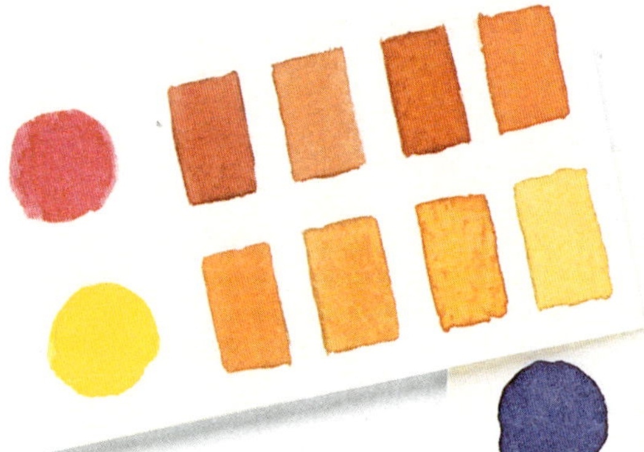

Secondaires obtenues par mélange de rose permanent et de jaune de cadmium

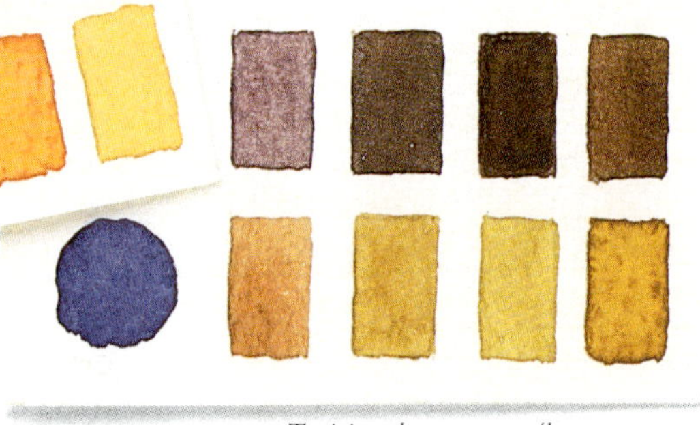

Tertiaires obtenues par mélange des trois primaires

LE ROSE PERMANENT est une teinte pure et transparente qui tire sur le cramoisi du rouge. Il s'harmonise bien avec les autres primaires pour donner des violets et des oranges. Le jaune de cadmium n'est pas aussi translucide mais, une fois dilué dans les lavis, il acquiert cette transparence sur le papier.

Le bleu Winsor est un bleu froid et transparent ; grâce à son pouvoir colorant et sa pureté, on obtient en mélange des teintes brillantes et riches. Il s'apparente au bleu outremer, couleur très forte qui peut produire des lavis soutenus et profonds. Associé au rose permanent, il offre un joli pourpre ; cependant, par sa note rougeâtre, il donne avec le jaune des verts nuancés de gris. Rappelons que les couleurs secondaires se composent d'un mélange de couleurs primaires.

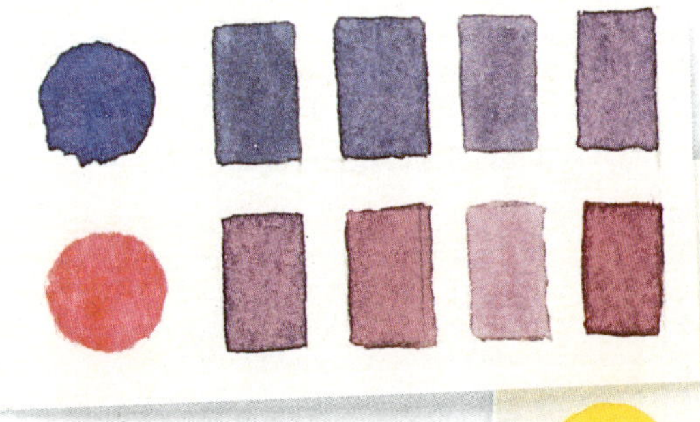

Secondaires obtenues par mélange de bleu Winsor et de rose permanent

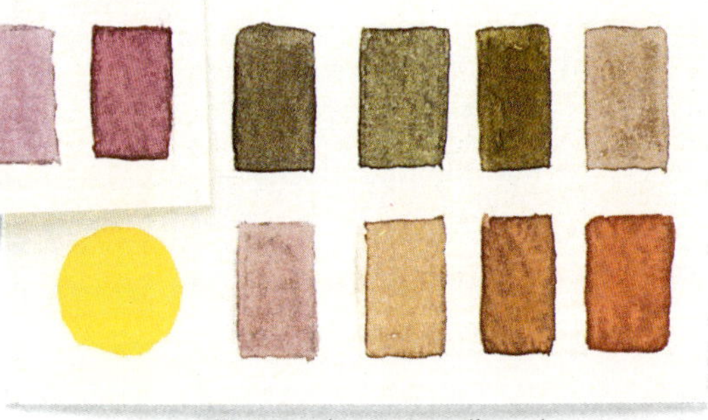

Tertiaires obtenues par mélange des trois primaires

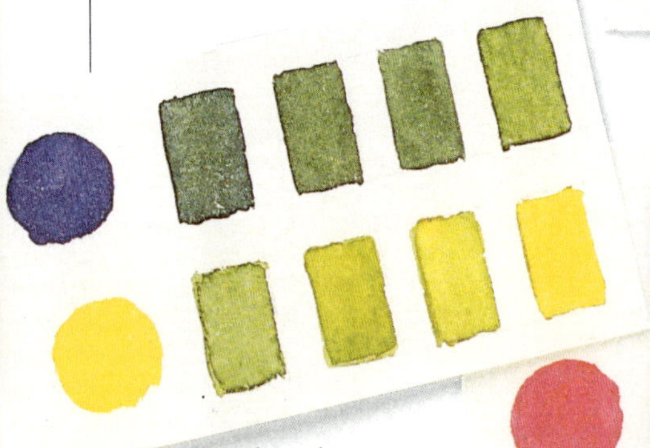

Secondaires obtenues par mélange de bleu Winsor et de jaune de cadmium.

Tertiaires obtenues par mélange des trois primaires

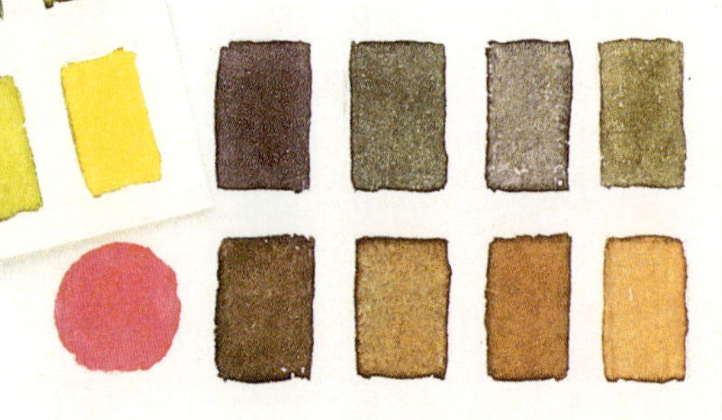

LES QUALITÉS DE PIGMENT

Les pigments varient selon la dimension et le poids de leurs particules. Le bleu de manganèse est un pigment lourd qui donne un lavis moucheté ; le vert Winsor, teinte plus claire, très diluée, présente un effet marbré.

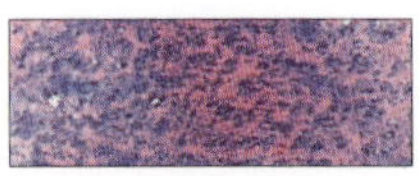

Bleu moucheté

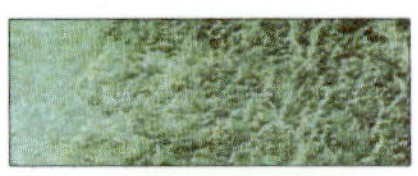

Vert marbré

Nous vous conseillons de débuter avec une palette restreinte de coloris. Vous trouverez ci-après un assortiment de pigments, tous d'excellente qualité, qui facilitera votre choix.

Les rouges et les bruns
Le rouge clair et le rouge de Venise sont des rouges-orangés chauds le rouge indien est un joli rouge pourpré, froid. La terre de Sienne brûlée est un brun flamboyant transparent ; l'ombre naturelle penche vers un jaune verdâtre. L'ombre brûlée tire au brun rougeâtre, foncé.

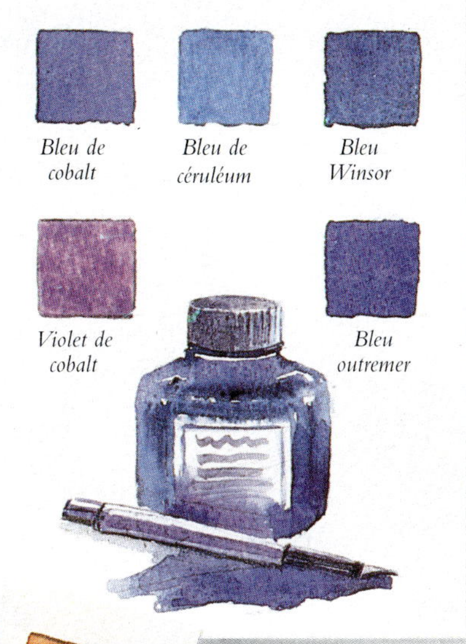

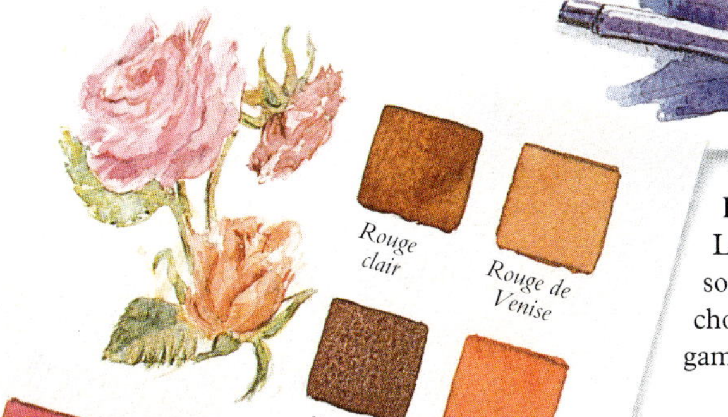

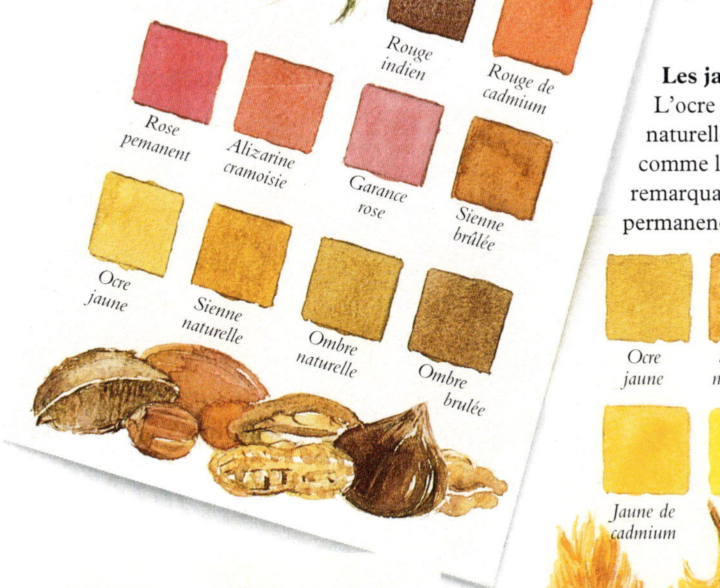

Les bleus
Les bleus permanents sont nombreux ; notre choix s'est porté sur la gamme ci-dessus.

Les jaunes
L'ocre jaune et la Sienne naturelle sont très utiles comme les cadmiums, remarquables par leur permanence et leur brillance.

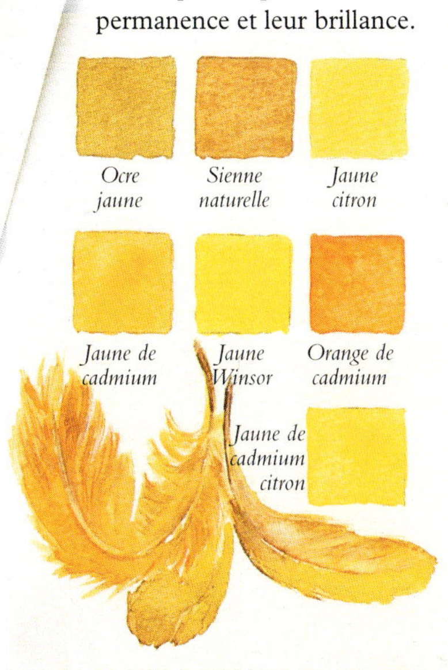

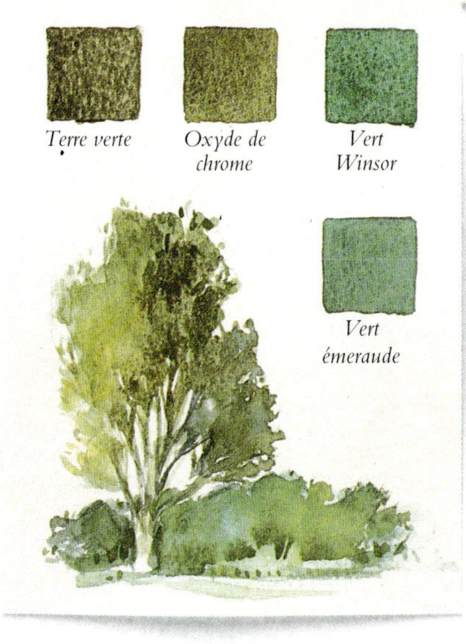

Les verts
La terre verte et l'oxyde de chrome sont des verts permanents, plutôt sourds ; le premier est transparent, le second, opaque. Le vert émeraude est solide et plus léger que le vert Winsor.

La palette idéale du débutant
Votre palette évolue selon votre goût, votre maîtrise des techniques de mélange et votre connaissance de la peinture. Il vous faut un assortiment de base qui allie la pureté et la force, la solidité et la garantie de bons résultats.

Rouge de cadmium
Solide et efficace, quelques gouttes suffisent.

Rose permanent
Ce pigment moderne peut remplacer le rose garance, moins stable.

Jaune de cadmium
Brillant et permanent, possède un fort pouvoir colorant.

Jaune de cadmium citron
Plus clair que le précédent, il est tout aussi permanent.

Vert Winsor
Il allie force et permanence et se marie avec la Sienne brûlée.

Bleu Winsor
Très permanent, il s'est imposé devant le bleu de Prusse, moins stable.

Outremer
À l'image du précédent, il offre une grande force et excelle dans les lavis profonds.

Sienne brûlée
C'est une terre très solide, idéale pour sa belle transparence.

Ombre naturelle
Voici une autre terre qui n'évolue pas avec le temps.

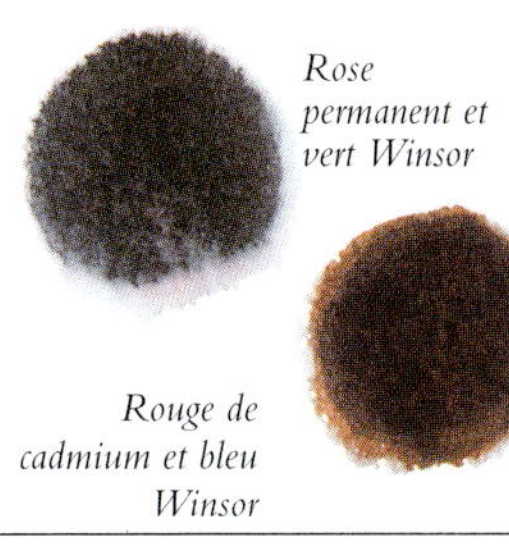

LE MÉLANGE DES GRIS

Il existe une infinité de jolis gris issus du mélange de quelques couleurs. Pour obtenir un gris plus foncé, mariez du bleu Winsor avec de la Sienne brûlée. Le noir doit être utilisé avec prudence et modération : nul besoin de noir pour composer un gris !

LE MÉLANGE DES PRIMAIRES

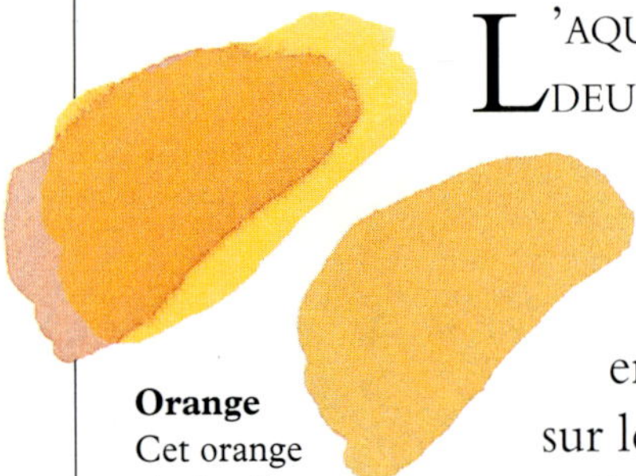

Orange
Cet orange résulte d'un mélange physique sur la palette *(à droite)* ou d'une superposition de lavis sur le papier *(à gauche)*.

L'AQUARELLISTE DISPOSE DE DEUX MÉTHODES de mélange des couleurs : il peut les composer sur sa palette ou les appliquer en couches successives sur le papier. Dans le premier cas, il ajoutera, par exemple, une pointe de bleu à un lavis jaune pour créer un vert. Dans le second, il posera un lavis jaune sur le papier, le laissera sécher, puis passera un deuxième lavis, bleu clair, pour obtenir le vert recherché.

Peu importe la méthode, les résultats sont presque identiques, à une nuance près : la technique de superposition, bien maîtrisée, donne à la teinte une plus grande richesse. L'œil a, en effet, le don de percevoir la première couche de couleur sous le lavis superposé.

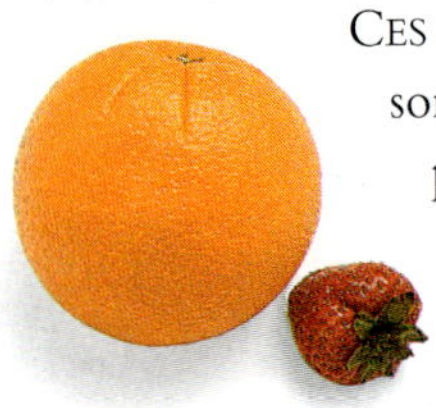

CES DEUX NATURES MORTES sont le fruit du mélange physique, sur la palette, de trois couleurs primaires. Leur dissemblance réside dans la force et l'éclat de leurs couleurs : cette première nature morte *(ci-contre)* a été peinte avec des couleurs vives et intenses, la seconde *(ci-dessous)* avec des couleurs assourdies, comme éteintes.

Composer les couleurs

Deux primaires donnent une secondaire, trois primaires une tertiaire. Partant de ces trois seules primaires, on peut obtenir une gamme de couleurs infinie.

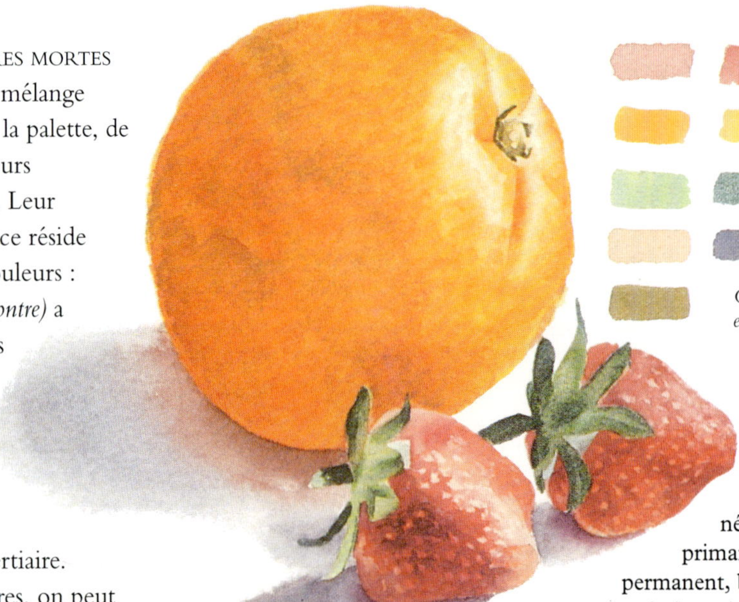

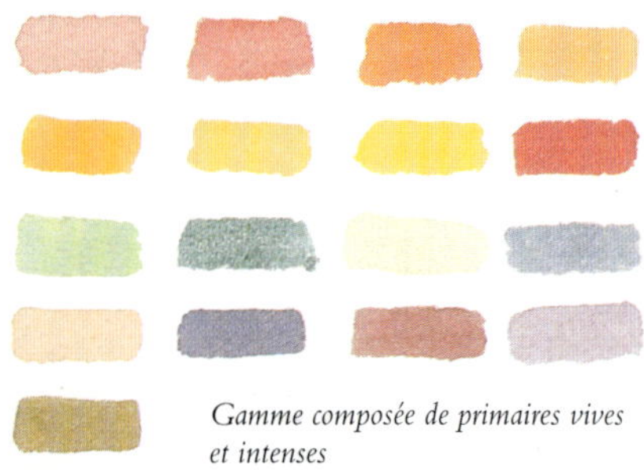

Gamme composée de primaires vives et intenses

Des primaires éclatantes

Toutes les couleurs de cette nature morte sont nées du mariage de trois primaires brillantes : rose permanent, bleu Winsor et jaune de cadmium citron. Elles composent un éventail de teintes et de nuances dont nous montrons ici quelques échantillons.

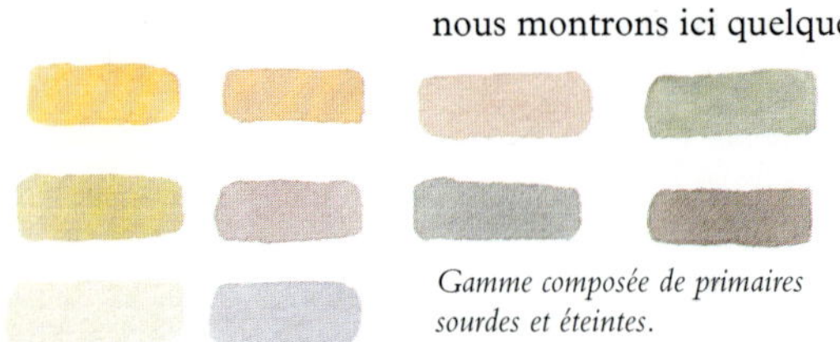

Gamme composée de primaires sourdes et éteintes.

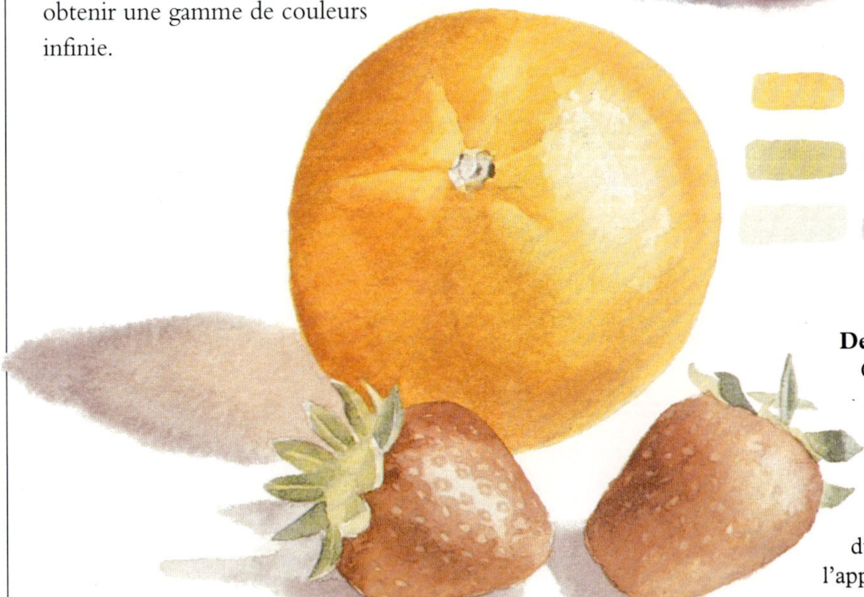

Des primaires éteintes

Cette étude s'appuie sur des mélanges de rouge indien, de bleu de cobalt et de jaune citron. Ces trois primaires assourdies s'unissent pour donner des gammes subtiles de rouges, d'orange, de verts et de gris. Les rehauts sont produits par la surface du papier qui transparaît sous les lavis, non par l'application de couleur.

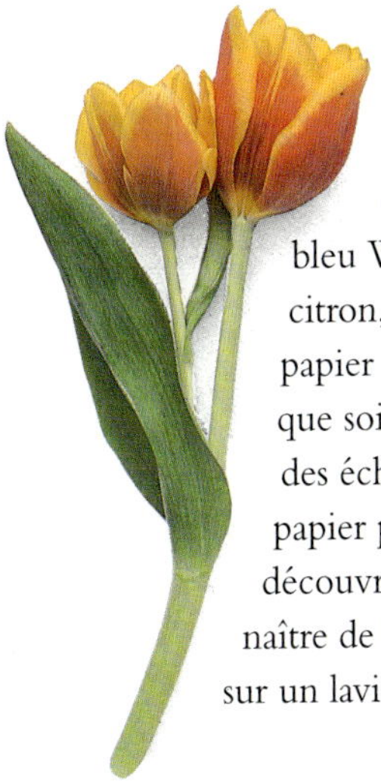

Superposer les couleurs

Pour peindre ces tulipes, reprenons nos trois primaires éclatantes : rose permanent, bleu Winsor et jaune de cadmium citron, qui sont superposées sur le papier en lavis de couleur pure. Quelle que soit la méthode, exercez-vous avec des échantillons de couleur sur un papier pour tester chaque nuance, découvrir et doser les effets qui peuvent naître de la superposition d'une couleur sur un lavis sec.

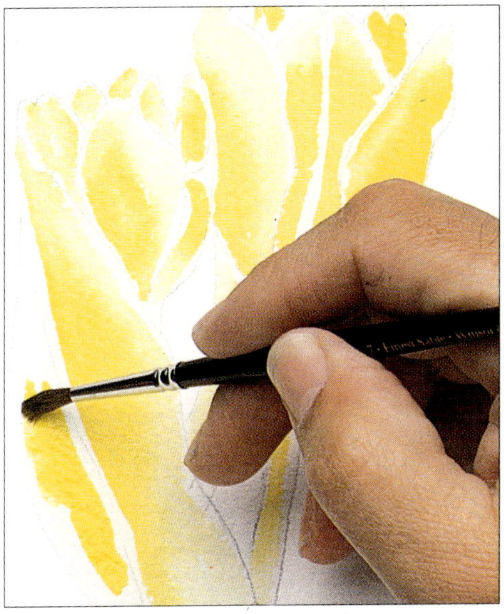

1 ◂ Après avoir esquissé ces fleurs au crayon, posez un lavis de jaune de cadmium citron avec un petit pinceau rond. Peignez généreusement les feuilles, la tige et les fleurs, sans oublier de laisser quelques réserves de blanc qui donneront au tableau final les touches de lumière ou rehauts indispensables à son éclat.

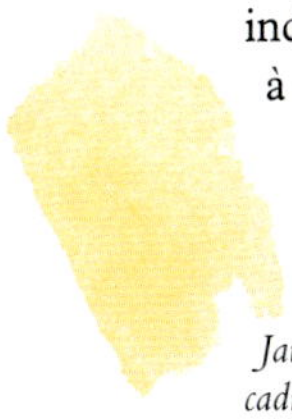

Jaune de cadmium citron

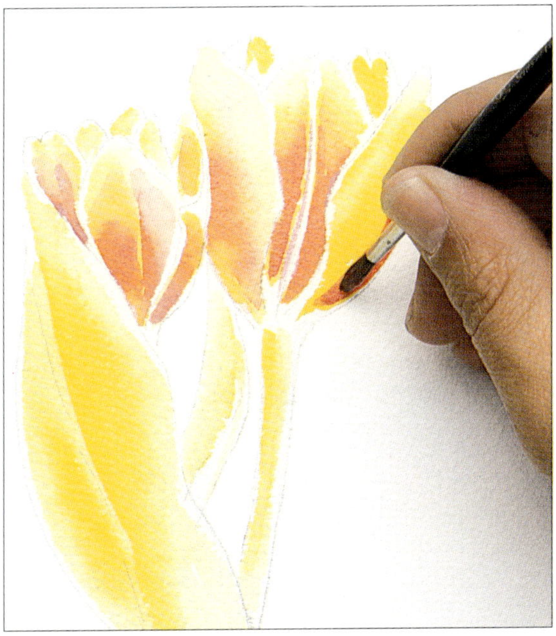

2 ◂ Laissez sécher le lavis jaune, puis exécutez un lavis de rose permanent que vous appliquerez sur une petite pointe de lavis jaune bien sec pour voir à composer un rouge satisfaisant. Posez ce lavis en touches amples pour modeler les pétales de tulipes.

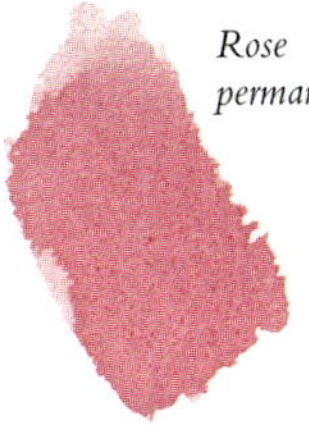

Rose permanent

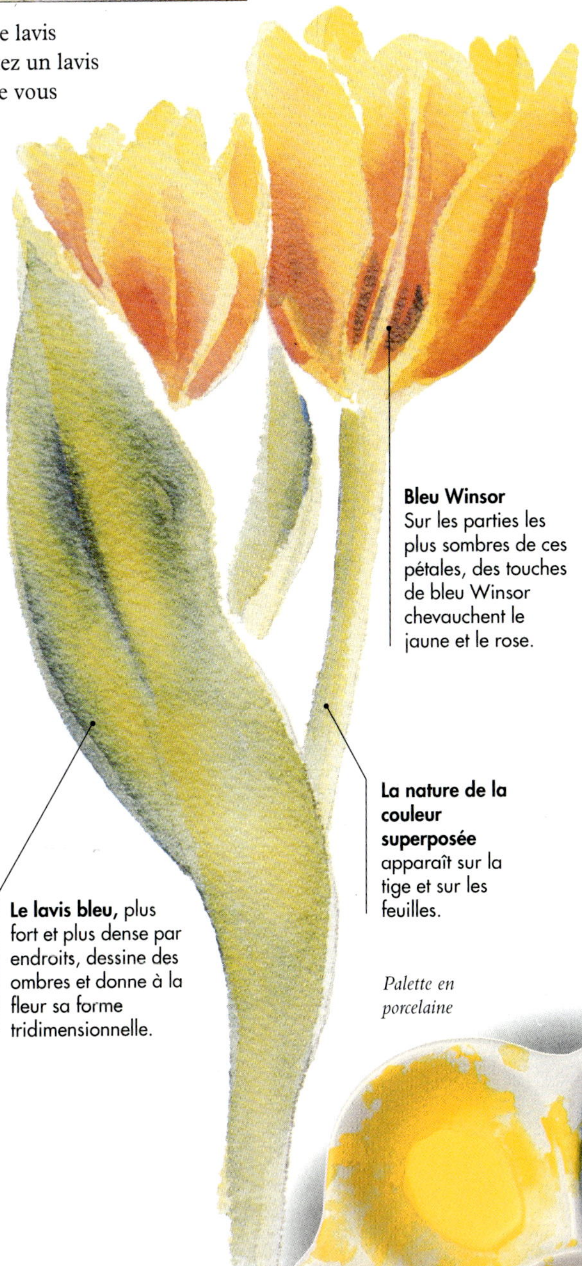

Bleu Winsor Sur les parties les plus sombres de ces pétales, des touches de bleu Winsor chevauchent le jaune et le rose.

La nature de la couleur superposée apparaît sur la tige et sur les feuilles.

Le lavis bleu, plus fort et plus dense par endroits, dessine des ombres et donne à la fleur sa forme tridimensionnelle.

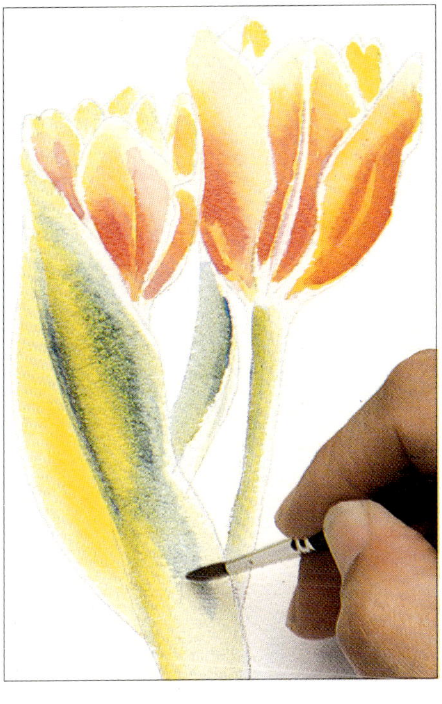

3 ◂ Procédez de même avec un lavis de bleu Winsor appliqué sur quelques touches sèches de jaune sous-jacent. Utilisez la pointe fine du pinceau pour poser ce lavis sur les parties plus foncées de la tige et des feuilles. Cette subtile superposition de jaune et de bleu donne vie et relief à ces feuilles verdoyantes sans aucun usage de vert !

Bleu Winsor

Palette en porcelaine

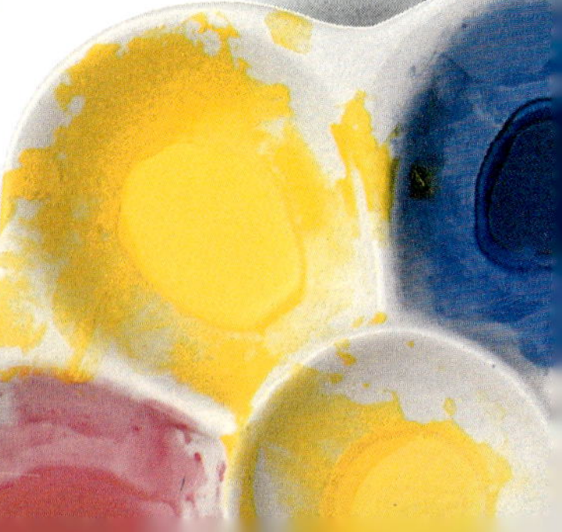

L'HARMONIE DES COULEURS

REGARDEZ BIEN UNE PEINTURE ; observez la manière dont s'équilibrent ses couleurs : sont-elles brillantes, voire criardes, ou plus tempérées, délicates dans leurs effets, comme éteintes ? Si vous composez votre nature morte, vous pouvez choisir des éléments particuliers et les agencer jusqu'à ce que vous soyez satisfait du résultat. Vous êtes alors seul maître du sujet, des formes, des effets de texture et de la répartition des objets. Vous pouvez jongler avec la composition, l'encombrer de détails ou semer avec parcimonie quelques taches de couleur vibrantes ou sourdes. Vous êtes en mesure de créer un subtil équilibre en élargissant votre gamme de couleurs ou de miser surtout sur les primaires et les secondaires. Quels que soient vos choix, teintes foncées ou claires, vives et riches ou éteintes et diffuses, vos efforts et vos recherches n'auront qu'un but : l'harmonie.

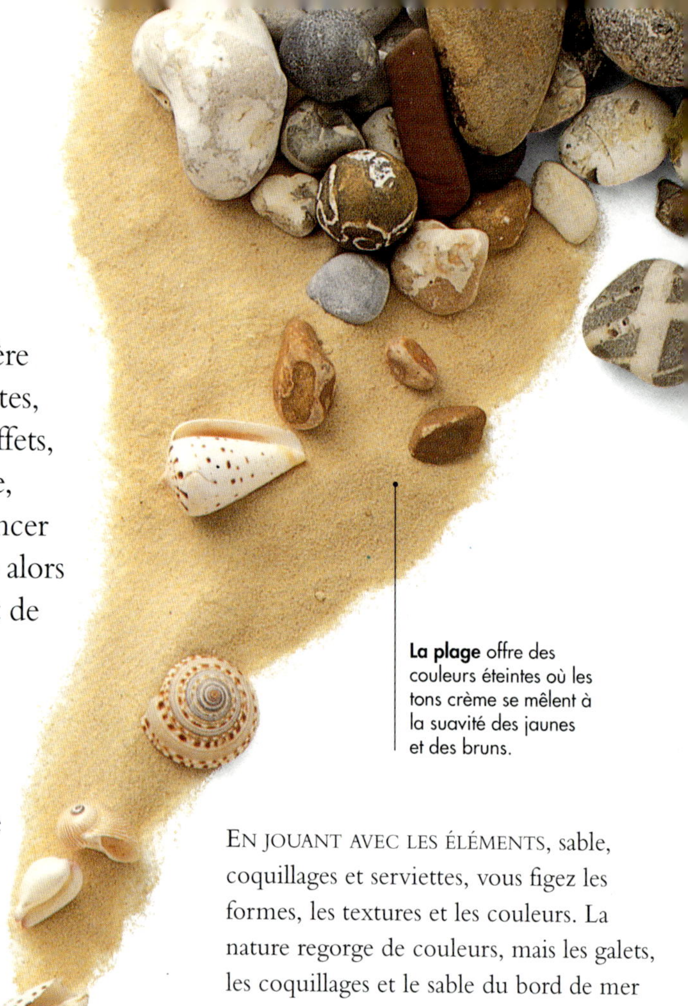

La plage offre des couleurs éteintes où les tons crème se mêlent à la suavité des jaunes et des bruns.

EN JOUANT AVEC LES ÉLÉMENTS, sable, coquillages et serviettes, vous figez les formes, les textures et les couleurs. La nature regorge de couleurs, mais les galets, les coquillages et le sable du bord de mer procurent davantage une gamme de jaunes et de bruns clairs. On y trouve des complémentaires – couleurs diamétralement opposées sur le cercle chromatique – comme en témoigne le pourpre de l'algue qui contrebalance la dominante jaune. Sans oublier des couleurs harmonieuses dont les tons ou nuances s'accordent à la perfection.

Le contraste des couleurs vives et sourdes
Ces objets familiers, ballon multicolore et serviettes de plage et ces coquillages et galets aux tons raffinés s'accordent et s'opposent ici dans un jeu de contrastes. Le tout s'harmonise en teintes vives et intenses vibrant en contrepoint des nuances plus délicates.

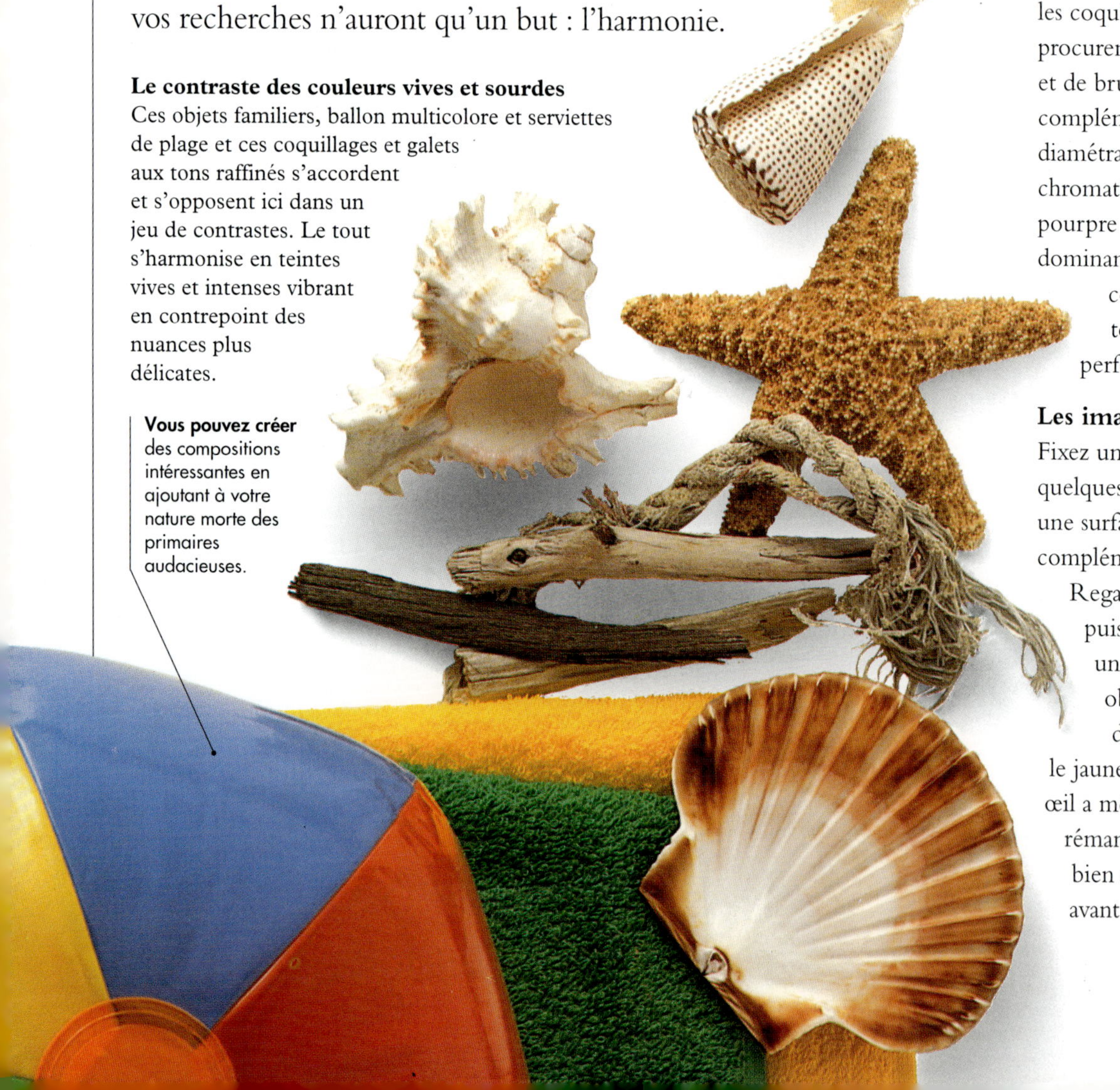

Vous pouvez créer des compositions intéressantes en ajoutant à votre nature morte des primaires audacieuses.

Les images résiduelles

Fixez une image de couleur vive pendant quelques instants, puis posez le regard sur une surface blanche : vous y verrez la complémentaire de la première couleur.

Regardez, par exemple, un mur rouge, puis un mur blanc et vous devinerez une forme verte. De même, si vous observez un rouge-orangé suivi d'un jaune vif, vous pourrez voir le jaune comme un vert, puisque votre œil a mémorisé le bleu, couleur rémanente du rouge-orangé. Gardez bien à l'esprit cette magie des couleurs avant de commencer à peindre.

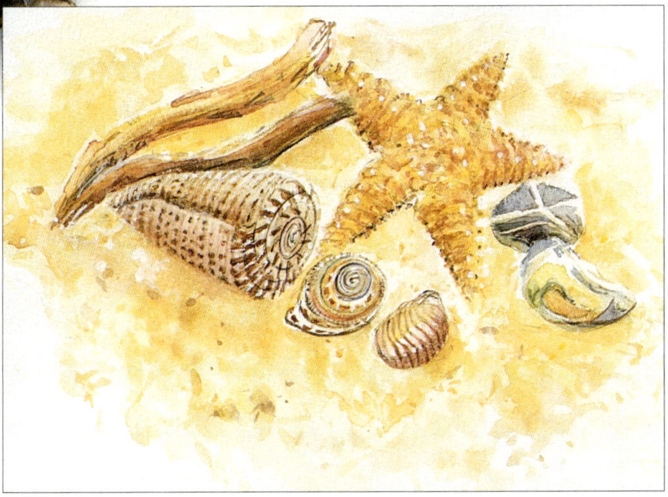

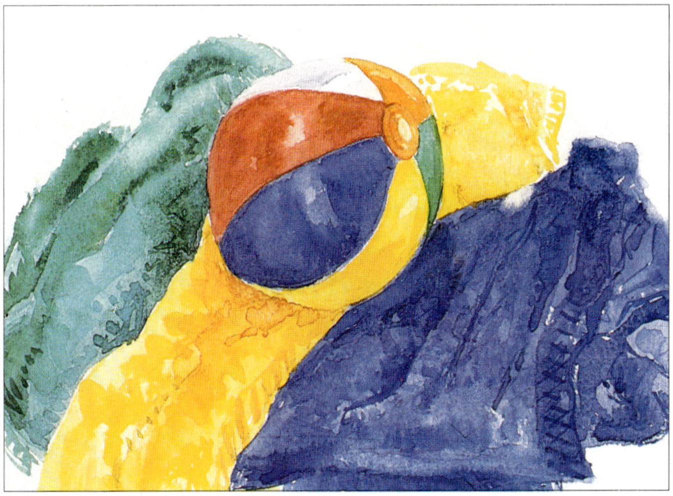

Des couleurs éteintes
Coquillages, galets et étoile de mer composent ici une nature morte faite d'accords de teintes sourdes. Le ton de chaque détail est sensiblement identique, aucun objet ne l'emportant sur l'autre.

Couleurs analogues et couleurs proches

Il importe de ne pas confondre ces deux notions ; la première est technique et désigne les couleurs qui se jouxtent sur le cercle chromatique ; la seconde qualifie n'importe quelle couleur placée à côté d'une autre couleur sur un tableau. En fait, toute couleur influence l'aspect de sa voisine. Cette qualité peut être un atout pour les complémentaires. En effet, deux complémentaires proches gagnent en brillance et s'exaltent l'une l'autre.

Prenons un exemple : plaçons un rouge-orangé à côté d'un violet ; il paraîtra plus orange puisque le violet sollicite le jaune, sa complémentaire.
Marions à présent ce même rouge-orangé à un orange ; il semblera plus bleu, l'orange révélant sa complémentaire bleue. En outre, bien des aquarellistes contemporains ont isolé les couleurs en laissant un cerne blanc ou gris entre les touches de couleur pure, ce qui permet à chacune d'elles de conserver sa propre luminosité.

Des couleurs accolées…
Ce ballon rivalise en vibration avec les serviettes aux teintes vives.Le rouge du ballon réagit avec le vert de la serviette, sa complémentaire.

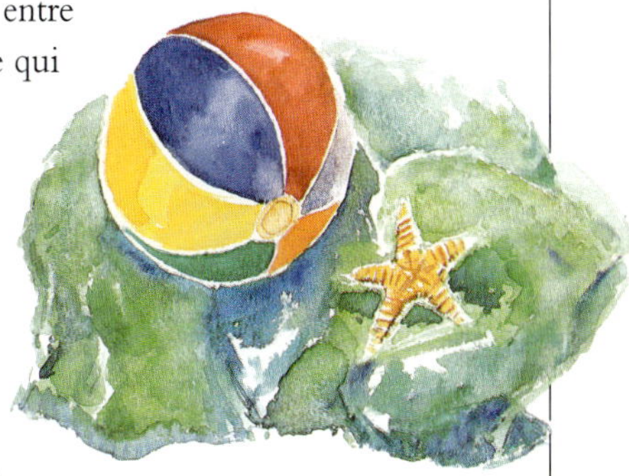

…ou isolées
Un mince filet de blanc laissé entre chaque pan de couleur franche rehausse l'intensité de ces teintes.

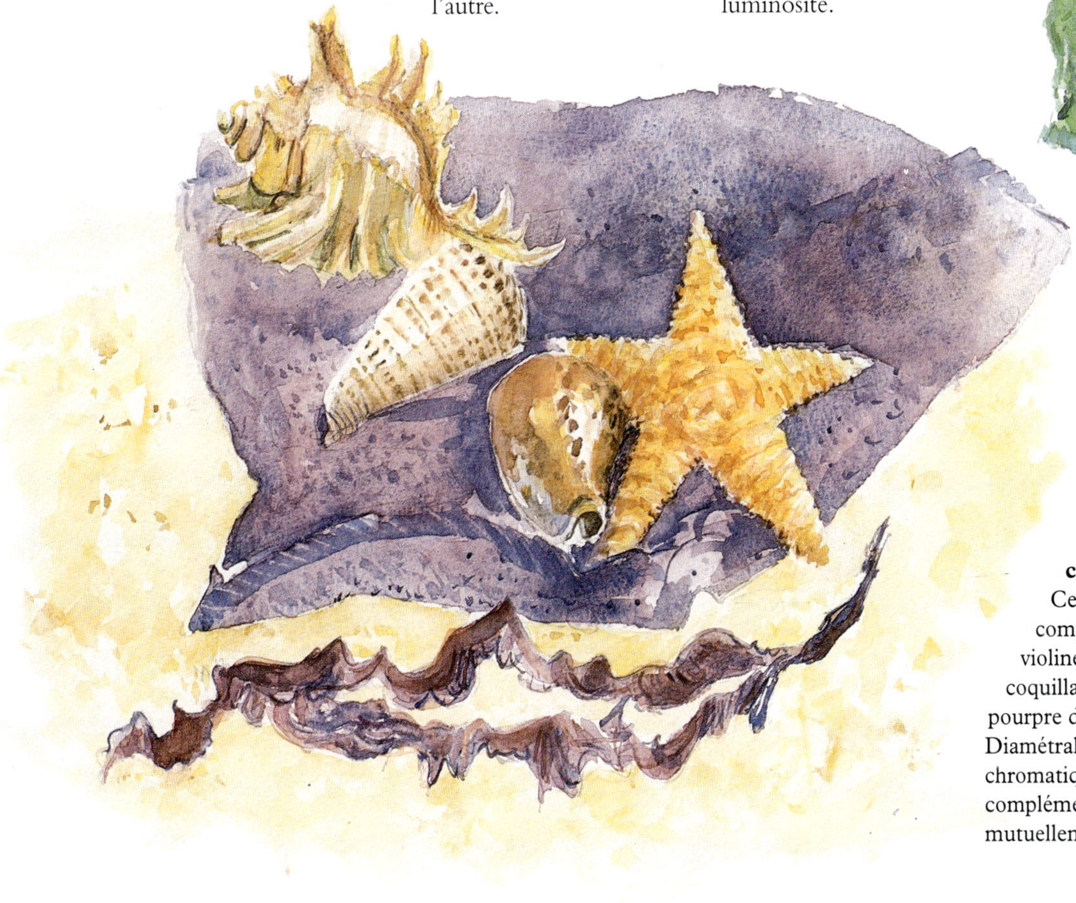

Des couleurs complémentaires
Cette composition résulte de complémentaires, jaunes et violines, qui permettent aux coquillages de ressortir sur le pourpre de la serviette. Diamétralement opposées sur le cercle chromatique, ces deux complémentaires s'avivent mutuellement.

LUMIÈRE ET COULEURS

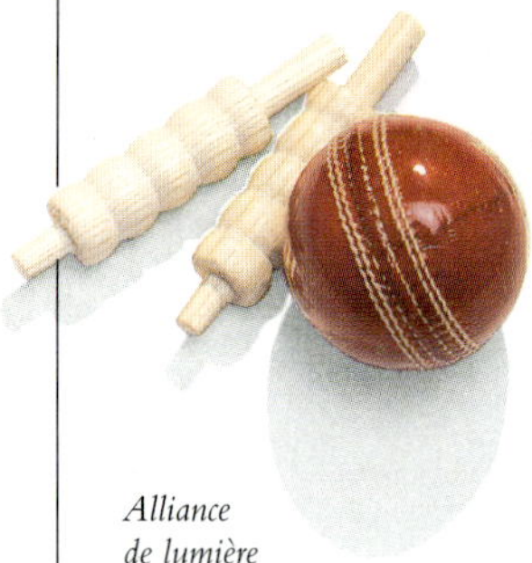

Alliance de lumière chaude et d'ombre froide

L'ÉTUDE DE L'AQUARELLE n'aurait pas de sens si nous laissions de côté l'influence de la lumière, fût-elle rayons du soleil, effets de lune ou éclairage artificiel, sur toute chose. Peut-être serez-vous tenté de peindre le sable en jaune pâle parce que le jaune est la couleur attitrée du sable. Mais sous le chaud soleil de midi, ce sable ne devient-il pas intensément blanc ? De même, en fin d'après-midi, le soleil ne dessine-t-il pas sur le sable des ombres languissantes, voilées de pourpre ? Observez bien la scène avant d'envisager la « température » de la lumière et son influence sur le sol sur lequel se découpent les ombres. Retenez ce principe : une lumière chaude s'accompagne d'ombres froides, une lumière froide d'ombres chaudes. Cette loi vaut pour tous les sujets, quelle que soit la subtilité des effets recherchés.

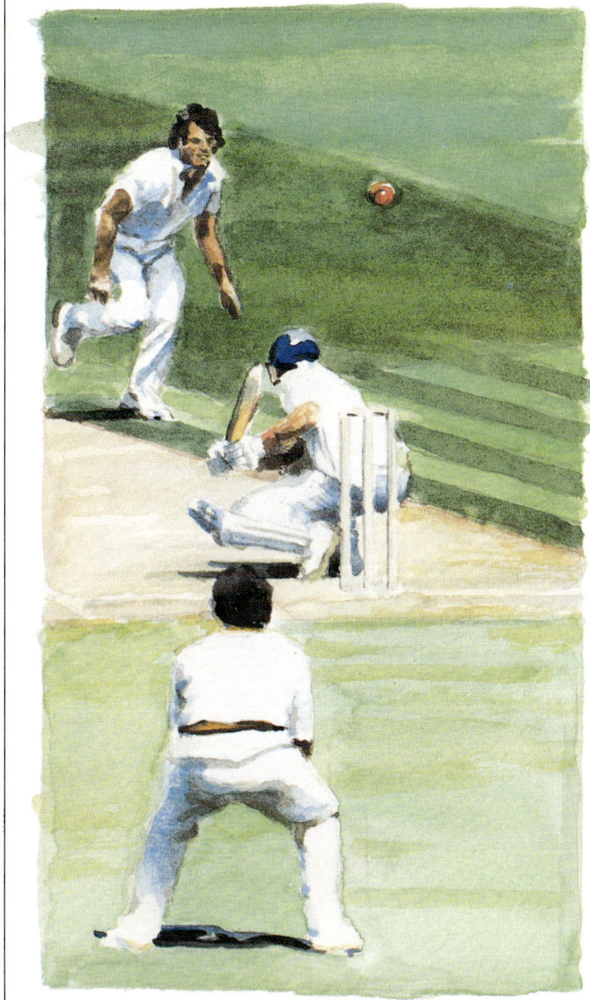

Midi

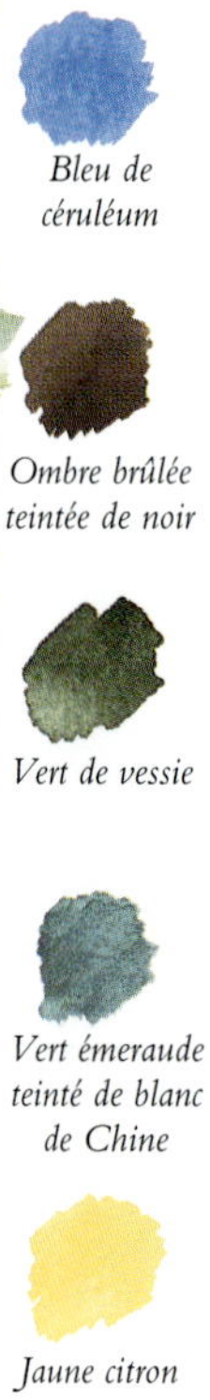

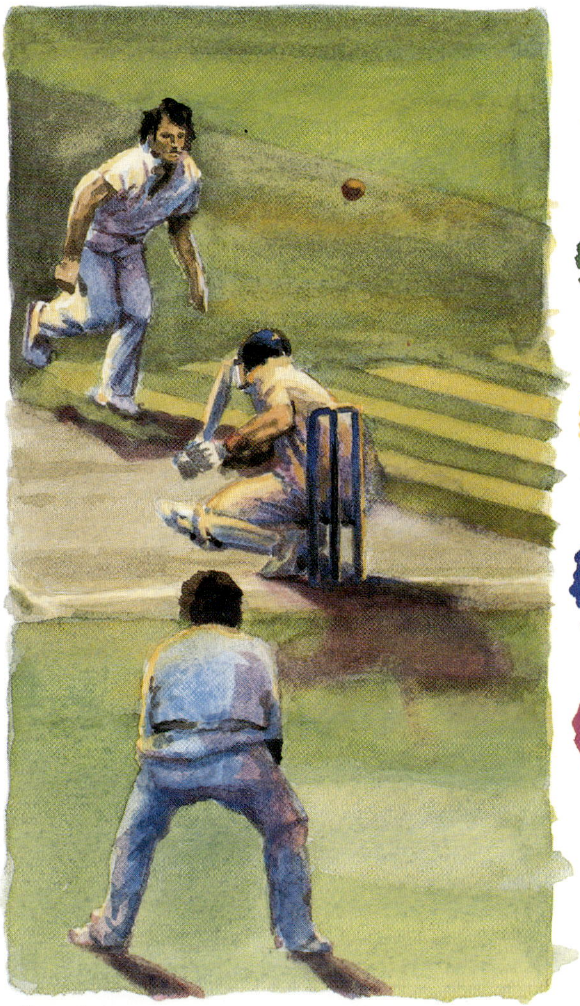

Soir

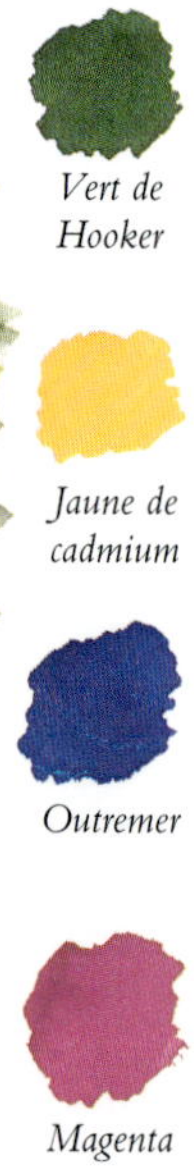

Plein midi

Le soleil brille au zénith : nous percevons des clairs et des ombres. Les couleurs sont blanchies par la lumière intense et froide et les ombres sont très foncées.
Si la lumière solaire est voilée par un ciel nuageux, les ombres seront moins accusées et les couleurs plus marquées.

En soirée

Lorsque le soleil se couche à l'horizon et la lumière décline, le sol se pare de riches reflets dorés. Un lavis de jaune de cadmium et de vert de Hooker revêt ici la couleur de l'herbe tandis que le magenta et l'outremer habillent les joueurs de cricket de nuances bleutées ombrées de pourpre.

La lumière ne se limite pas à influencer les couleurs ; elle donne vie et relief aux formes qui, sinon, paraîtraient ternes et fades. Les objets du premier plan sont plus brillants, plus colorés que ceux situés au loin. Ainsi, lorsque vous regardez une colline boisée, les arbres du premier plan semblent plus brillants et plus vibrants que la végétation à l'horizon. Cet effet d'optique doit se retrouver dans la peinture, selon le principe suivant : toute lumière chaude a tendance à avancer, toute lumière froide à reculer. Vous pouvez expérimenter ce phénomène en peignant sur un tableau des plages de couleurs chaudes (par exemple, rouge-orangé) et de couleurs froides (bleu) et en déduire les couleurs « saillantes » et les couleurs « fuyantes ».

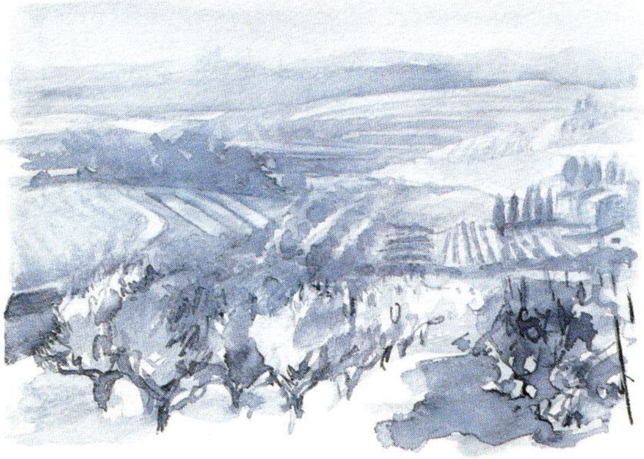

Une étude monochrome
Face à un paysage, cherchez les singulières transformations de la lumière, du premier plan au lointain, et son influence déterminante sur votre perception des couleurs. Commencez par une « étude tonale » de la scène : vous constatez sans peine que les tons du premier plan dépassent en éclat et en force ceux du fond.

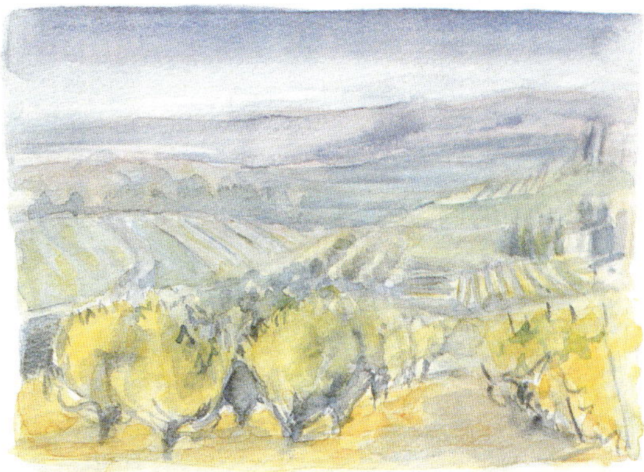

Une étude polychrome
Pour manier les aspects saillants ou fuyants de certaines parties du paysage, utilisez des couleurs chaudes (jaunes ou rouges) au premier plan et des couleurs froides (bleues) au loin. Ici les jaunes font ressortir les arbres du premier plan, tandis que les collines du lointain semblent s'éloigner davantage du spectateur sous l'influence des bleus et des pourpres.

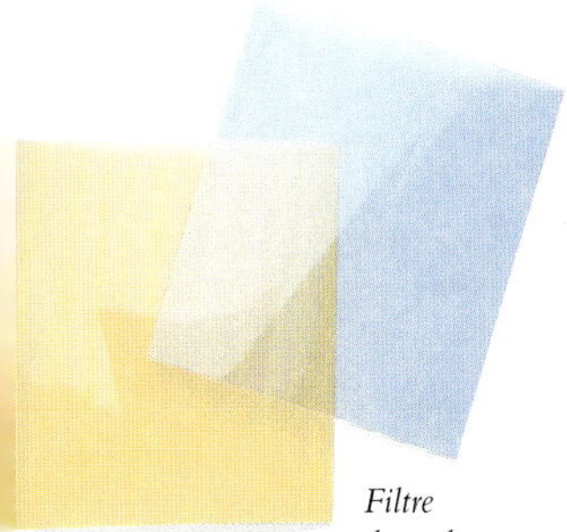

Filtre de couleur

Adapter la couleur
L'aquarelle permet de moduler la couleur dominante d'un tableau en jouant sur la superposition des lavis. Vous pouvez raviver un paysage en le couvrant d'un lavis jaune clair ou rafraîchir une scène en la voilant d'un lavis bleu clair. Nous avons utilisé ici des filtres de plastique teinté pour simuler les effets visuels d'un lavis chaud ou froid sur le sujet d'origine. Vous pouvez en conclure que, selon l'heure de la journée, le temps et la saison, il vous faut régler l'intensité de la couleur et sa température, chaude ou froide.

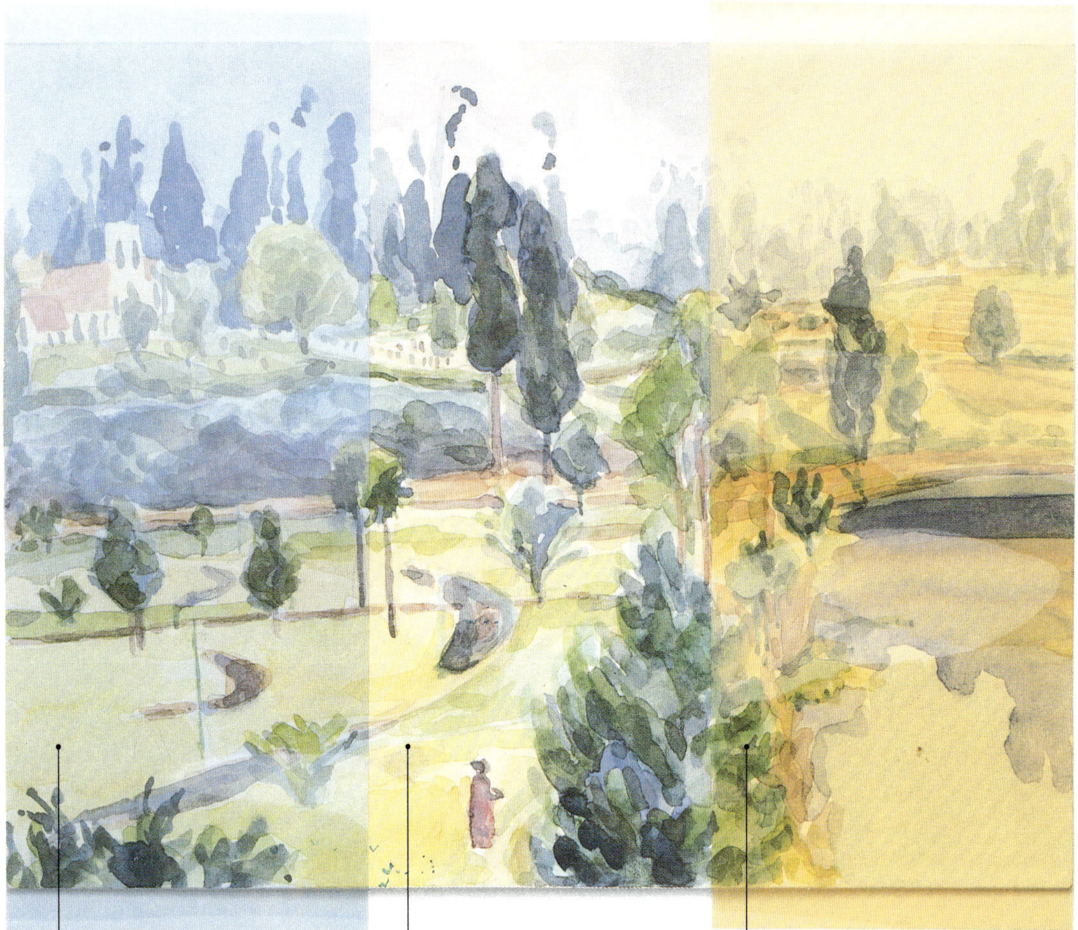

Voici un paysage tropical métamorphosé, grâce au filtre bleu, en un paisible coin de campagne anglaise.

Le panneau central révèle la véritable peinture, sans variation de couleur.

Le filtre jaune en guise de lavis clair baigne la scène d'une chaude lumière dorée.

Regards sur Les Couleurs

L'AQUARELLE EST UN MOYEN IDÉAL pour explorer tous les arcanes de la couleur ; la pureté des pigments transparaît à travers les lavis diaphanes opposés au blanc du papier. Lorsque plusieurs couleurs se superposent, la transparence de l'aquarelle dévoile le subtil agencement des couleurs. Parallèlement, de violents contrastes peuvent naître de l'alliance de couleurs vives et éteintes.

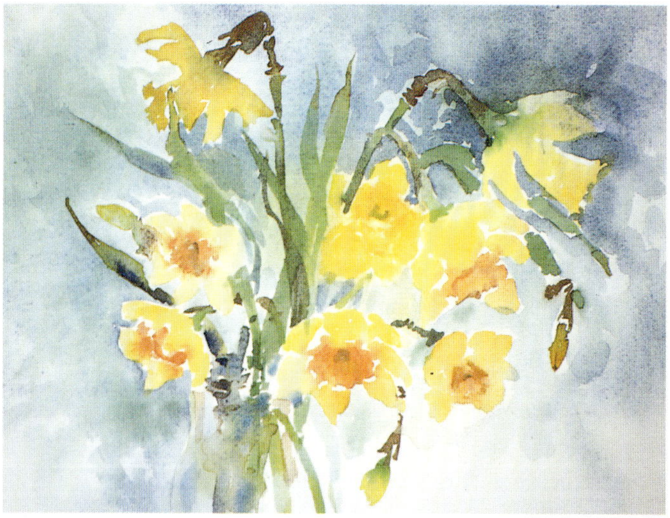

Sue Sareen, *Jonquilles.*
Cette artiste peint avec un petit nombre de couleurs, ce dont témoigne ce tableau limité au bleu, au jaune et à l'ocre. Elle emploie un pinceau très sec et laisse fusionner les couleurs du fond en misant sur le blanc du papier pour faire ressortir la forme des fleurs.

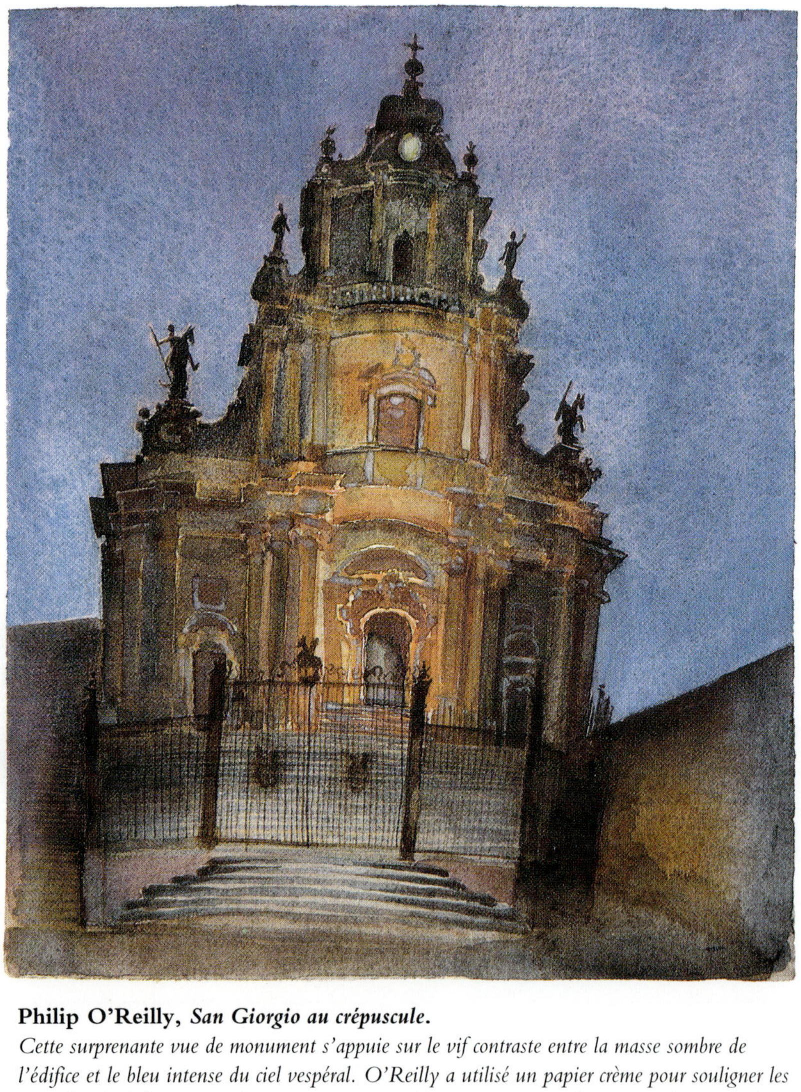

Philip O'Reilly, *San Giorgio au crépuscule.*
Cette surprenante vue de monument s'appuie sur le vif contraste entre la masse sombre de l'édifice et le bleu intense du ciel vespéral. O'Reilly a utilisé un papier crème pour souligner les tons chauds de la pierre sicilienne et un pigment bleu-pourpre, granuleux, pour donner de la matière et de la profondeur au ciel.

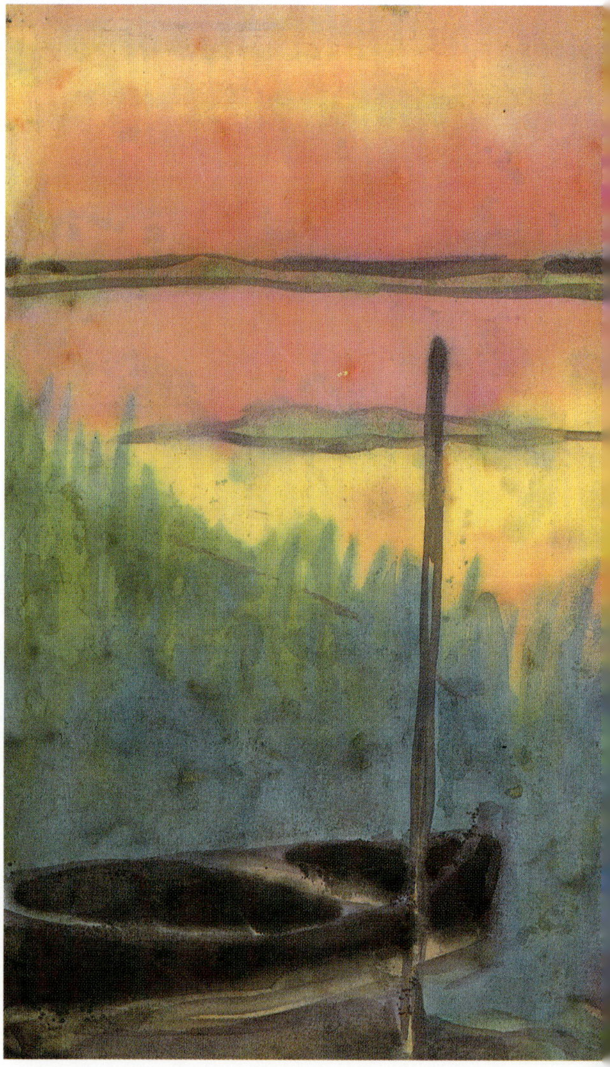

Paula Velarde, *La Salle à manger de Brantwood.*
Le peintre recourt ici à la cire pour créer un effet de texture et joue sur l'alternance de lavis, de pigments et de couches de couleurs plus sèches pour ce décor où le bleu soutenu fournit un contrepoint aux traits jaunes. Quelques accents de rouge viennent ponctuer cette scène à dominante bleue.

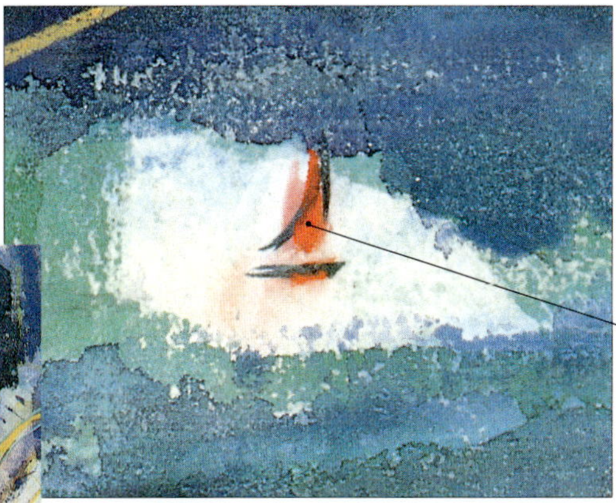

L'œil hésite entre l'intimité du décor, thème central, et l'immensité du panorama suggéré derrière la fenêtre ; ce soupçon de rouge, ébauche de voilier, guide notre regard à l'horizon.

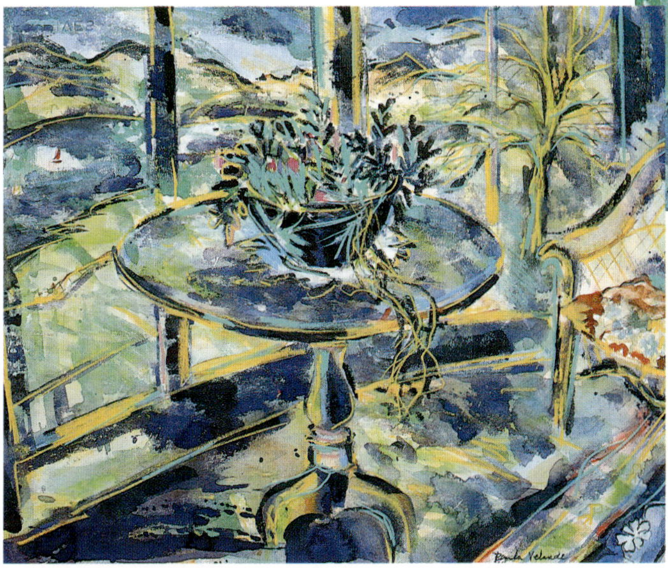

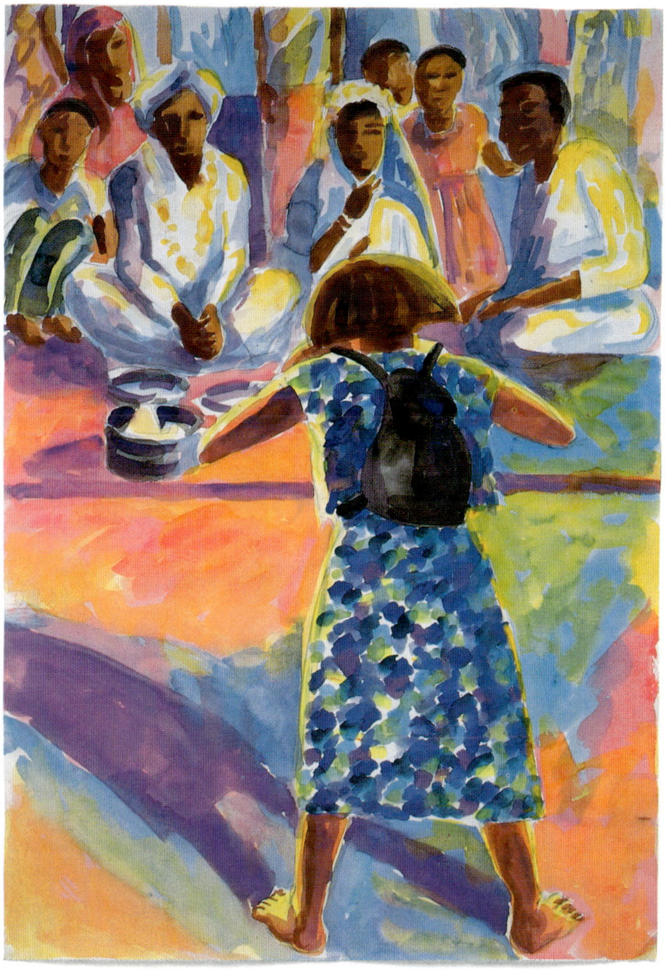

Jane Gifford, ***Touriste photographiant un mariage hindou***.
Dans cette étude colorée, le peintre se met en scène à travers la figure féminine, de dos, qui photographie les jeunes mariés. À l'aide d'une belle gamme de couleurs fluorescentes propres à capter l'ambiance chaleureuse, Gifford accentue la luminosité du soleil en cernant son propre personnage de rehauts jaunes qu'elle applique aussi sur les habits de cérémonie.

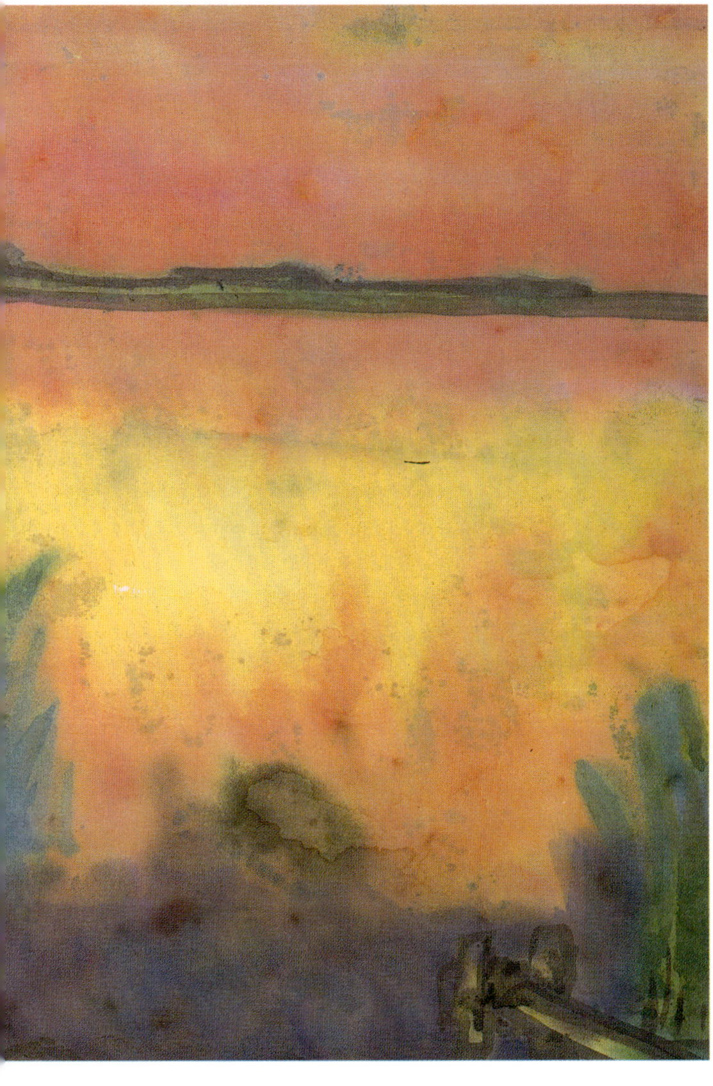

Emil Nolde (attr.), *Profondeur à Ruttebüll* (vers 1916-1920), Nolde-Stiftung, Seebüll.
Nolde révèle ici son intérêt passionné pour la couleur. Il use de lavis intenses pour composer un paysage imaginaire d'une facture très personnelle. Les couleurs vives, vibrantes, sont exacerbées dans un parfait équilibre entre couleurs analogues et complémentaires, entre l'embrasement du deuxième plan, étranges accords d'orangés et de jaunes, et la froideur insolite et maîtrisée de l'horizon.

LES PINCEAUX

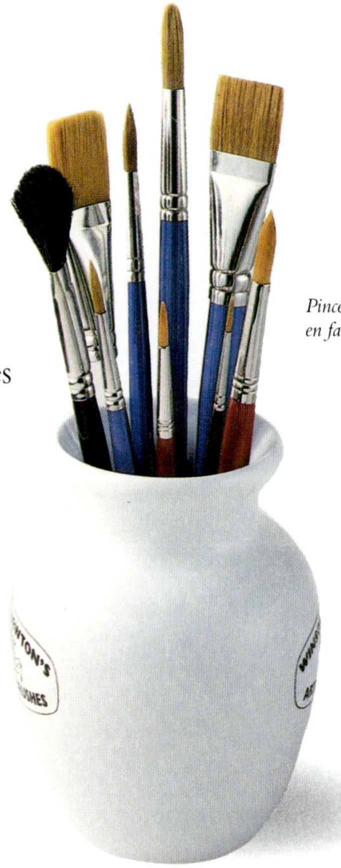

Pincelier en faïence

ON DISTINGUE DEUX VARIETÉS DE PINCEAUX : les poils fins, doux et souples, comme la martre rouge, l'oreille de bœuf, l'écureuil, le polyester ; les soies de porc, plus raides et épaisses. Le poil fin ou synthétique est l'outil par excellence des aquarellistes, mais on préfère les soies pour mélanger de grandes quantités de peinture et pour enlever la couleur posée sur le papier.

LES PINCEAUX RONDS À POILS FINS, en particulier les martres, ont toujours eu la faveur des aquarellistes. Ils sont souples, nerveux, et offrent une excellente capacité de réserve de couleur. Ils « font la pointe » et se prêtent aux traits fins comme aux grands lavis. La martre rouge est le poil de la queue de martres sibériennes plus connues sous le nom de Kolinski, petit rongeur semblable à la fouine. La fabrication du pinceau est délicate : les poils sont peignés pour n'en conserver que le « noyau » résistant et nerveux. En observant un poil au microscope, vous verrez que sa forme et sa composition varient de la « racine », extrémité la plus épaisse du poil, à la « fleur », extrémité la plus effilée et légère. Cette structure permet de retenir plus ou moins bien la peinture. Chaque touffe ou « tirure » se caractérise par un bombé ou « ventre » (qui marque l'emplacement de la section la plus épaisse du pinceau) ainsi qu'une racine et une fleur. Le ventre comporte des vides entre les poils qui servent de réservoir de peinture.

La longueur du poil varie de 25 à 60 mm. Le poil long, plus rare, est aussi le plus prisé, malgré un prix environ quatre fois plus élevé que celui du poil court.

La fabrication est artisanale. Les poils, après cuisson à la vapeur, sont disposés en touffe, placés dans un canon, mis en forme, puis peignés pour éliminer les poils courts.

Tirure

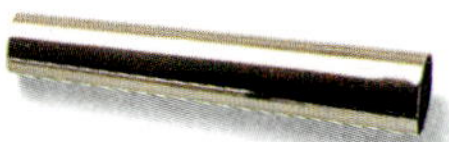

Virole

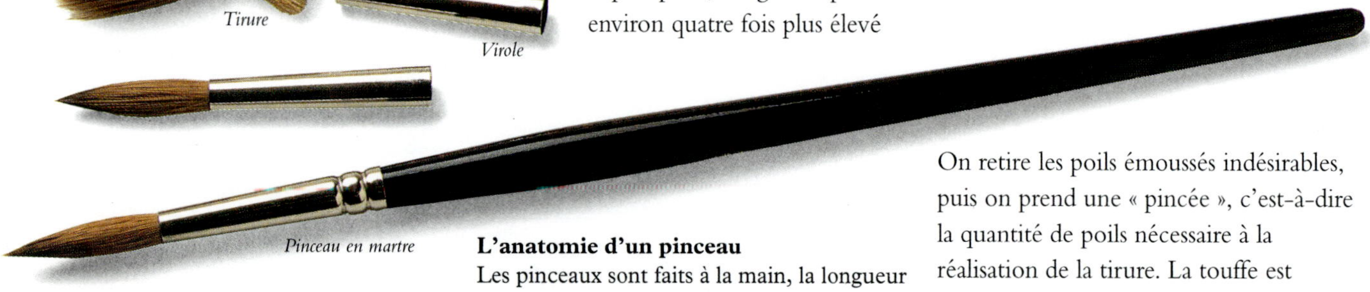

Pinceau en martre

L'anatomie d'un pinceau
Les pinceaux sont faits à la main, la longueur et la quantité de poils étant laissées à l'appréciation de l'artisan.

On retire les poils émoussés indésirables, puis on prend une « pincée », c'est-à-dire la quantité de poils nécessaire à la réalisation de la tirure. La touffe est ensuite nouée, puis enserrée dans une virole, pièce métallique reliant la tirure au manche.

Une technique artisanale

Fin, le pinceau fait la pointe naturellement. Dans le cas de martres plus épaisses, le poil doit être tourné ou tordu pour lui donner sa forme. Il est ensuite lié par un nœud demi-clé, égalisé puis collé dans la virole avec de la résine epoxy. Les pinceaux en martre sont plongés dans une solution de gomme arabique faiblement dosée, puis effilés un à un.

LES RÈGLES D'OR D'UN BON ENTRETIEN

- Il est conseillé de travailler avec deux récipients d'eau, l'un réservé au rinçage du pinceau sale, l'autre servant à tremper à nouveau ce pinceau avant de mélanger une autre couleur. Cette précaution est un gage de propreté pour les pinceaux comme pour les couleurs. Après usage, nettoyez soigneusement les pinceaux à l'eau savonneuse jusqu'à disparition de la peinture, puis rincez-les abondamment à l'eau claire. N'employez jamais d'eau chaude sous peine d'écarter la virole, de diluer la colle et de faire tomber les poils.
- Assurez-vous que les pinceaux sont bien secs avant de les ranger, afin de prévenir la formation de rouille.
- Conservez vos pinceaux propres et évitez le dépôt de peinture à la racine, ce qui risquerait d'ouvrir les poils et d'abîmer la pointe.
- C'est à la fleur que l'on reconnaît un bon pinceau rond, fin et souple. Mouillé, un pinceau de qualité fera toujours une pointe parfaite.

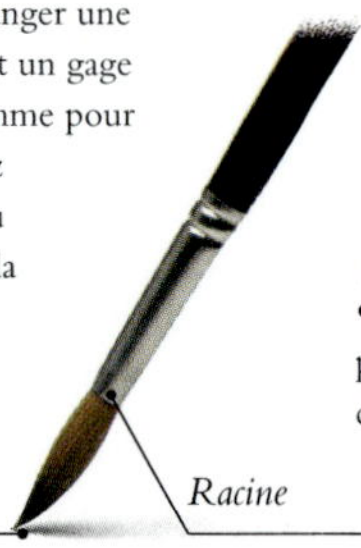

Fleur *Racine*

Les pinceaux à poils synthétiques sont fabriqués en fibres polyester qui, à l'encontre des martres, ne présentent pas de structure irrégulière. Si les progrès techniques leur permettent de s'approcher des qualités du poil naturel, voire de les remplacer, ils ont tendance à faire une pointe imparfaite et à s'user vite. Les fabricants proposent des pinceaux qui combinent les avantages respectifs du poil naturel et de la fibre synthétique, dans des mélanges de martre et de polyester. Ceux-ci donnent de très bons résultats, sans toutefois prétendre à la souplesse de la martre pure.

Pinceaux ronds
Ils font bien la pointe et, selon leur taille, sont parfaits pour tirer les filets minces comme étaler les fins lavis. Les fibres synthétiques ou les mélanges martre/synthétique conviennent à la plupart des travaux d'aquarelle.

Pinceau rond en martre n° 3

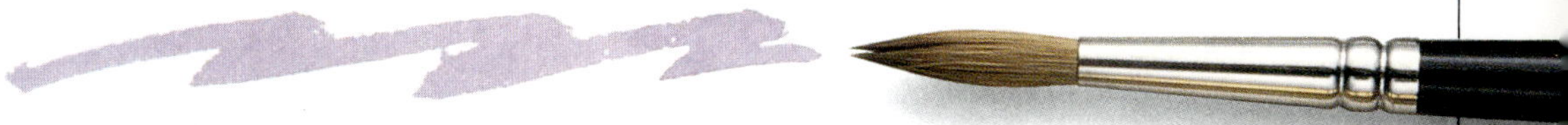

Pinceau rond en martre n° 6

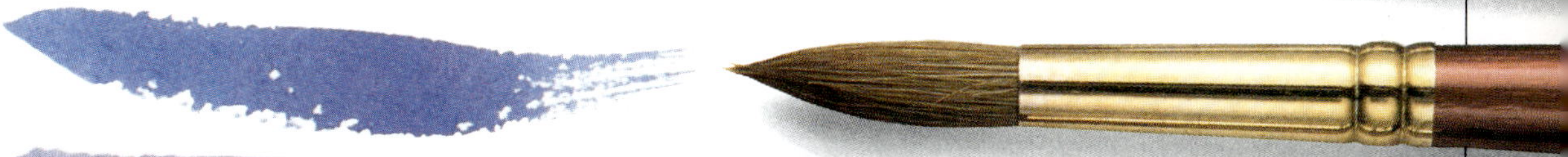

Pinceau rond en mélange martre/synthétique n° 12

Pinceaux à lavis
Ce pinceau « mouilleur », à touffe large et souple, se charge d'une grande quantité de couleur pour les fonds ou les grandes surfaces.

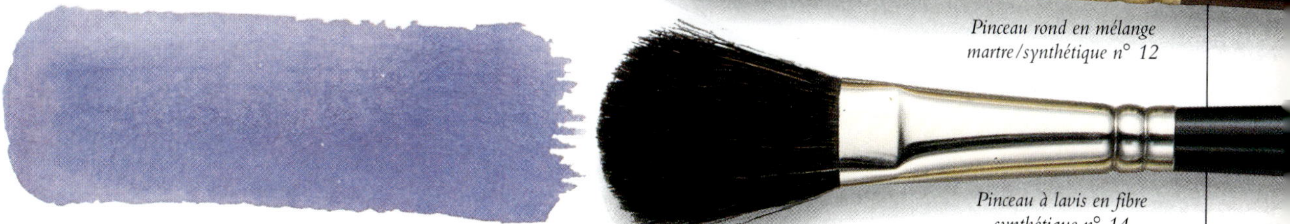

Pinceau à lavis en fibre synthétique n° 14

Brosse à lavis
Le pinceau plat permet de teinter le papier ou d'étaler un lavis. Il peut servir à modifier un lavis, tout juste posé sur le papier.

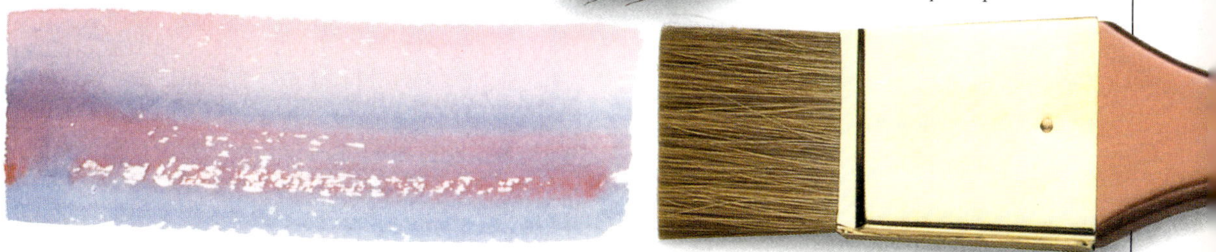

Brosse à lavis mélange martre/synthétique n° 22

Spalter
Le spalter, large brosse plate à manche court, est idéal pour appliquer de grandes plages de couleur. Ses poils synthétiques tiennent bien la peinture et sont parfaits pour étaler des lavis ou moduler la quantité de peinture déposée sur le papier.

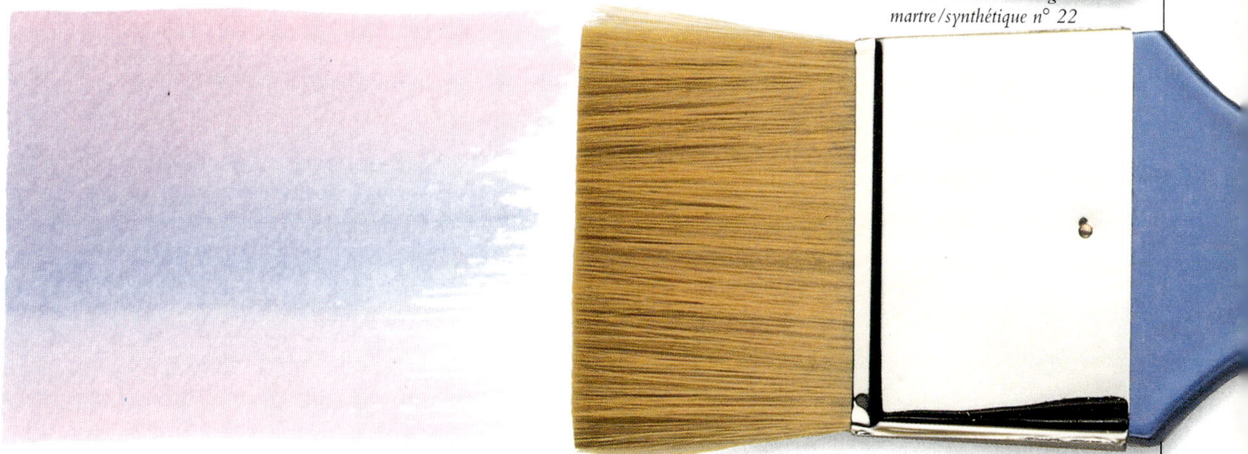

Spalter en fibre synthétique n° 50

Pinceau chinois
Ce pinceau doux et souple est fabriqué en poils de cerf, de chèvre, de lapin ou de loup.

Pinceau chinois

Brosse dure
En soie de porc, elle excelle dans le mélange des couleurs et elle est tout indiquée pour éclaircir ou éliminer des touches de couleurs sur le papier. Les brosses dures à sortie courte sont plus faciles à manier.

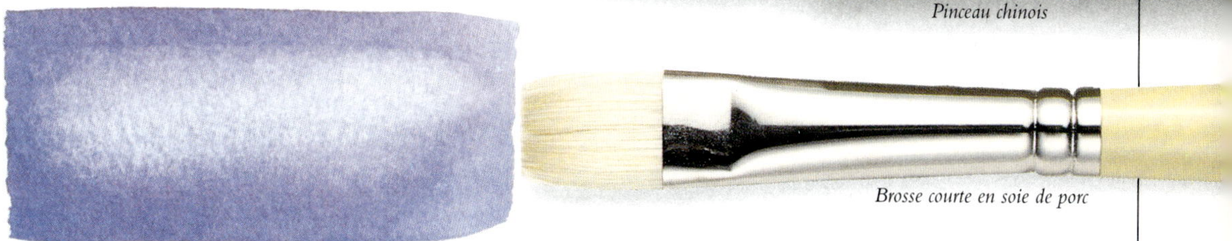

Brosse courte en soie de porc

LES COUPS DE PINCEAUX

IL EXISTE MILLE ET UNE FAÇONS de manier un pinceau, selon la personnalité du peintre. Le trait peut être vigoureux et expressif pour révéler la fougue, la dynamique d'un mouvement ou suggérer l'instantanéité d'un geste, la fugacité d'une émotion. Mais le pinceau peut rester l'outil invisible de l'artiste qui applique un lavis uniforme sur une plage de peinture bien délimitée. Entre ces deux extrêmes se cache un monde riche de gestes et de procédés différents. Ajoutons quelques facteurs clé comme la quantité de peinture chargée sur le pinceau, la vitesse d'exécution, l'inclinaison et la nature du pinceau. Sans oublier la qualité du papier. Ces pages évoquent quelques exemples des multiples touches prenant forme dans le sillage magique d'un seul pinceau.

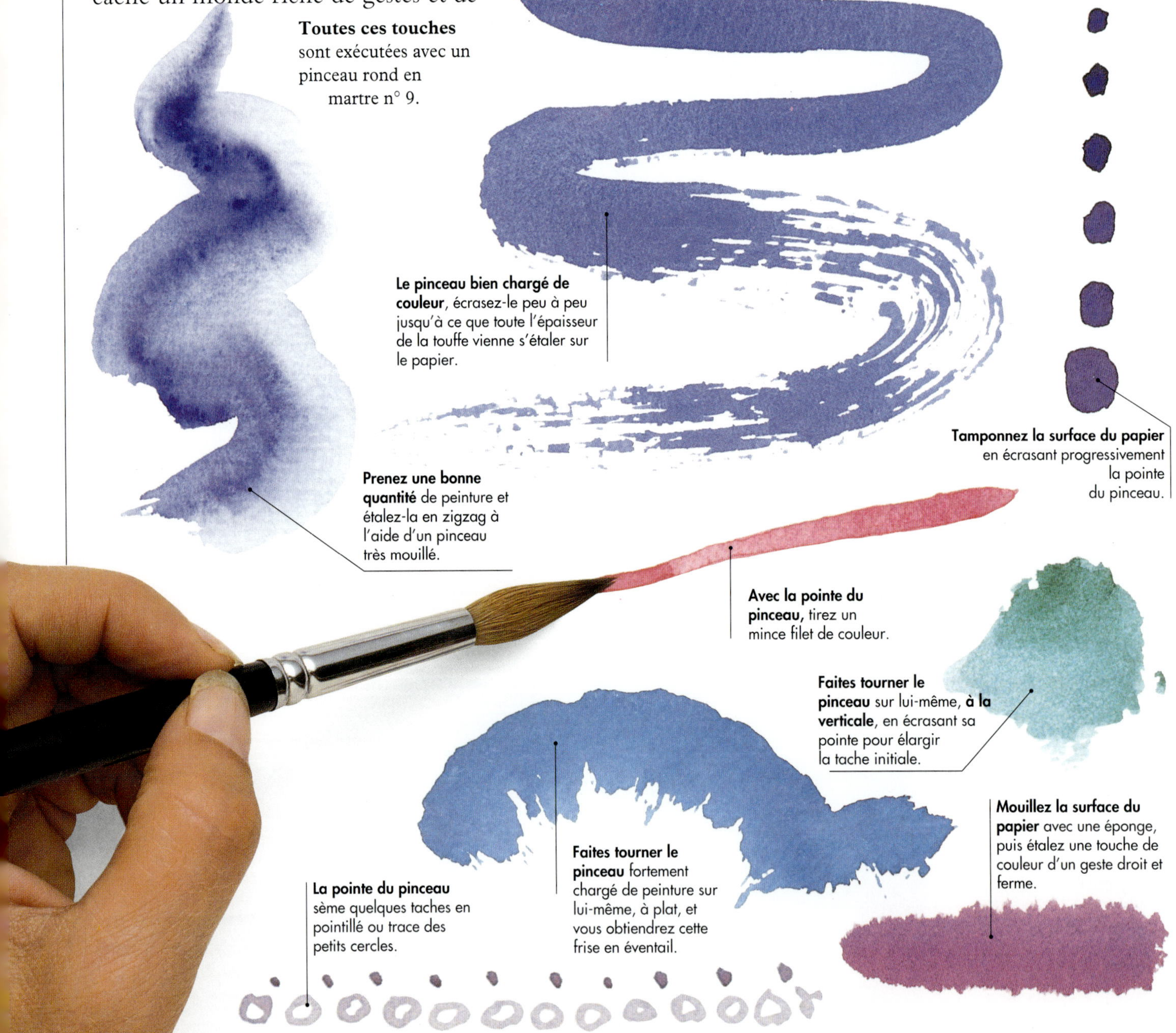

Toutes ces touches sont exécutées avec un pinceau rond en martre n° 9.

Le pinceau bien chargé de couleur, écrasez-le peu à peu jusqu'à ce que toute l'épaisseur de la touffe vienne s'étaler sur le papier.

Tamponnez la surface du papier en écrasant progressivement la pointe du pinceau.

Prenez une bonne quantité de peinture et étalez-la en zigzag à l'aide d'un pinceau très mouillé.

Avec la pointe du pinceau, tirez un mince filet de couleur.

Faites tourner le pinceau sur lui-même, **à la verticale**, en écrasant sa pointe pour élargir la tache initiale.

Mouillez la surface du papier avec une éponge, puis étalez une touche de couleur d'un geste droit et ferme.

Faites tourner le pinceau fortement chargé de peinture sur lui-même, à plat, et vous obtiendrez cette frise en éventail.

La pointe du pinceau sème quelques taches en pointillé ou trace des petits cercles.

CETTE AQUARELLE illustre quelques touches exécutées avec notre pinceau en martre n° 9. Tout est question de dextérité et de connaissance du pinceau, de la peinture et du papier.

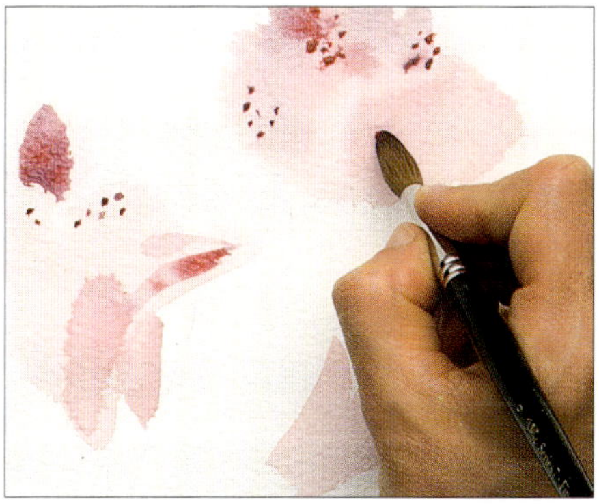

1 ▲ Posez un lavis de garance rose additionné d'un soupçon d'outremer avec le cœur du pinceau pour suggérer les pétales, puis parsemez quelques paillettes de couleur plus soutenue avec la pointe. Par endroits, ce semis de taches diffuse sur les pétales humides.

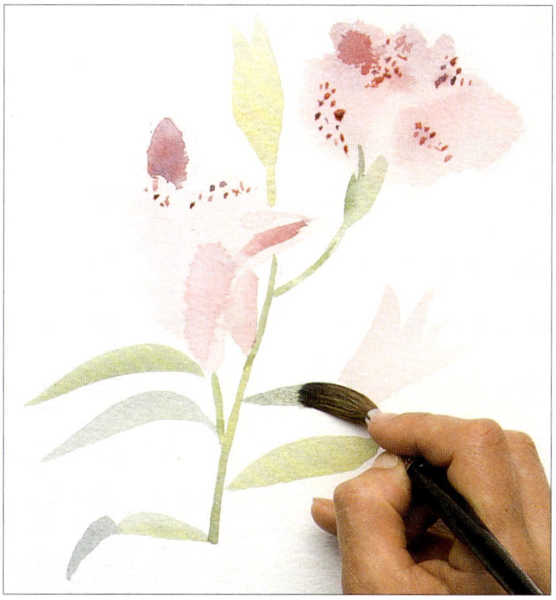

2 ▲ Dessinez la tige d'un trait fin de garance rose, d'outremer, de vert de vessie, de vert émeraude, d'ocre jaune et de bleu Winsor. Exercez une légère pression sur le pinceau pour modeler chaque feuille d'une seule touche ample et déliée, en arrondi.

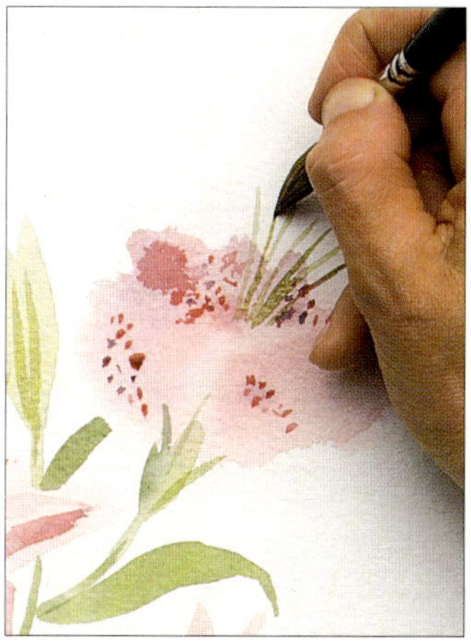

3 ▲ Avec la fleur du pinceau, tracez les filets d'étamine en vert de vessie. Si vous êtes trop hésitant, essayez sur du papier brouillon avant de vous lancer ; exercez-vous à tenir votre main, à maîtriser votre geste avec fermeté et détermination.

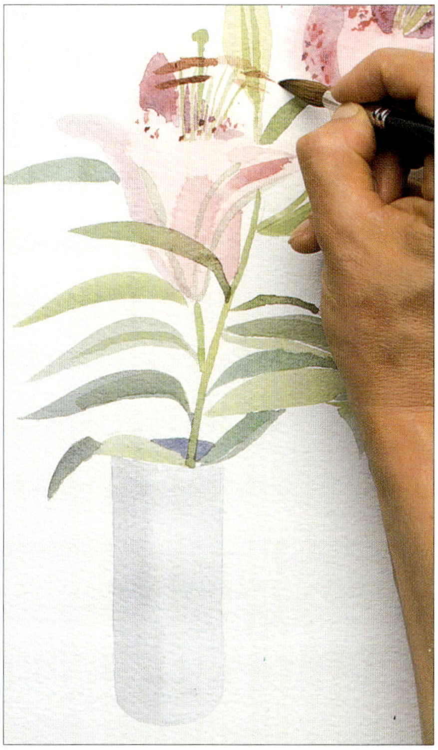

4 ▲ Les anthères, aux extrémités des filets d'étamine, sont peintes en rouge indien, au pinceau sec. Cette alliance de couleur sèche brossée sur un support sec donne au tableau sa profondeur et sa texture.

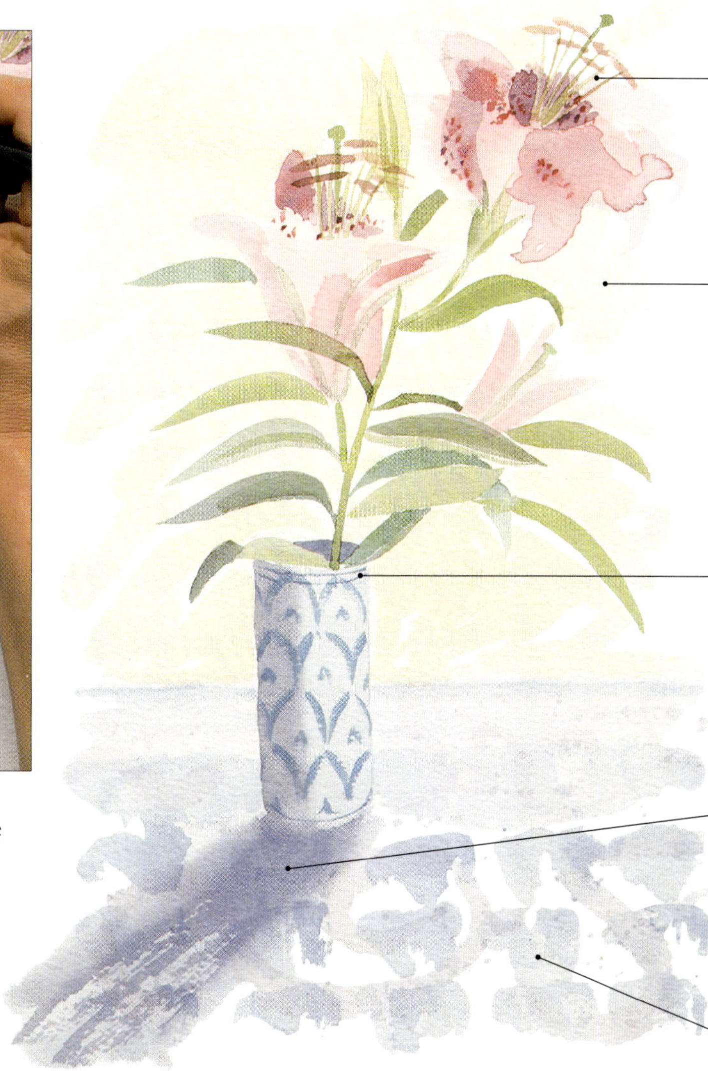

Pour les minces filets de couleur, la fleur du pinceau suffit.

Colorez le fond d'ocre jaune très dilué avec des touches amples, pour rendre la profondeur.

Vous pouvez tracer ces lignes fines avec un pinceau n° 9 en appliquant une infime quantité de couleur sur les poils les plus longs.

L'ombre du vase est exécutée avec toute la touffe du pinceau dans un habile accord de peinture humide et de peinture sèche.

Ces motifs sont obtenus en mouillant le pinceau d'un épais mélange de bleu Winsor et d'outremer, puis en le faisant tourner sur lui-même, à plat sur sa tranche.

AUTRES TOUCHES

SI LE PINCEAU EST L'OUTIL PRIVILÉGIÉ de l'aquarelliste, indispensable pour un grand nombre de techniques, il existe d'autres artifices capables de jouer le même rôle. Libre à vous d'essayer divers procédés et de choisir celui que vous jugerez le mieux adapté aux effets recherchés. Inutile d'acheter des fournitures onéreuses, quelques simples ustensiles suffisent. Les artistes ont employé des instruments aussi disparates que le carton, l'éponge, le pinceau de bricolage, le peigne, le rouleau et autres moyens ingénieux pour parvenir à leurs fins ! N'hésitez pas à tester plusieurs dilutions de peinture et à expérimenter diverses qualités de papier pour obtenir les meilleurs résultats.

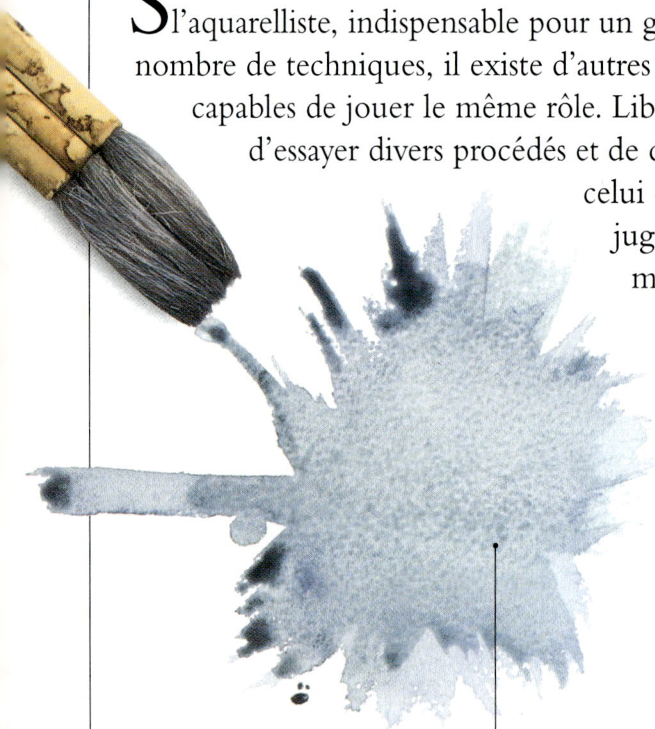

Ce pinceau chinois « flûte de pan », en poils de porc ou de chèvre, crée des touches libres et amples.

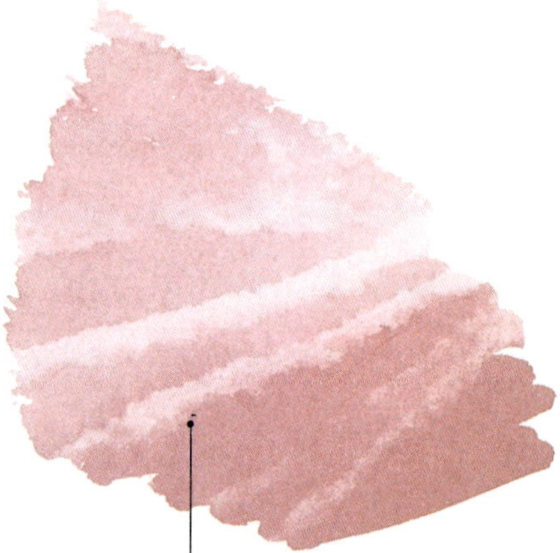

Prenez une feuille de papier buvard, déposez-y la peinture au pinceau. Plongez un bord du buvard plié dans la peinture humide en appuyant bien fort, puis tirez progressivement la couleur pour composer ce dégradé de rose.

Passez une vieille éponge imbibée de gomme liquide sur le papier et laissez sécher. Posez une couleur sur cette réserve, puis retirez-en l'excédent encore humide avec du papier essuie-tout.

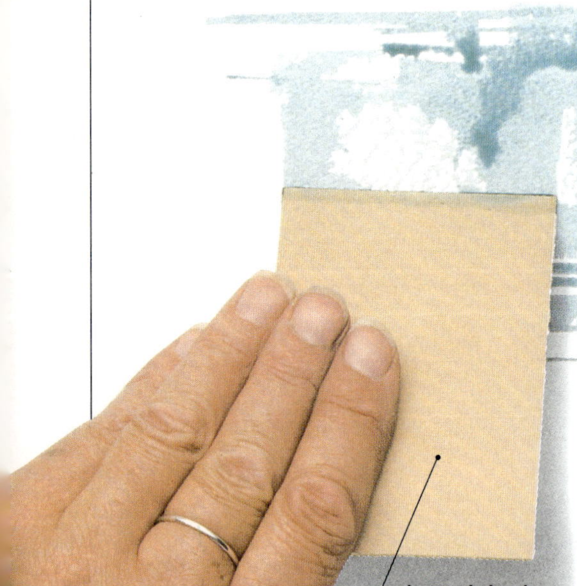

Plongez le bord d'un carton dans la peinture, puis raclez la couleur horizontalement ou verticalement

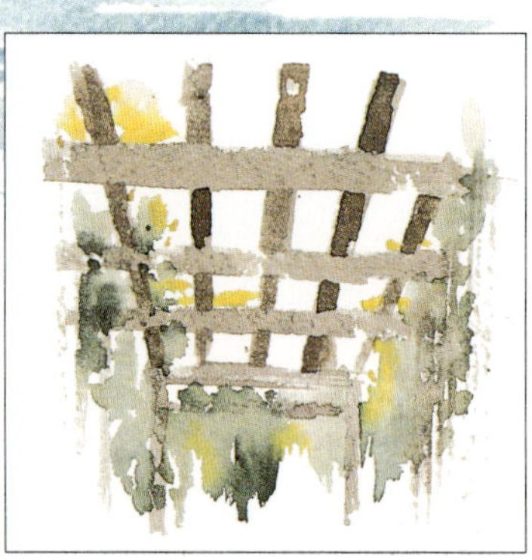

Le carton
Ce treillis a été peint à l'aide d'un morceau de carton, la végétation avec l'éponge.

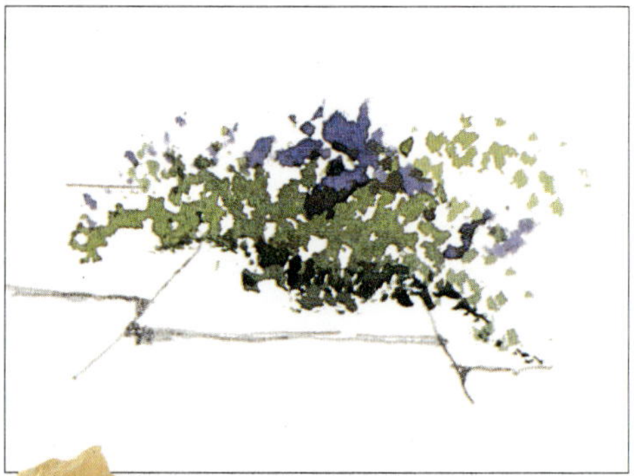

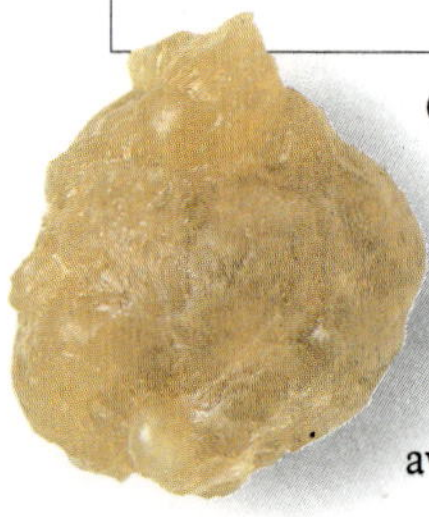

Gomme mastic
Plongez une boule de mastic dans la peinture et écrasez-la sur le papier. Les aspérités de sa surface déposent un semis de taches. Recommencez avec une autre couleur.

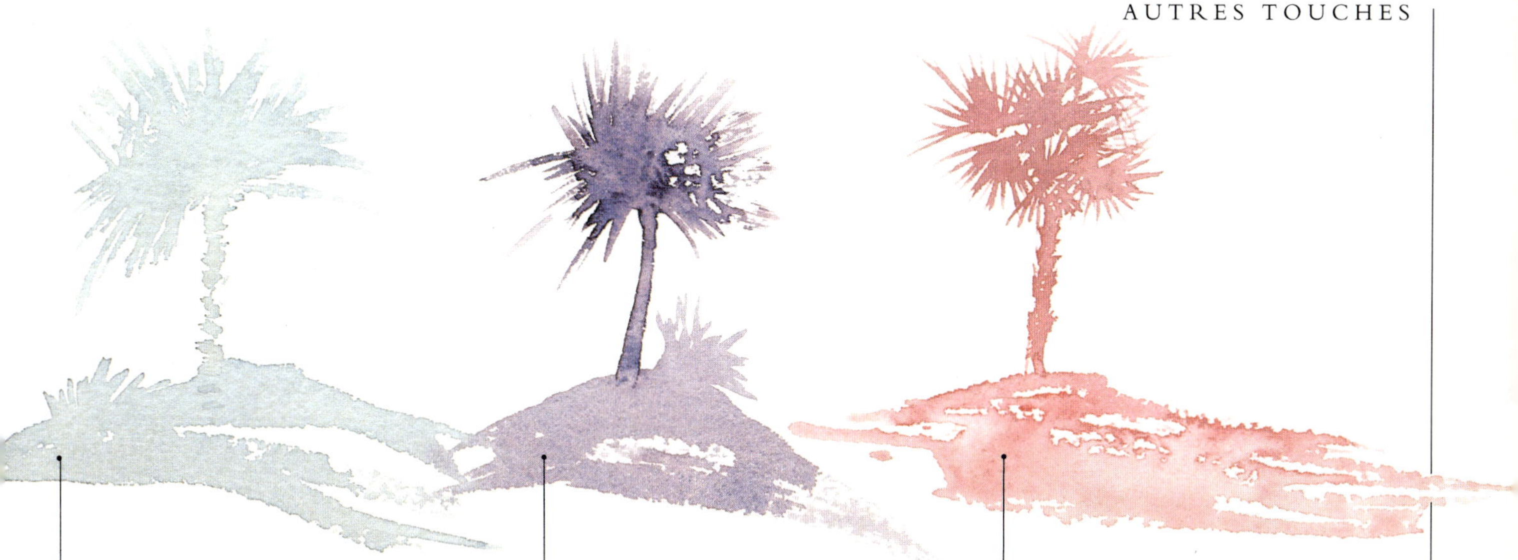

Les pinceaux usés, à la pointe émoussée, servent à peindre ce palmier d'un clair lavis gris bleuté.

Cet arbre est peint avec un pinceau en martre fin. Pour le tronc, cette étude requiert une plus grande maîtrise du geste que la précédente.

Il faut utiliser ici un pinceau très fin à sortie longue, se prêtant aux travaux précis et minutieux.

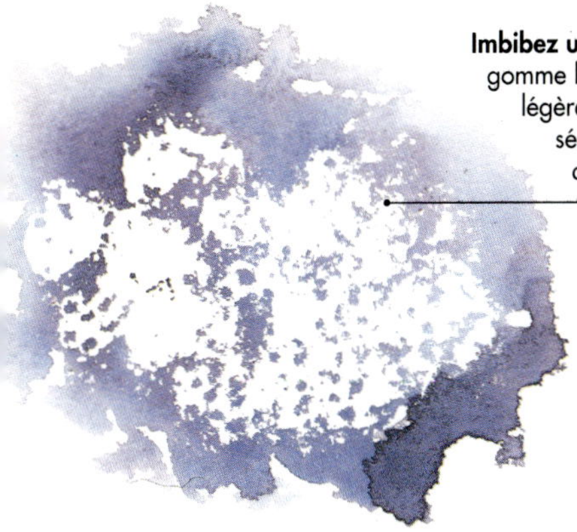

Imbibez une éponge naturelle de gomme liquide, puis tamponnez légèrement le papier. Après séchage, recouvrez cette réserve de blanc d'un lavis violet.

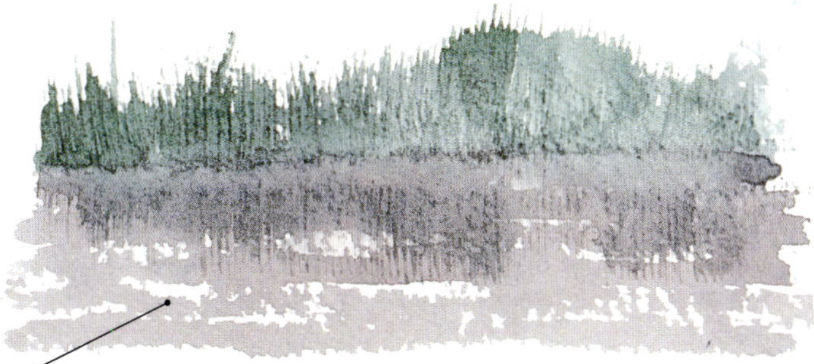

Utilisez un peigne pour ce motif. Posez les deux couleurs sur le papier, puis passez le peigne sur chaque couleur encore humide, dans le sens vertical, pour suggérer une herbe épaisse et drue.

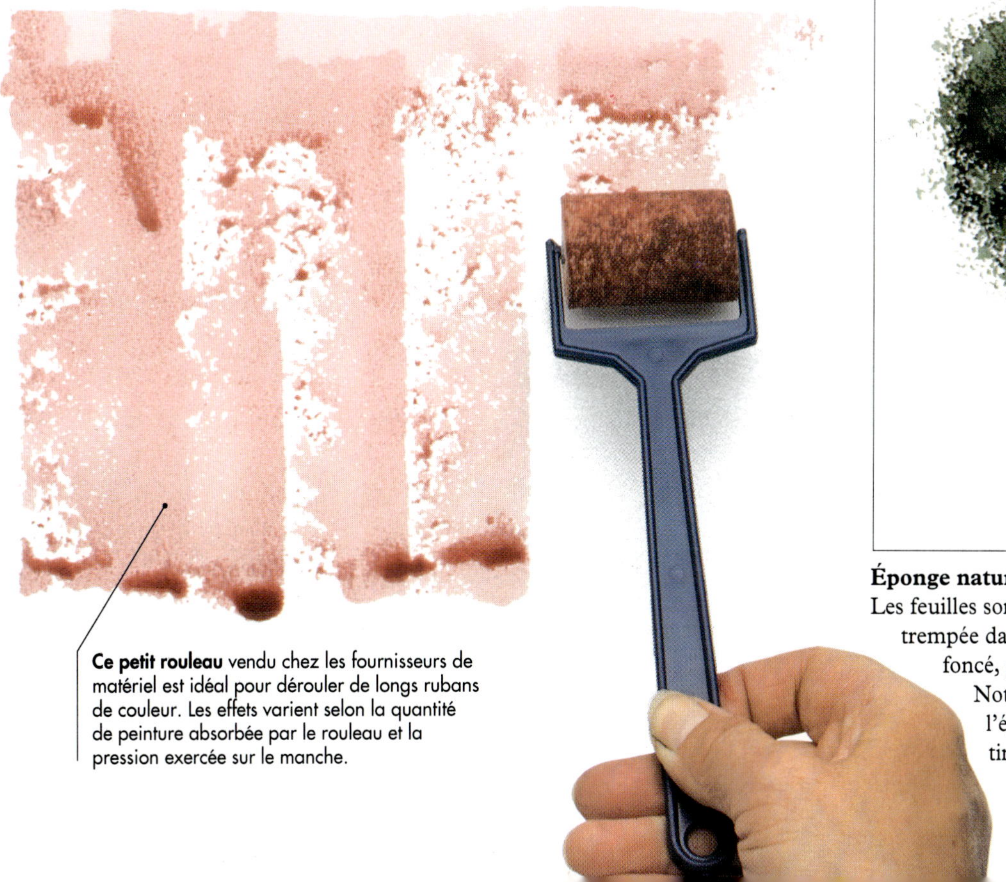

Ce petit rouleau vendu chez les fournisseurs de matériel est idéal pour dérouler de longs rubans de couleur. Les effets varient selon la quantité de peinture absorbée par le rouleau et la pression exercée sur le manche.

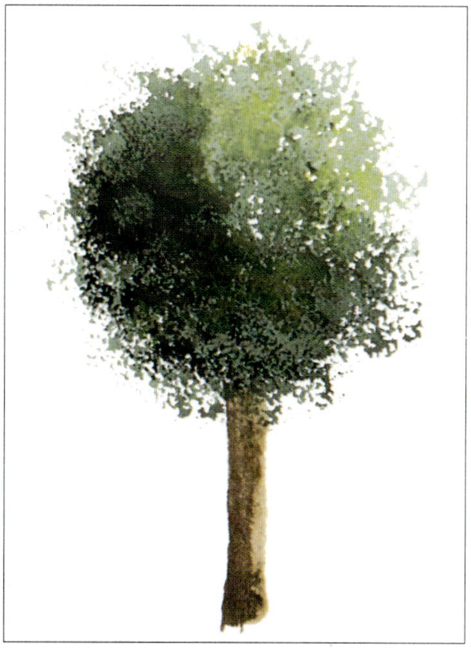

Éponge naturelle

Les feuilles sont réalisées à l'aide d'une éponge trempée dans un vert clair suivi d'un vert foncé, puis appliquée sur le papier. Notez les effets de texture. Imbibez l'éponge de brun, essorez-la, puis tirez la couleur de haut en bas pour dessiner un tronc.

Regards sur Les Coups de Pinceaux

L'UN DES PLAISIRS DE L'AQUARELLE réside dans la modestie de ses moyens. Deux pinceaux suffisent au peintre débutant : un petit pinceau rond en martre, fin et pointu pour les travaux de précision, un plus gros et plus souple pour les lavis et les grandes surfaces. Si la martre, par sa souplesse, reste le pinceau par excellence de l'aquarelle, elle n'en a pas le monopole. Les pinceaux à fibres synthétiques ou les mélanges martre/synthétique sont de bons outils de rechange.

Julian Gregg, *Le Port de Dieppe en été.*
Cette étude comporte une série de touches nerveuses pour révéler l'ombre des bâtiments ou le reflet des façades dans l'eau. Le matériel se limite ici à un ou deux pinceaux et une modeste palette de couleurs. L'œuvre achevée montre tous les coups de pinceau de l'artiste qui développa son thème d'un geste rapide et assuré, commençant par les parties claires du tableau pour finir par les reflets foncés dans l'eau.

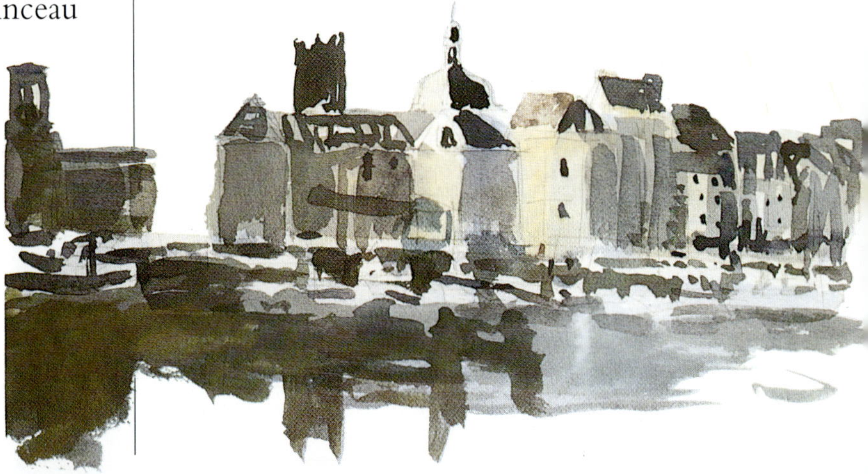

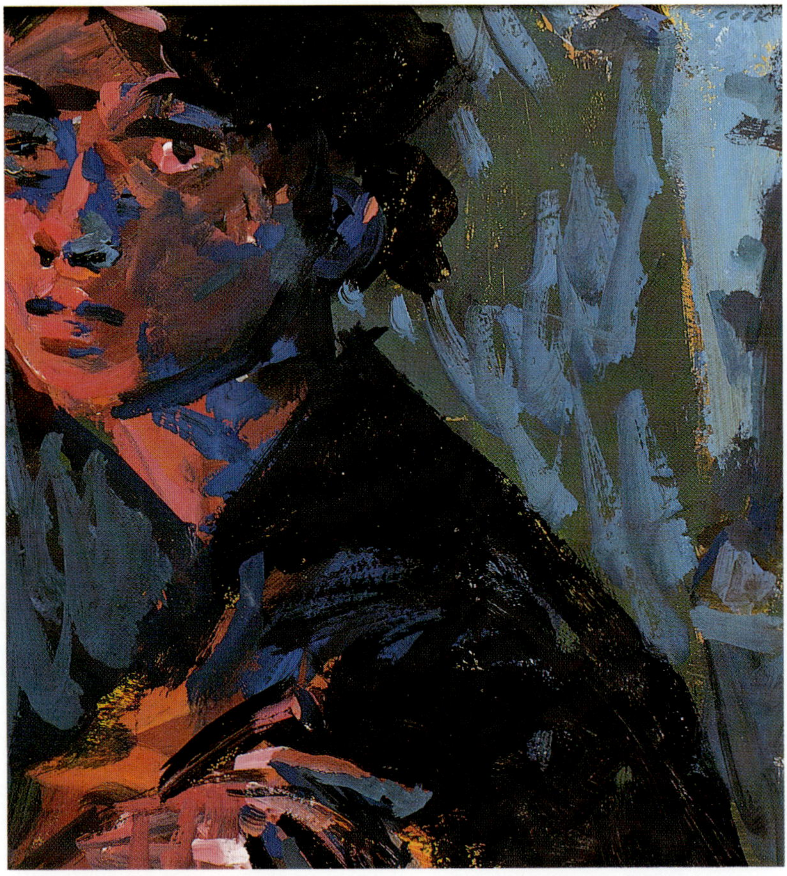

Ian Cook, *Tête de jeune fille.*
La couleur intense de la gouache très pigmentée transparaît sous les touches épaisses et denses, sur le visage et le cou. Ce travail s'inscrit dans la ligne de la peinture à l'huile dont on retrouve ici la richesse et les empâtements.

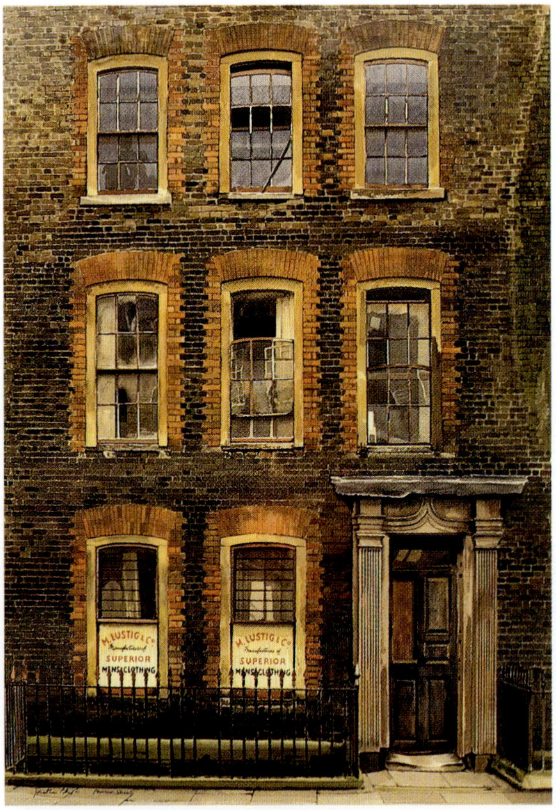

John Pike, *Rue Fournier, n°10.*
L'artiste s'est inspiré de photos, de croquis d'après nature et de notes de couleurs pour atteindre ce réalisme. Les coups de pinceaux sont imperceptibles pour ne pas nuire à l'illusion de la réalité. Pike construit son thème pas à pas à partir de grands lavis pour fignoler les détails au pinceau fin.

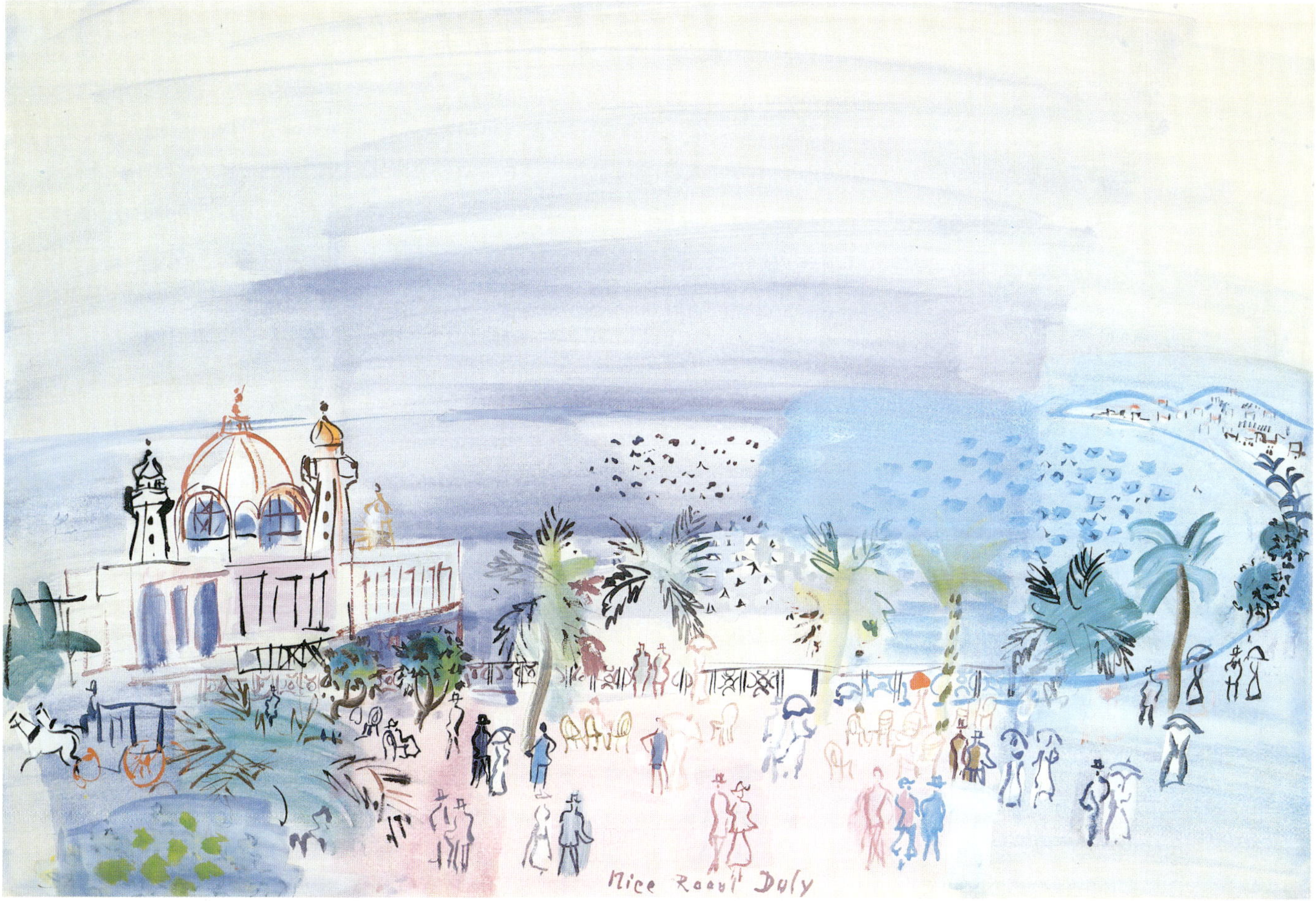

Raoul Dufy, *Le Casino de Nice*, 1936.
Cette étude, pleine de grâce et de légèreté, illustre la maîtrise de l'artiste maniant son pinceau avec brio, ce dont témoignent les silhouettes et le profil du casino à peine caressés avec la fleur d'un pinceau rond, effilé et souple. Ces notes vives et assurées que tempèrent les touches plus amples de certains palmiers sont peintes sur de larges lavis de couleur rose, lilas et bleue. Le dessin des bâtiments est vif, exécuté dans une belle gamme de coloris.

Gisela Van Oepen, *Soleil couchant derrière l'arbre*.
Les coups de pinceau, posés d'un geste rapide, sont ici visibles, qu'il s'agisse des envolées en oblique figurant le ciel ou des amples touches frissonnantes dessinant les branches.

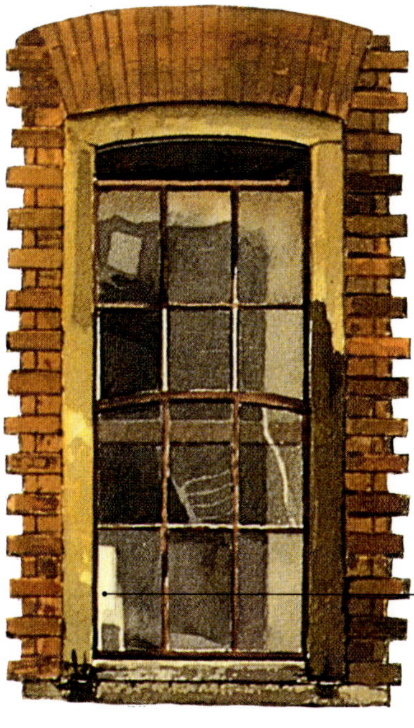

En réservant un petit rectangle de papier blanc, en bas à gauche de la fenêtre, Pike reproduit le reflet de lumière renvoyé par l'extrémité de l'immeuble. Avec la pointe d'un pinceau fin, il s'applique à peindre tous les détails qui cernent cette tache de lumière crue avec une précision méticuleuse, jouant sur le papier laissé nu pour créer l'illusion de la réalité.

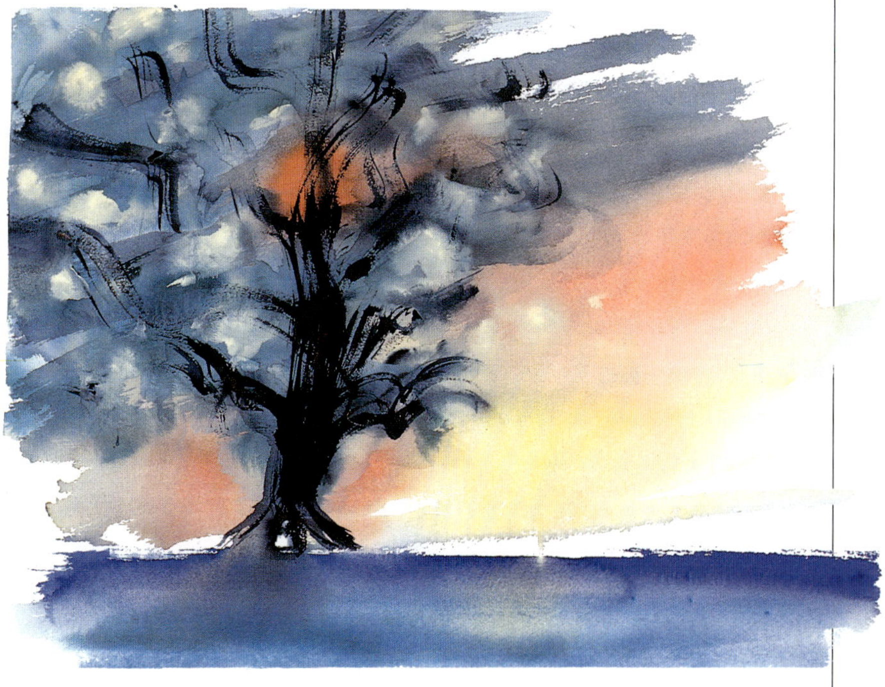

LE PAPIER

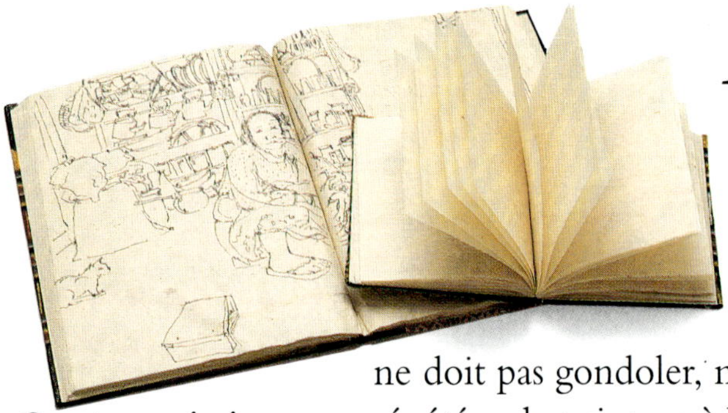

Carnet en papier japon
Certains papiers offrent des surfaces intéressantes, de texture particulière.

LE PAPIER À AQUARELLE doit posséder cinq grandes qualités : être disponible en plusieurs grammages, dans un vaste choix de surface ou « grain » et ne pas jaunir avec le temps. De surcroît, une fois bien tendu, il ne doit pas gondoler, mais être assez solide pour supporter de fortes applications répétées de peinture à l'eau sans altération de ses propriétés initiales. Enfin, il doit avoir le pouvoir absorbant adapté au type de peinture envisagé par l'artiste.

LE PAPIER EST UNE MATIERE FEUTRÉE, constituée par l'enchevêtrement de petites fibres de cellulose d'origine végétale. En Occident, la plupart des papiers à usage artistique sont fabriqués avec des fibres de coton brut ou de pulpe de bois. Ces fibres, de longueur et de résistance variables, dotent chaque type de papier de caractéristiques différentes.

La « mise en pâte » constitue la première étape de la fabrication. Elle consiste à broyer et à lessiver à l'eau les fibres de cellulose pour obtenir la pâte à papier. Après dilution, cette pâte subit l'opération du raffinage et du blanchiment selon la qualité recherchée. Durant cette étape, on ajoute à la pâte une colle à base de résine (« collage dans la masse ») et, éventuellement, un apprêt (« collage en surface »), ce qui permet d'obtenir un papier plus ou moins absorbant.

La plupart des papiers aquarelle modernes ne sont plus façonnés à la main, mais à la machine, sur une table de fabrication composée d'une toile métallique animée d'un mouvement rectiligne horizontal, sur laquelle la pâte à papier abandonne la majeure partie de son eau. La bande de papier est ensuite reprise à travers une série de presses coucheuses

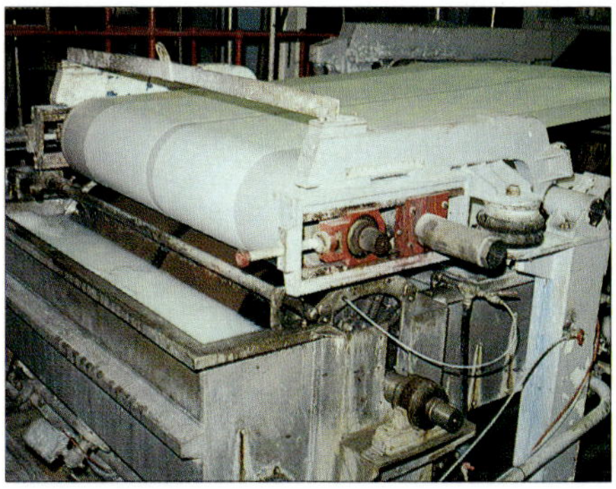

Le moulage du papier
La pâte à papier est couchée sur une toile métallique à trame très fine permettant l'enchevêtrement des fibres.

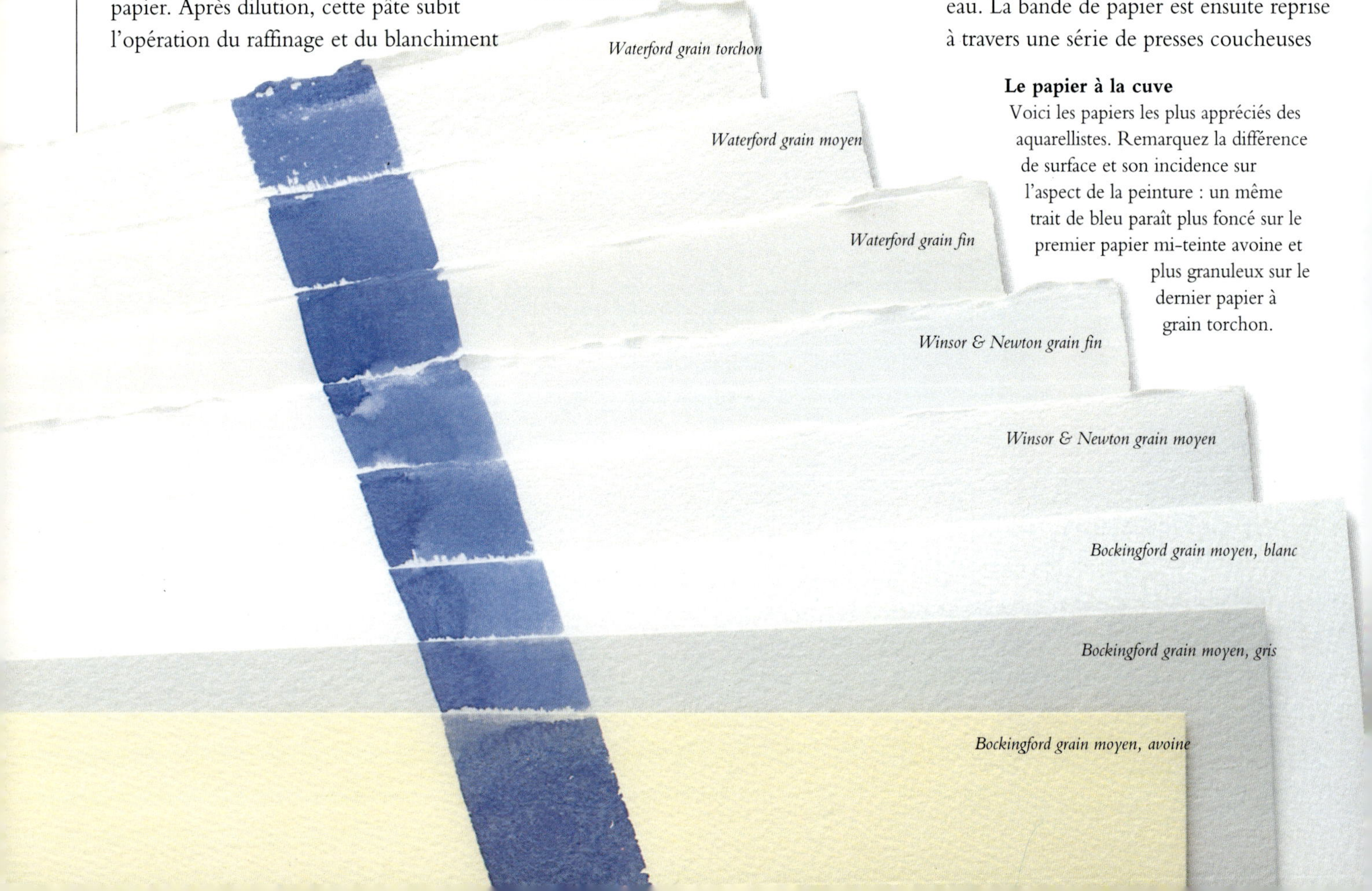

Le papier à la cuve
Voici les papiers les plus appréciés des aquarellistes. Remarquez la différence de surface et son incidence sur l'aspect de la peinture : un même trait de bleu paraît plus foncé sur le premier papier mi-teinte avoine et plus granuleux sur le dernier papier à grain torchon.

par un feutre qui, selon sa trame, confère au papier un grain caractéristique, grossier ou fin. Le papier, encore humide, est conduit sur des cylindres sécheurs qui achèvent de chasser l'eau par évaporation, puis il est immergé dans une cuve de gélatine chaude jouant le rôle d'apprêt avant d'être passé entre les rouleaux superposés et chauffés d'une calandre. Cette dernière étape a pour fonction de réduire le pouvoir absorbant du papier et de le rendre plus résistant, plus apte à supporter des techniques de peinture assez rudes telles que le repeint ou le grattage.

Le pouvoir absorbant

Il dépend de la quantité de colle intervenant dans la fabrication du papier. (Vous pouvez ajouter une couche de colle pour rendre le papier plus résistant et moins absorbant.) Il existe des papiers n'ayant reçu ni colle, ni apprêt, encore qualifiés de « papier absorbant » ; le papier buvard en est un bon exemple. À l'inverse, bien des papiers orientaux sont très absorbants, rendant ainsi les retouches très difficiles à exécuter.

L'acidité est également un facteur clé : mieux vaut utiliser un papier sans acide (au pH neutre).

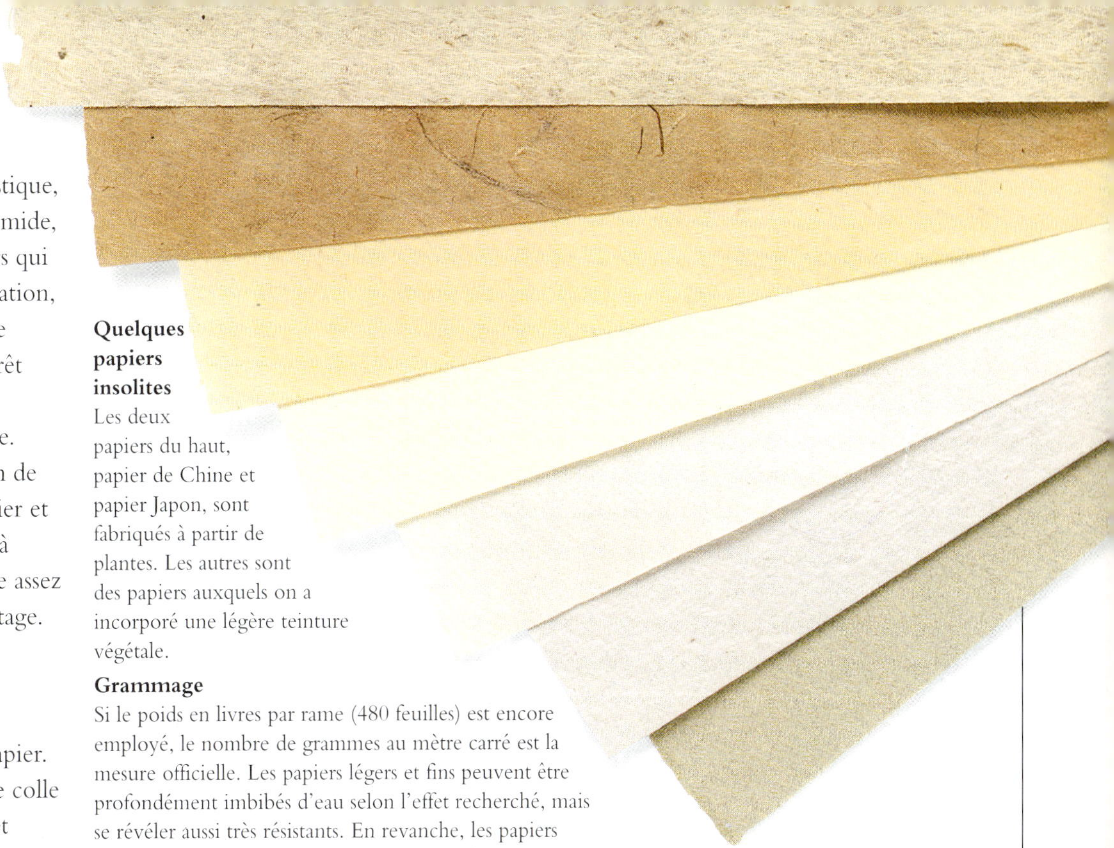

Quelques papiers insolites
Les deux papiers du haut, papier de Chine et papier Japon, sont fabriqués à partir de plantes. Les autres sont des papiers auxquels on a incorporé une légère teinture végétale.

Grammage
Si le poids en livres par rame (480 feuilles) est encore employé, le nombre de grammes au mètre carré est la mesure officielle. Les papiers légers et fins peuvent être profondément imbibés d'eau selon l'effet recherché, mais se révéler aussi très résistants. En revanche, les papiers forts n'ont pas besoin d'être tendus et se prêtent aux coups de pinceau vigoureux.

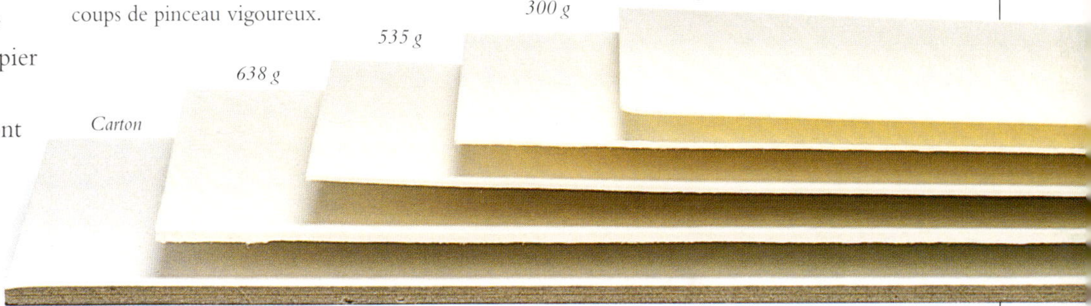

190 g — *300 g* — *535 g* — *638 g* — *Carton*

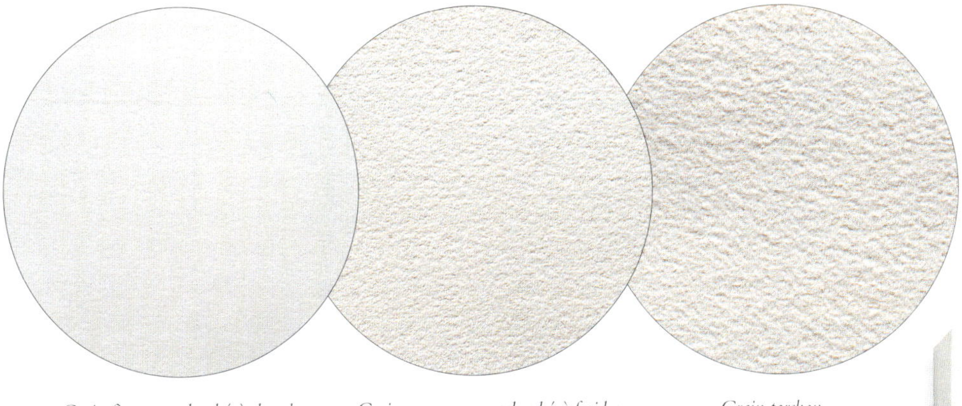

Grain fin ou « calandré à chaud » — *Grain moyen ou « calandré à froid »* — *Grain torchon*

Blocs aquarelle
Le papier aquarelle est commercialisé en feuilles, en blocs à reliure spirale ou en blocs collés sur les côtés ; ces derniers présentent l'avantage de ne pas nécessiter de tension préalable du papier.

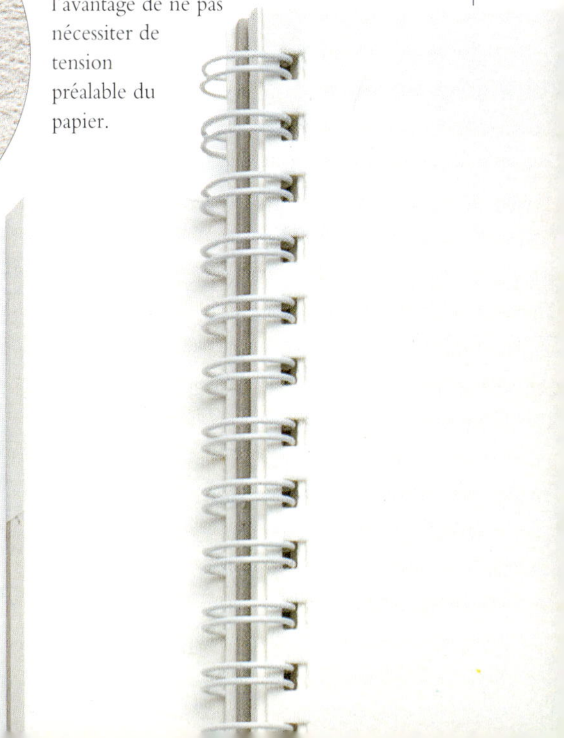

Aspect et grammage

En général, trois grains de papier sont proposés par les fournisseurs : les grains torchon, fin et moyen. Le premier donne un papier texturé, rude au toucher et d'aspect grossier. Le second possède la surface la plus lisse, le papier étant pressé entre des plaques chaudes d'acier pour parachever sa fabrication. Quant au grain moyen, il constitue un juste milieu très apprécié des artistes. Ces trois catégories de surface varient d'un fabricant à l'autre. N'hésitez pas à juger par vous-même de la qualité du papier. En matière de grammage, la gamme est aussi très vaste, chacun possédant des avantages et des inconvénients : tout dépend du sujet (paysages, marines, figures, etc.) et du procédé de peinture utilisé.

LA PRÉPARATION DU PAPIER

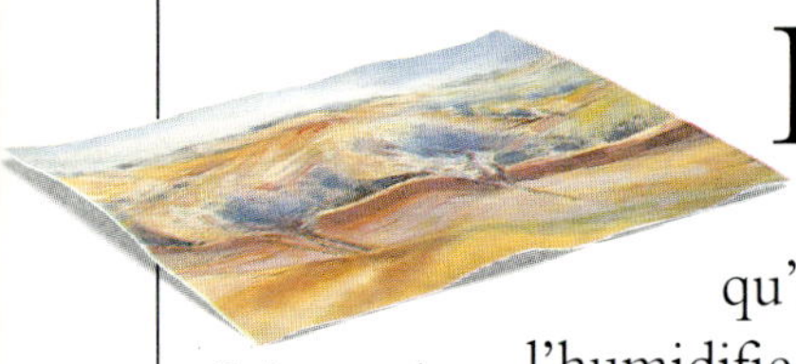

Papier non tendu

LE PAPIER À AQUARELLE doit être tendu au préalable pour éviter qu'il ne gondole quand on l'humidifie avec la peinture. Le procédé est simple : il suffit d'une planche à dessin, d'un rouleau de kraft encollé, d'une éponge et d'eau. Une fois tendu, votre papier peut être teinté. Certes, le papier mi-teinte est disponible chez les fournisseurs de beaux-arts, mais votre propre teinture, qui consiste à déposer une couche de couleur sur du papier blanc, présente l'avantage de produire des effets différents, inédits, sans oublier le plaisir de composer « sa » couleur.

Comment tendre le papier

Si vous n'utilisez pas de blocs de feuilles pour l'aquarelle ou du papier à très fort grammage, il vous faudra toujours tendre votre papier avant de commencer à peindre. Prévoyez une planche à dessin qui dépasse la feuille de quelques centimètres de chaque côté, assez épaisse pour supporter sans gauchir les tensions du papier ainsi étiré et légèrement absorbante. Contre-plaqué, aggloméré, ou carton lourd, etc., tous ces supports conviennent et sont disponibles dans le commerce.

Matériel

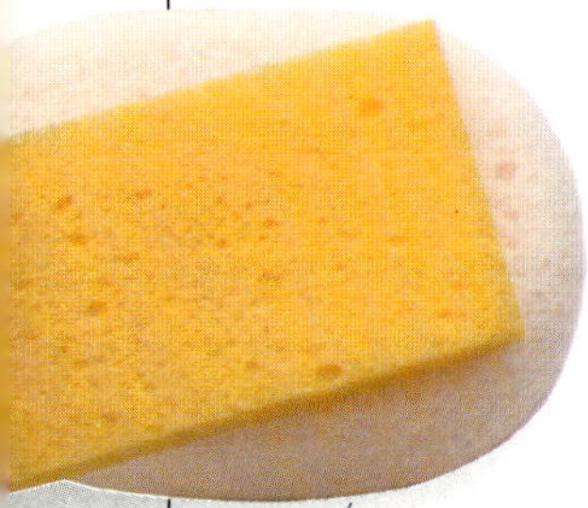

Éponges

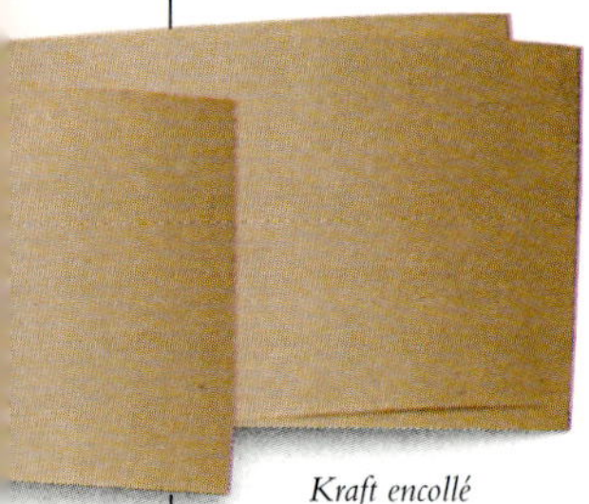

Kraft encollé

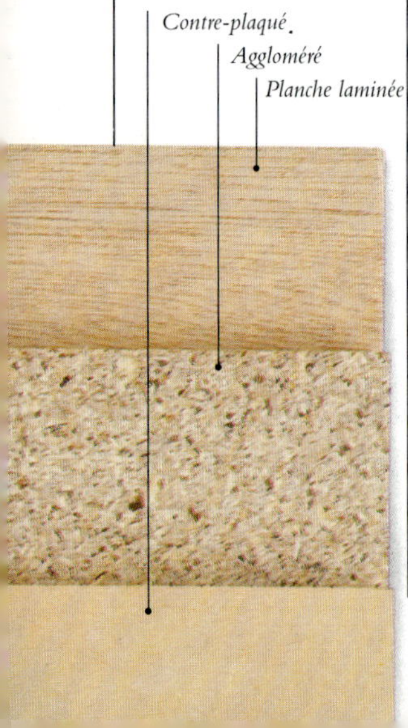

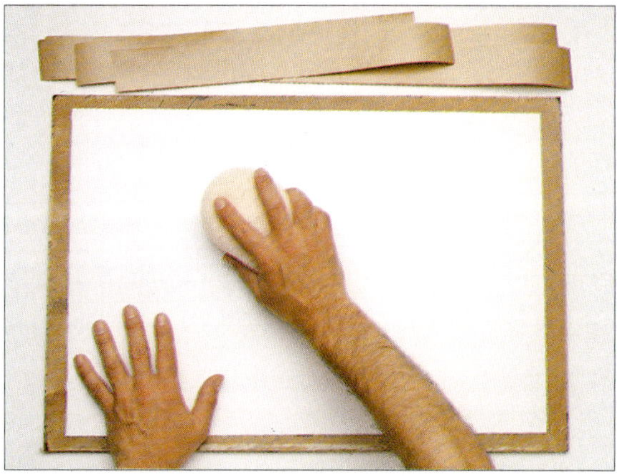

1 ▲ Commencez par couper à la bonne longueur quatre rubans de kraft encollé (un pour chaque côté) que vous réserverez. Humidifiez la surface de la feuille avec une éponge imbibée d'eau froide pour permettre aux fibres du papier de gonfler et de s'allonger. N'utilisez pas d'eau chaude sous peine de retirer l'apprêt de surface.

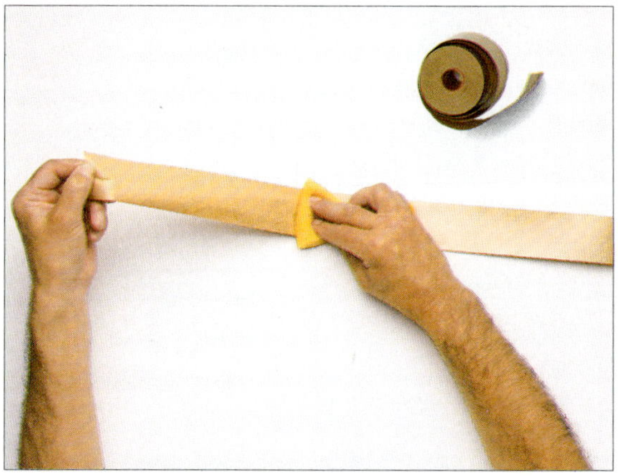

2 ▲ Vérifiez que toute la feuille est uniformément mouillée. Vous pouvez aussi la plonger dans l'eau froide quelques minutes, si l'épaisseur du papier l'autorise. Lorsque la feuille s'est bien allongée, mouillez les rubans de kraft avec une éponge, mais sans excès ; trop humides, elles n'adhéreraient pas bien au support.

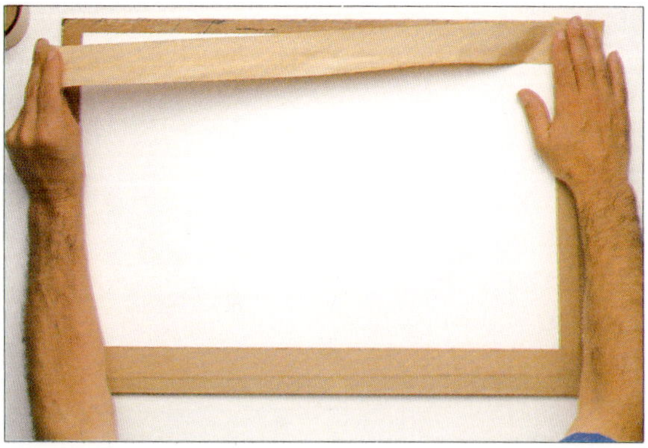

3 ▲ Le papier humidifié, couchez-le sur la planche, puis lissez-le et épongez l'excédent d'eau. Posez les rubans sur les quatre côtés du support, à moitié sur le bord de la feuille et à moitié sur la planche ; écrasez-les contre le papier pour bien les coller.

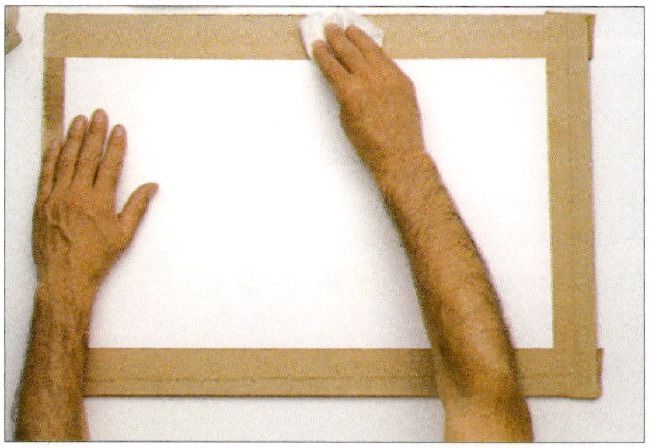

4 ▲ Laissez sécher. Vous pouvez vous servir d'un sèche-cheveux (à faible puissance) pour accélérer le processus. À mesure que l'eau s'évapore, les fibres de papier se rétractent, tendent et aplanissent le papier.

Comment teindre le papier

La plupart des papiers aquarelle sont blancs et se prêtent aux peintures jouant sur la luminosité du support pour réfléchir la couleur. Néanmoins, l'histoire de l'aquarelle est émaillée de chefs-d'œuvre réalisés sur une grande variété de papiers teintés. L'intérêt de donner soi-même une teinte au papier est double : d'une part, vous expérimenterez beaucoup de supports de différentes couleurs, d'autre part, vous constaterez que la couleur du fond sert à peaufiner une simple étude et à unifier l'ensemble. Un inconvénient toutefois : en teintant le papier avec de la peinture à aquarelle, vous risquez de décoller cette première couche lorsque vous lui superposerez la couleur de votre sujet. À cela un remède : l'emploi d'une peinture acrylique bien diluée.

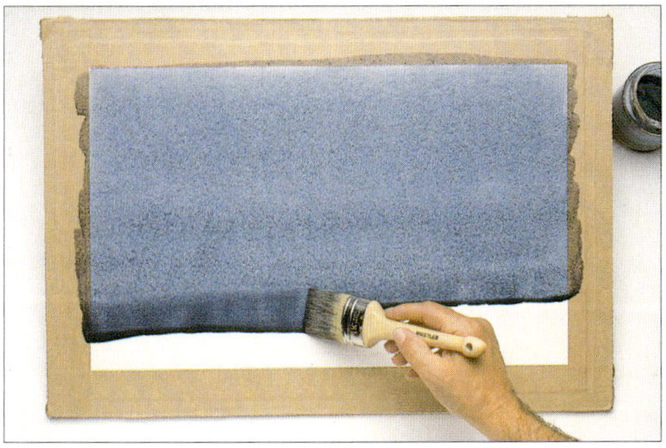

1 ▲ Enduisez le support de peinture acrylique, bien diluée, avec un gros pinceau ; tenez la planche légèrement inclinée. Progressez en posant le pinceau à cheval sur deux couches successives de couleur. Il faut agir d'un geste ferme et rapide, de haut en bas, en dépassant les limites du cadre.

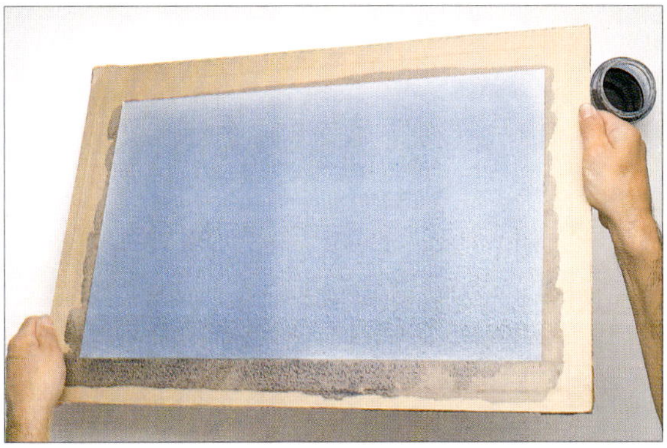

2 ▲ Laissez sécher la feuille. La peinture acrylique remplace l'aquarelle car elle permet de superposer une autre couche de couleur sans en diluer la première. En effet, après séchage, la peinture acrylique forme une pellicule insoluble.

Matériel

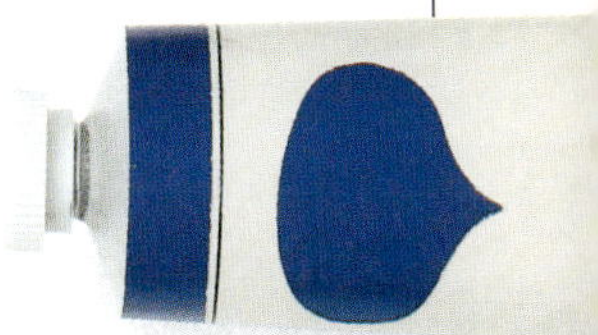

Peinture acrylique

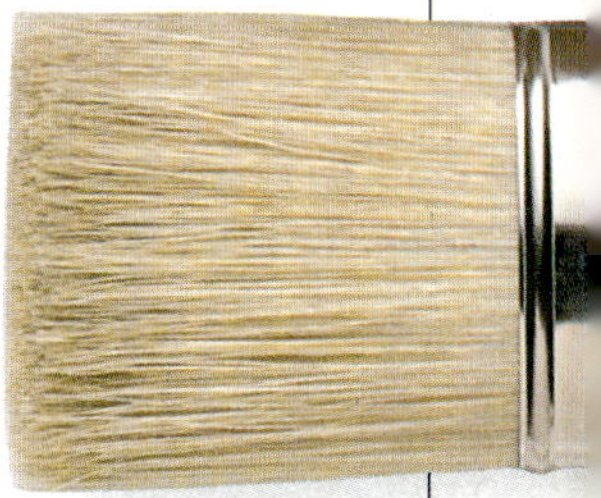

Spalter n° 40

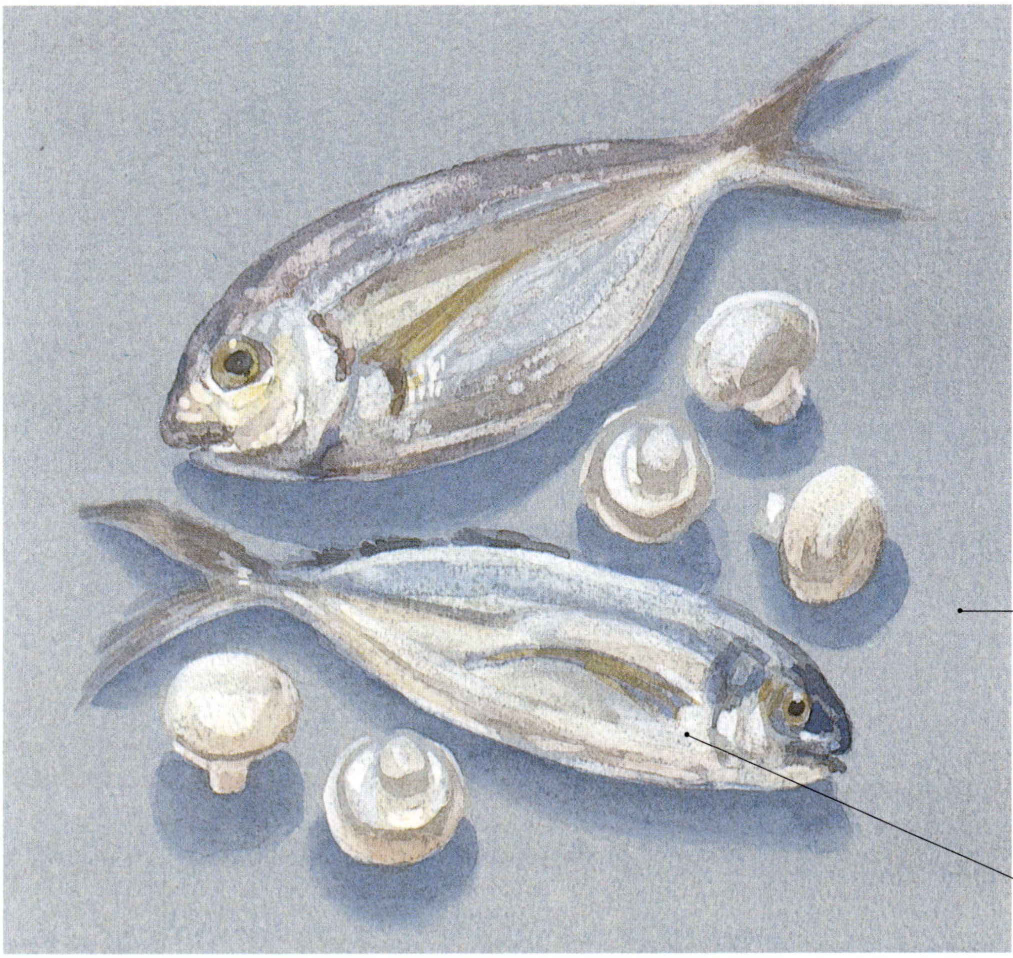

La peinture sur papier mi-teinte

Bien que simple, cette nature morte donne l'illusion d'être très léchée ; cette impression est due au fond de couleur réalisé avec de l'acrylique bleue, l'aquarelle étant réservée aux parties foncées, et la gouache aux rehauts.

Le papier sèche et le fond s'éclaircit. Tenez-en compte lorsque vous teindrez votre papier soit à l'aquarelle, soit à l'acrylique.

L'emploi de la gouache pour les rehauts des poissons et des champignons est très efficace. Sinon l'aquarelle semblerait pâle, écrasée par le fond d'un bleu soutenu.

Regards sur Les Papiers

La facture d'une aquarelle dépend autant du papier utilisé que du style de son auteur. Un papier absorbant, peu apprêté, produira des effets différents de ceux obtenus avec un papier fort, bien surfacé. La texture du papier joue un rôle primordial : une surface grenue donnera plus de matière qu'une surface lisse et satinée, les pigments lourds se déposant plus ou moins dans le grain du papier. N'oublions pas un dernier atout : la couleur du papier. L'usage de papiers teintés ouvre tout un éventail de possibilités, notamment l'emploi de la gouache pour les rehauts et d'une gamme assourdie pour les taches diffuses.

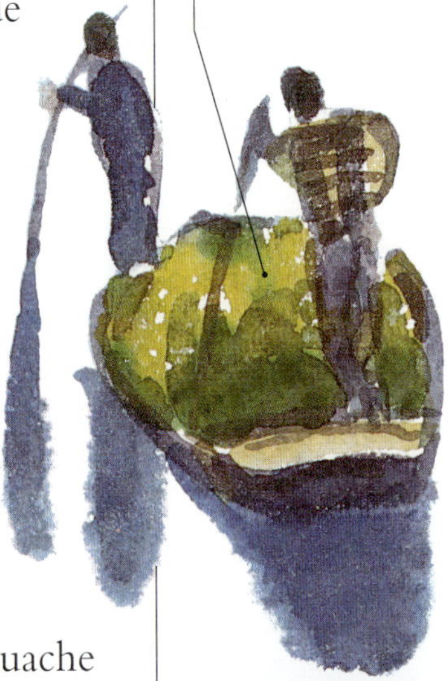

Ce papier, façonné à la main, confère au motif une belle régularité que laisse entrevoir l'image achevée.

La texture du papier absorbe en partie la peinture et favorise la diffusion des couleurs.

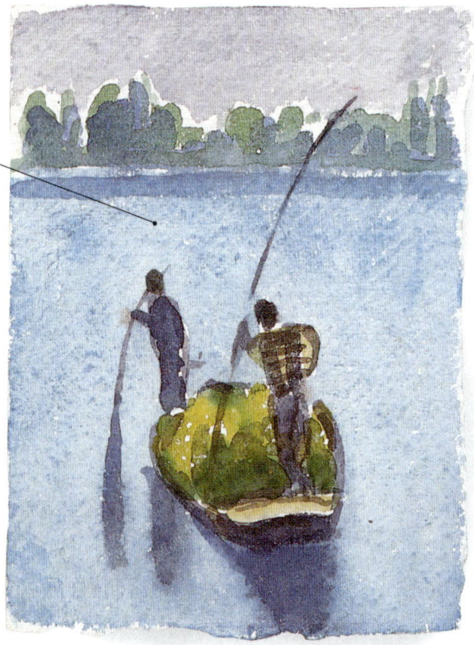

Jane Gifford, *Le Ramassage des herbes sur le lac Nagin*
Peinte sur du papier indien fabriqué artisanalement et grenu, la surface de ce lac du Cachemire semble être animée d'un léger friselis qui contraste avec la limpidité de cristal de ce même site, exécuté par le peintre sur l'étude de droite.

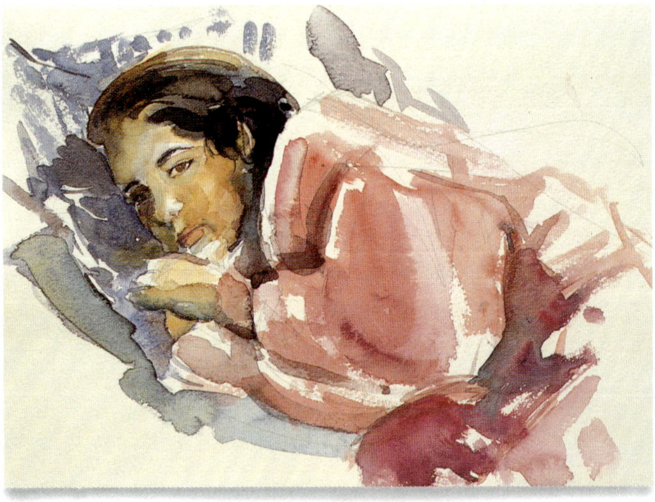

Sharon Finmark, *Portrait de Lia*.
Nombre d'aquarellistes, très attachés à la transparence, se gardent d'utiliser un papier mi-teinte, convaincus qu'un tel support nuira au rendu de la couleur. Il en va tout autrement de Sharon Finmark qui signe ici une étude pleine de sensibilité et délaisse le traditionnel papier blanc au profit d'un ton ivoire donnant au fond une touche plus subtile, toute en nuances. Ce même papier laissé nu par endroits, modèle avec délicatesse la petite fille et rehausse son portrait de quelques taches de lumière.

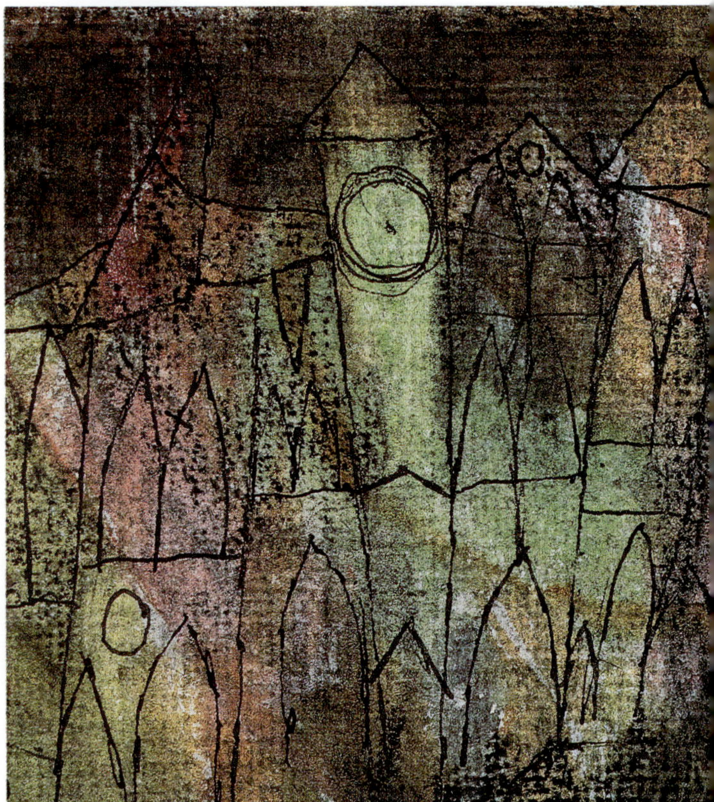

Paul Klee, *Le Château*, vers 1925, collection privée.
Klee fut un passionné des matériaux et des techniques de peinture, comme en témoigne toute son œuvre. Il expérimenta l'aquarelle qui le sensibilisa à la qualité innée de chaque nouvelle couleur et texture d'un morceau de papier. Cette démarche fut au cœur d'une vision du réel et d'une peinture

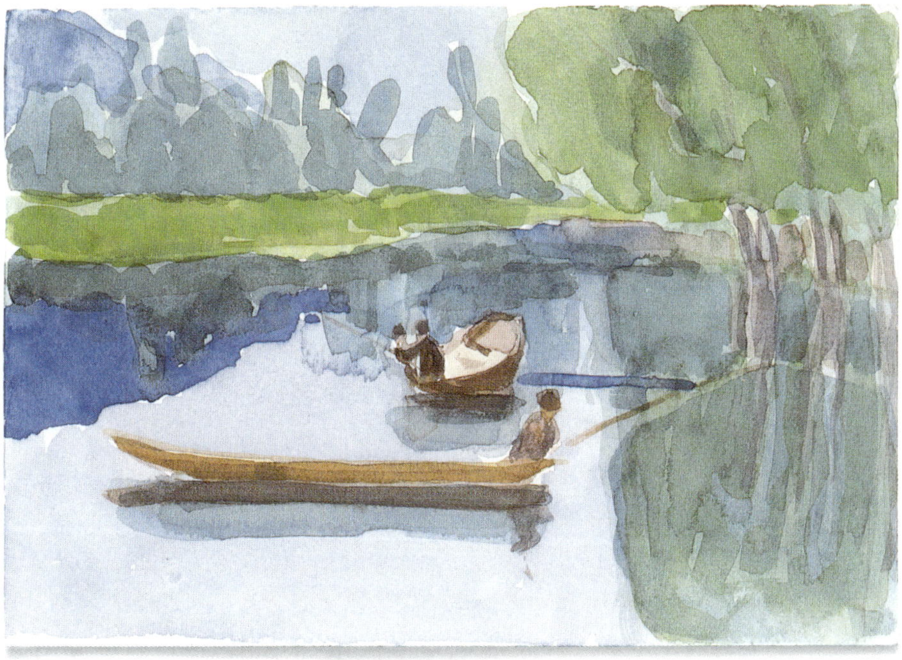

Jane Gifford, *Deux Shikaras sur le lac Nagin.*
Cette aquarelle, exécutée au Cachemire, dégage une ambiance plus paisible que l'atmosphère évoquée sur l'étude de gauche. Gifford utilise la surface lisse du papier pour mettre en valeur la clarté du ciel, la pureté et la limpidité de l'eau, tel un immense miroir sur lequel glissent les bateaux et vient se refléter la végétation.

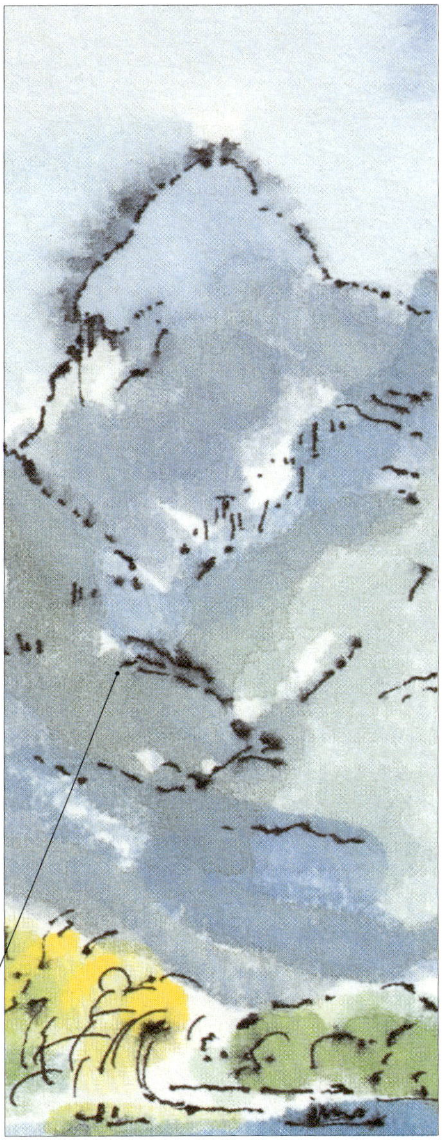

Cette touche de papier non surfacé impose à la peinture un style chinois. Les lavis humides sont aussitôt absorbés ; l'encre noire, à peine déposée sur le papier à la plume fine, se diffuse déjà.

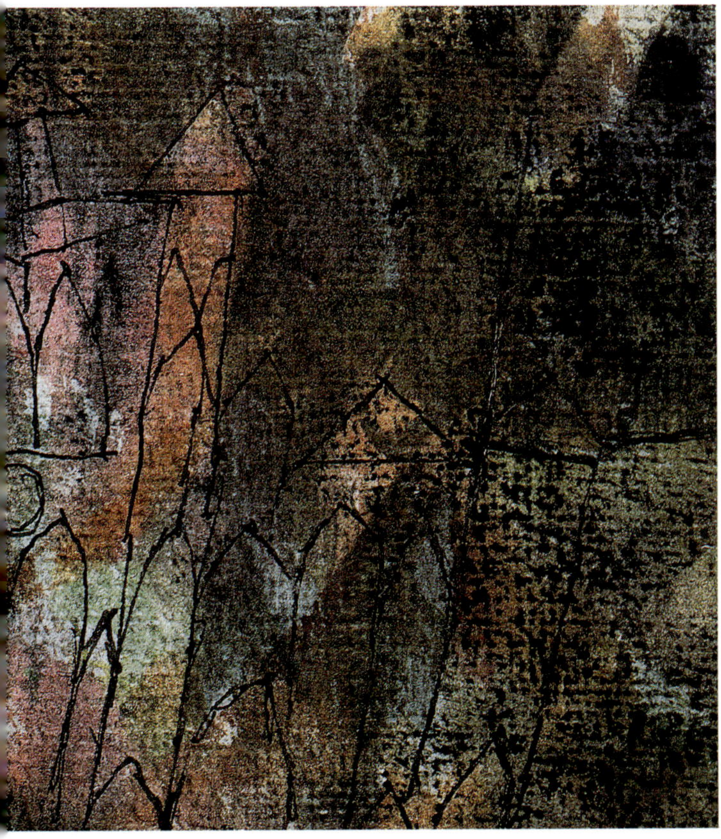

exceptionnelles. La texture lourde et rugueuse de ce papier en est un bel exemple, où matière, expression et couleur ne font qu'un. Cette dernière se dépose dans le grain du support et donne à la scène sa rudesse. L'encre noire, hésitante, organise l'espace en une fine trame linéaire d'une sévérité et d'une rigueur quasi géométriques.

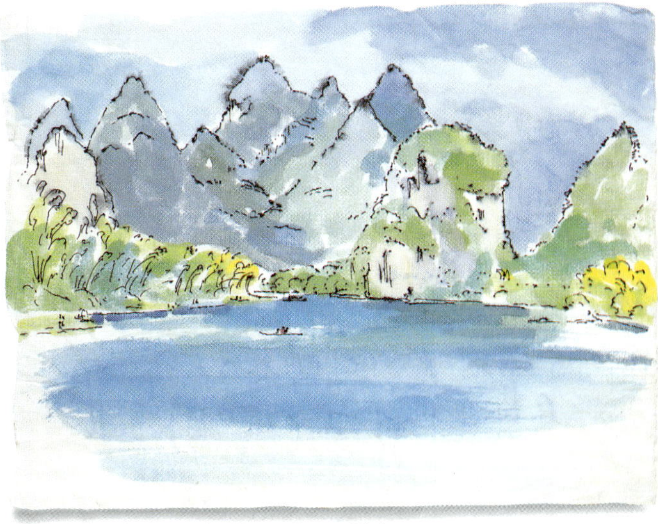

Jane Gifford, *Près de Yangshuo, Chine.*
Un papier absorbant peut se révéler d'un aspect plus doux, plus fondu qu'un papier rude au toucher et surfacé. Ce papier de Chine, façonné main, crée une peinture aux accents chinois. En revanche, la qualité du papier interdit certaines pratiques, comme le retrait ou le masquage d'une couleur.

TRAVAILLER LE GESTE

AVANT D'ABORDER LE TRAVAIL à l'aquarelle, il est indispensable de connaître ses outils. Cette base théorique vous permet de savoir ce que donnera le mariage de telles ou telles couleurs et de choisir un papier en fonction de votre sujet ou des effets recherchés. Pour véritablement posséder et sentir votre matériel, rien ne vaut la pratique. Alors, à vous de jouer !

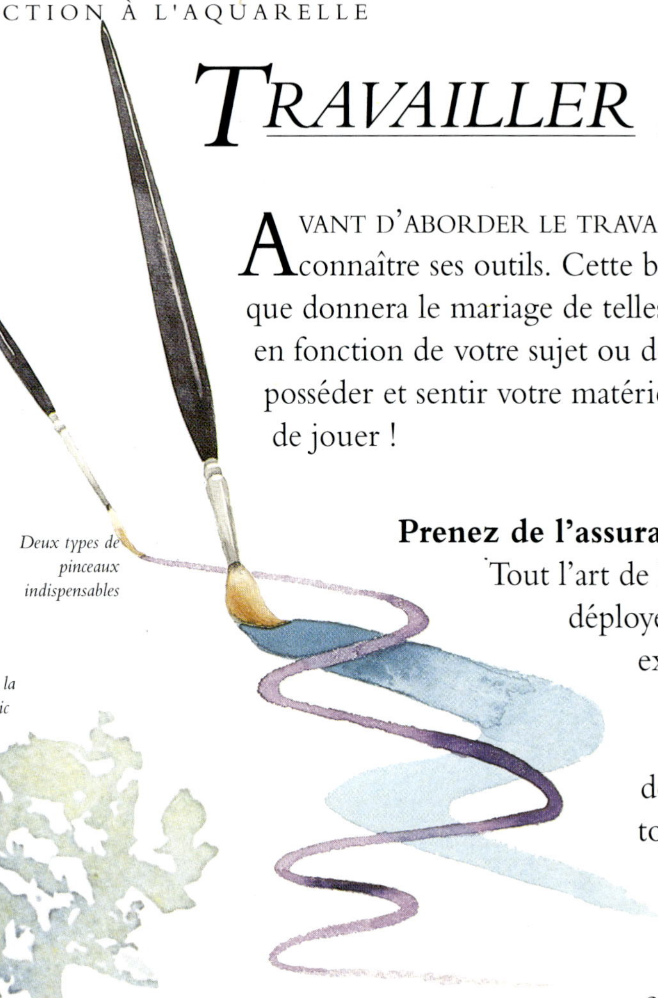

Deux types de pinceaux indispensables

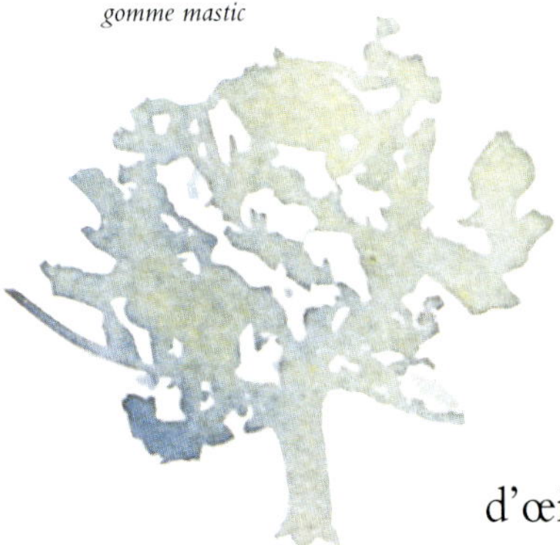

Arbre peint à la gomme mastic

Prenez de l'assurance

Tout l'art de l'aquarelle consiste à laisser la peinture se déployer sur le papier tout en contrôlant son extraordinaire fluidité. Si, au début, il vous faut choisir soigneusement vos couleurs, doser vos mélanges, prévoir les pinceaux dont vous aurez besoin et mesurer chaque touche, une fois que vous aurez compris comment les couleurs se mêlent, s'étalent et se fondent, vos gestes deviendront instinctifs. Vous commencerez à repérer d'un simple coup d'œil ce qui manque à votre tableau et, avec l'expérience, votre intuition vous dictera les teintes et les techniques qui s'imposent.

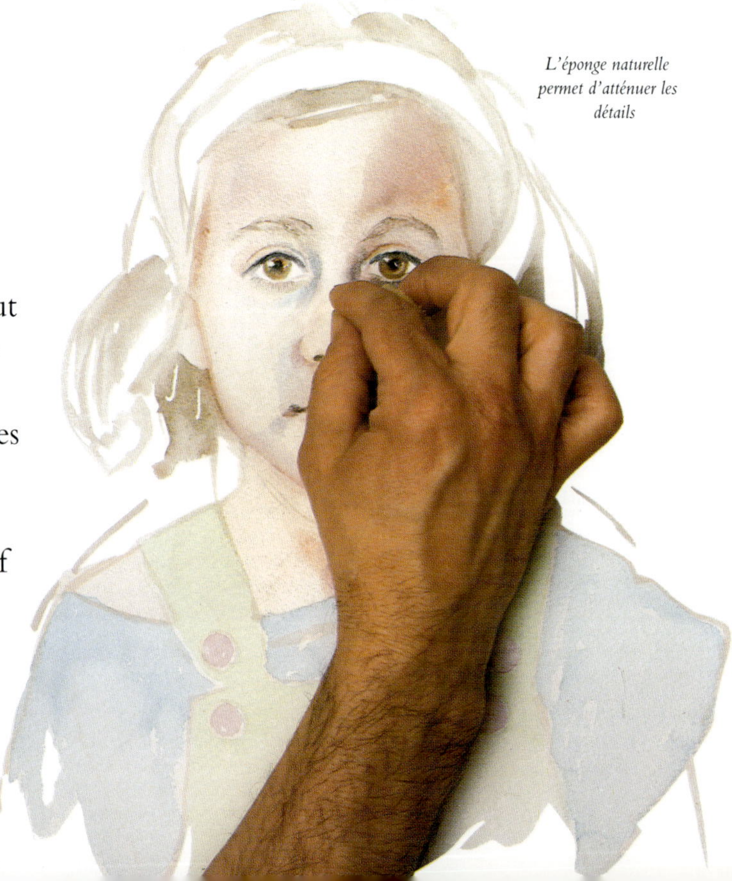

L'éponge naturelle permet d'atténuer les détails

Apprenez à maîtriser votre matériel

Pour certains travaux de précision, l'aquarelle peut être très délicate à manier car elle réagit avec une extrême sensibilité. L'artiste averti contrôle minutieusement la charge du pinceau, anticipe les effets d'une touche sur fond sec ou sur fond humide, module l'application du pigment sur le papier… L'aquarelle doit être posée d'un geste vif et spontané, car la peinture humide accroche très vite sur le support et il arrive que l'on ne puisse revenir impunément sur sa touche. Mais ce matériau délicat offre aussi une gamme infinie de possibilités et permet d'obtenir les couleurs les plus subtiles en superposant patiemment de fins lavis. D'autres techniques propres à l'aquarelle permettent de réserver des formes à la gomme liquide (voir p. 60-61) ou à la cire (voir p. 62-63), pour exploiter dans un tableau le blanc du papier ou protéger un lavis antérieur.

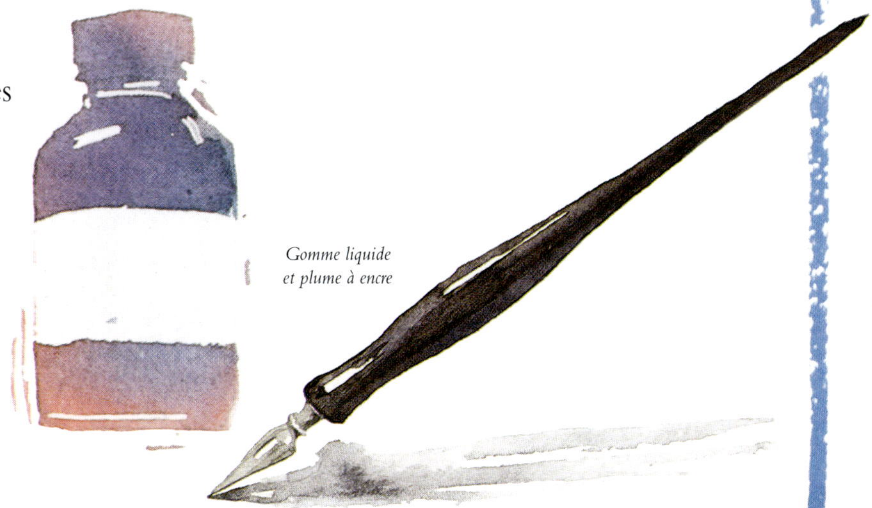

Gomme liquide et plume à encre

Jouez la simplicité

Cependant, dans son principe même, l'aquarelle est un jeu d'enfant. En règle générale, l'amateur comme le professionnel utilisent tout simplement des pigments délayés dans un peu d'eau et, à partir de gestes fondamentaux, essaient diverses techniques pour étaler les lavis, les superposer, travailler en humide sur humide.

Dans cette seconde partie de notre *Introduction à l'aquarelle,* nous étudierons les différentes techniques qui s'offrent à l'aquarelliste, à commencer par les esquisses préparatoires au crayon, le dessin et la composition. Puis, nous aborderons l'art d'appliquer les lavis, de faire monter des couleurs couche après couche, pour enfin évoquer des techniques plus élaborées de réserves (voir p. 62-63) et de sgraffite (voir p. 58-59).

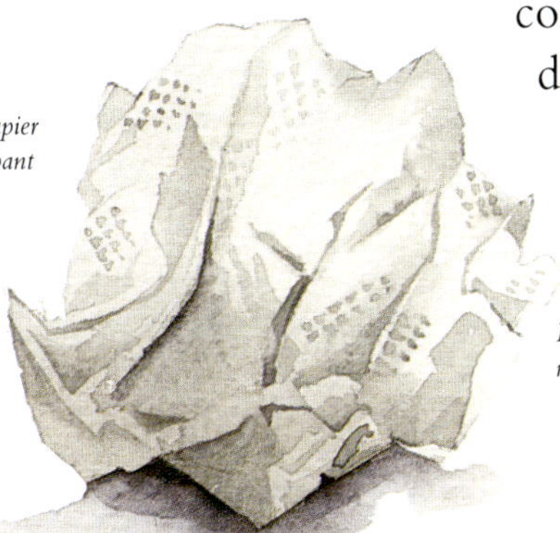

Papier absorbant

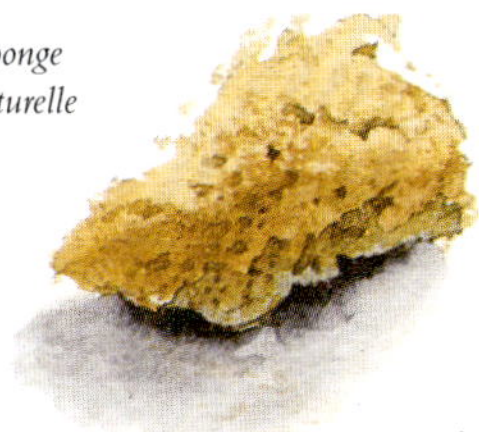

Éponge naturelle

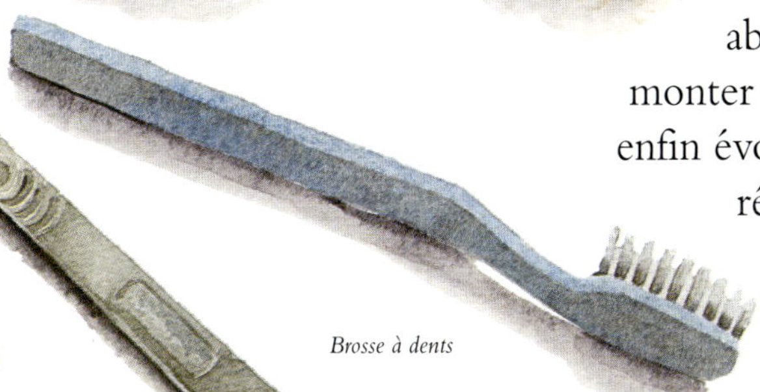

Brosse à dents

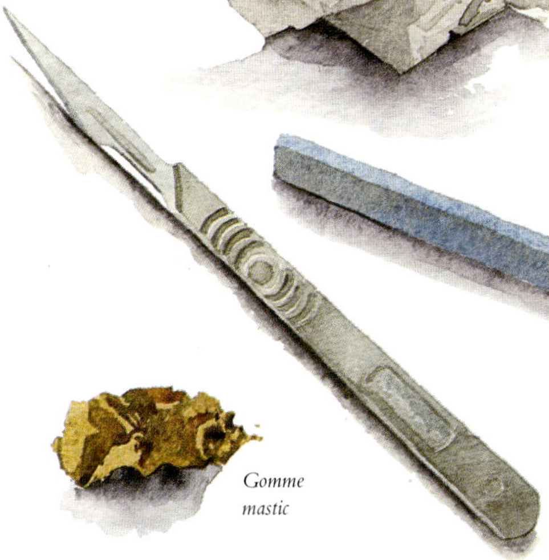

Gomme mastic

Scalpel

… et admirez vos premières œuvres !

Avant de parvenir à exécuter le tableau de vos rêves, il vous faudra beaucoup de temps et de pratique mais, dès vos premiers essais, vous recueillerez le fruit de vos efforts. Aquarelliste chevronné ou débutant, vous ne vous lasserez jamais de manipuler ces couleurs fluides et translucides qui recèlent tant de possibilités.

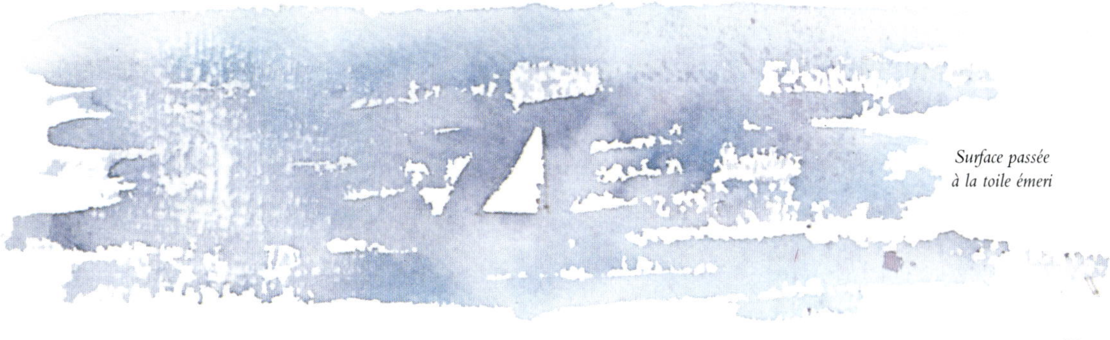

Surface passée à la toile émeri

Reproduire une Image

Pour fixer une scène, l'artiste peut tracer une esquisse préparatoire de quelques coups de crayon. Mais pourquoi ne pas utiliser l'appareil photo ou le caméscope pour obtenir des images plus précises ? À partir d'une diapositive ou d'une photocopie couleur d'un cliché, rien de plus facile que de recadrer son sujet pour le reproduire, au papier calque, par exemple.

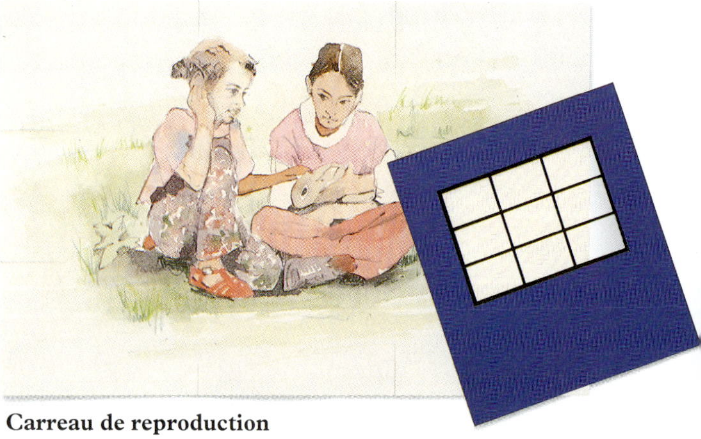

Carreau de reproduction
Utilisez un carreau de reproduction, pour cadrer votre sujet. Reportez ce réseau de lignes sur le papier et suivez ces repères pour recopier le modèle, carré par carré. Fabriquez votre propre carreau en quadrillant une feuille de papier calque.

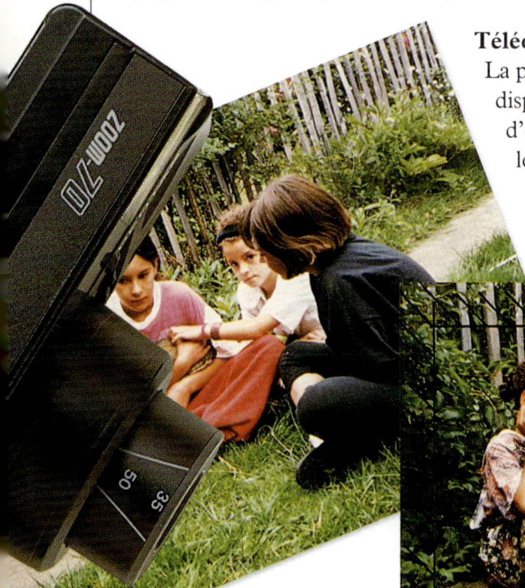

Téléobjectif
La plupart des appareils photos disposent de téléobjectifs ou d'objectifs grand angle avec lesquels vous choisirez de vous rapprocher d'un sujet ou de prendre une vue panoramique.

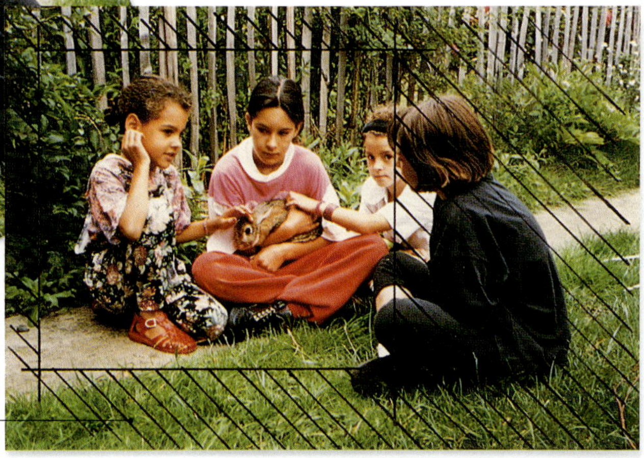

Les détails superflus de la photo disparaissent sous les hachures.

Recadrage
Si vous souhaitez éliminer certains détails de votre cliché, le plus simple est de les masquer par des hachures. Dans cet exemple, l'artiste a sélectionné les éléments les plus intéressants et a recadré son sujet sur les deux petites filles tenant le lapin.

Photocopies couleur
En travaillant à partir d'une photo, vous pourrez en tirer une photocopie couleur et l'agrandir à volonté sans perdre en définition. La plus grande des photocopies présentées ci-dessous est un agrandissement de 400 p.cent.

Papier calque
Si vous craignez de ne pas réussir un dessin à main levée, n'hésitez pas à recopier votre modèle sur un papier calque. Il vous suffira de retourner le calque et de noircir les traits pour les reporter sur votre feuille.

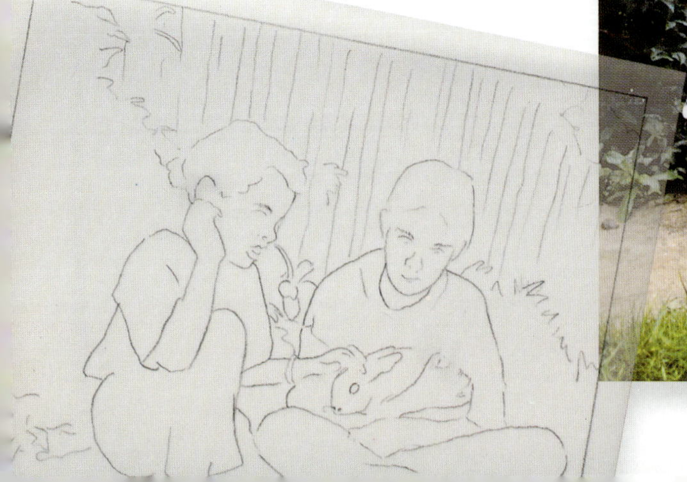

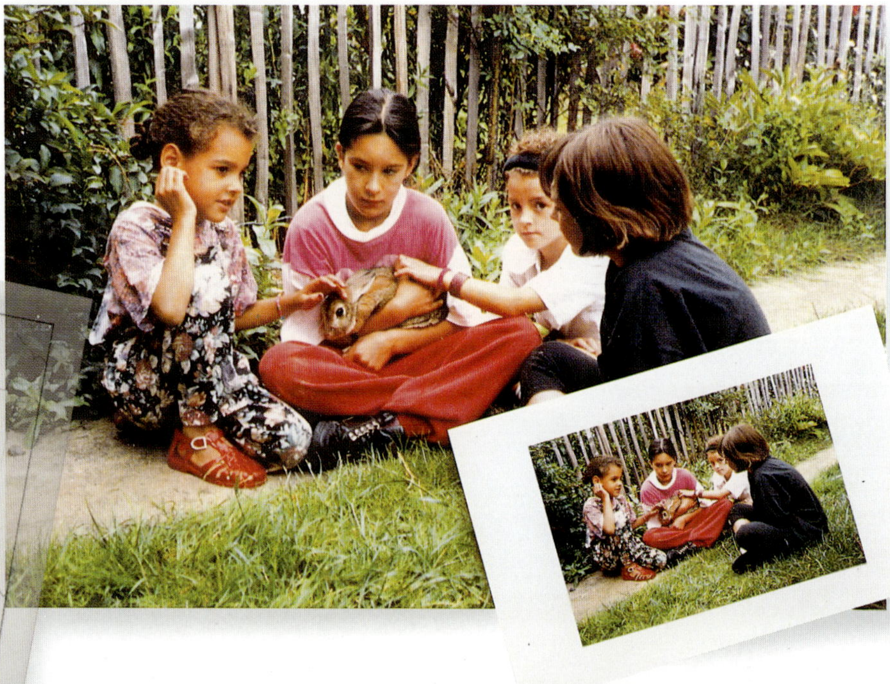

Il y a mille façons de commencer un tableau. Si vous êtes assez sûr de vous, tracez votre esquisse directement sur la feuille ou commencez à peindre aussitôt. Si en revanche vous préférez procéder pas à pas, choisissez de quadriller ou de calquer une photographie. Les artistes ont toujours eu recours à cette aide au dessin. Albrecht Dürer (1471 -1528) inventa un appareil à dessin pour fixer les lois de la perspective et Vincent Van Gogh (1853-1890) ne se déplaçait jamais sans le carreau de reproduction que lui avait fabriqué un forgeron. Aujourd'hui, la technologie met à notre disposition des outils bien plus précieux encore.

LE CAMÉSCOPE

Les artistes disposent aujourd'hui d'un merveilleux appareil pour enregistrer les scènes qu'ils aimeraient reproduire : le caméscope. L'objectif de ce type de caméra est souvent plus perspicace que notre œil et présente l'avantage de prendre des plans rapprochés et d'accommoder sur les détails. Selon les modèles, les films peuvent être projetés sur écran ou passés sur un téléviseur ; en tout cas, la fonction « arrêt sur image » vous permettra de recopier votre scène et de l'agrandir en utilisant la méthode de mise au carreau expliquée ci-dessous.

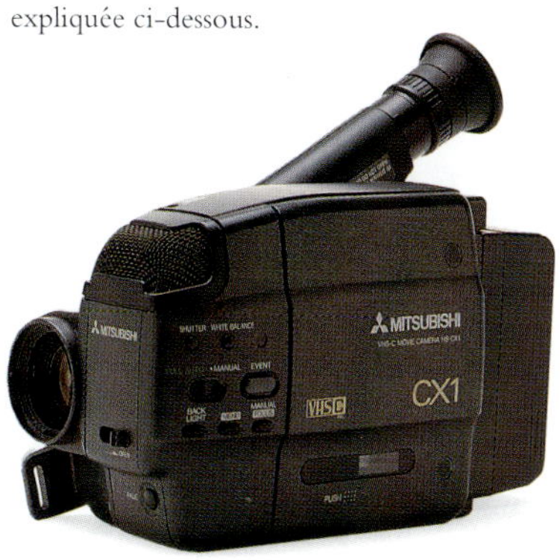

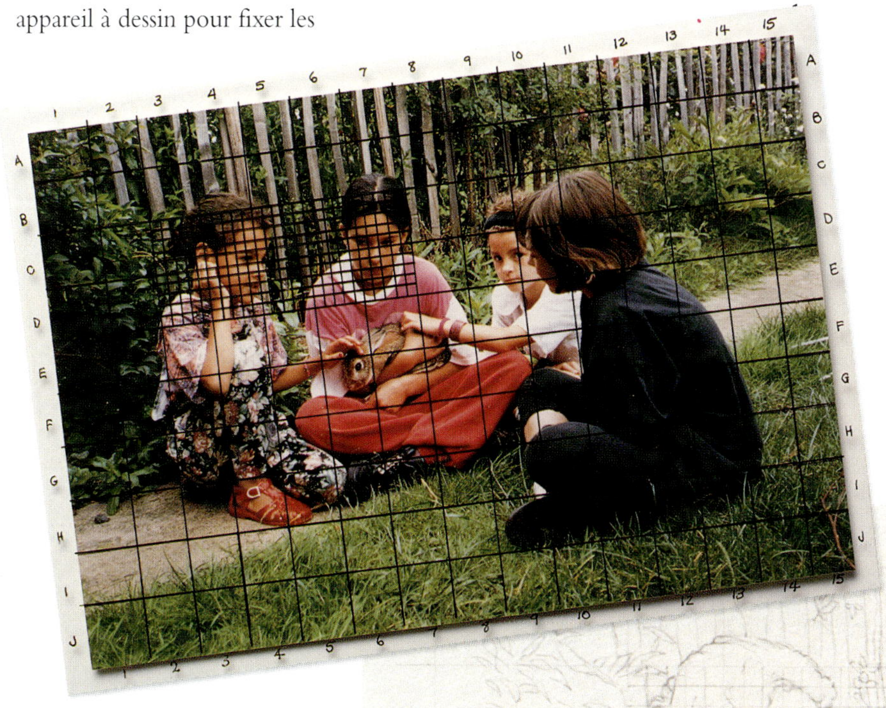

La mise au carreau
En mettant une image au carreau, vous parviendrez plus facilement à la reproduire. Quadrillez votre original ou un papier calque superposé au modèle. Pour reporter cette grille sur votre surface de travail, vous pouvez garder la même échelle ou chosir une échelle plus grande. Il vous suffit maintenant de tracer votre dessin en procédant carré par carré.

Règle et crayon

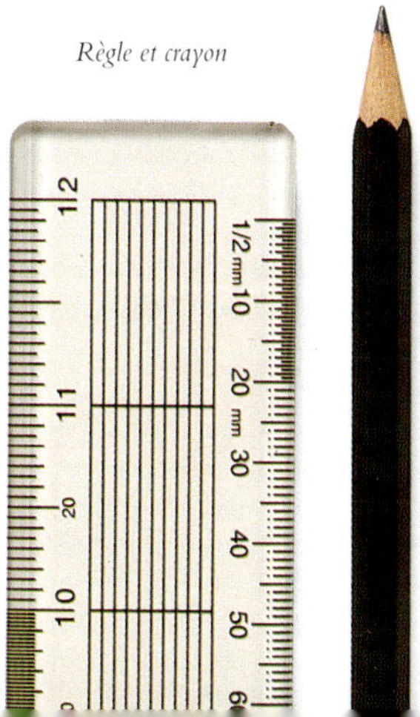

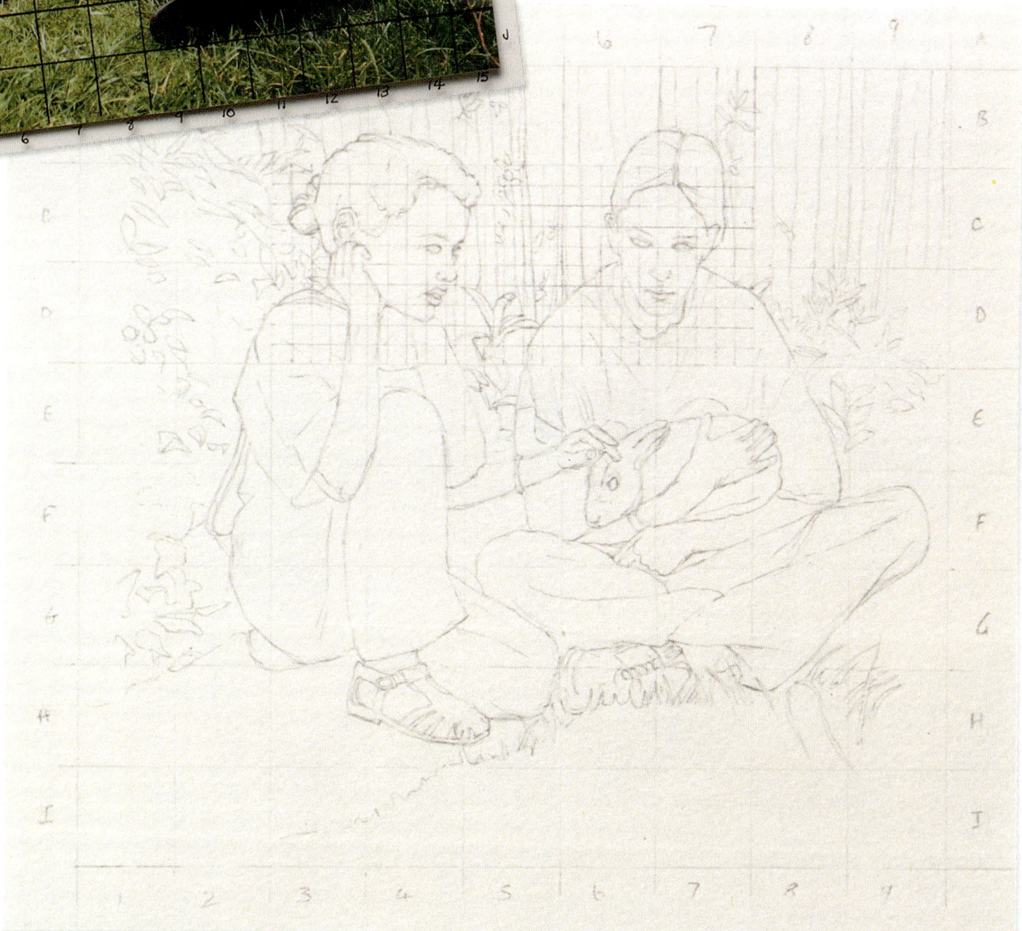

Marquez vos repères
Graduez votre grille avec des numéros en abscisses et des lettres en ordonnées. Ces repères vous aideront. Un quadrillage plus fin peut s'imposer pour les détails du tableau. Nous avons ici précisé notre carreau pour traiter les visages.

COMPOSER UN TABLEAU

AGENCER LES ÉLÉMENTS D'UN TABLEAU pour équilibrer une composition n'est pas aussi simple qu'il y paraît. Il suffit de respecter certains principes fondamentaux pour mettre son sujet en valeur. À cet égard, l'emplacement de la ligne d'horizon, autour de laquelle se bâtit la composition, est essentiel. Lorsque nous nous plaçons en hauteur, la ligne d'horizon paraît plus haute et domine le paysage qui se déroule comme un tapis vers le bas du tableau. En revanche, en descendant la ligne d'horizon, nous levons les yeux sur le paysage. Le ciel apparaît alors dans son immensité et les objets du premier plan semblent se dresser devant nous. Ces deux agencements sont plus saisissants qu'une ligne d'horizon séparant le support en deux parties égales et c'est pourquoi on choisira de décentrer un peu les points forts d'une scène.

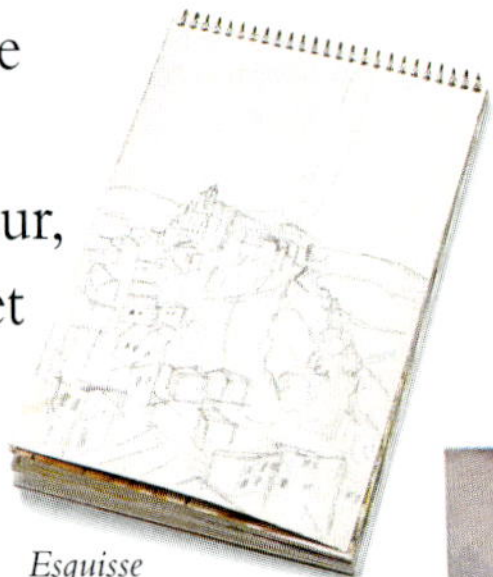

Esquisse préparatoire au crayon

LES PRINCIPAUX ÉLÉMENTS peuvent être librement agencés sur la feuille, lorsqu'un équilibre se dégage de la composition. Pour juger de cet équilibre, mieux vaut se fier à son intuition qu'à la théorie.
Essayez plusieurs possibilités puis, pour renforcer les effets de profondeur, exploitez les valeurs, sombres au premier plan et plus claires au loin.

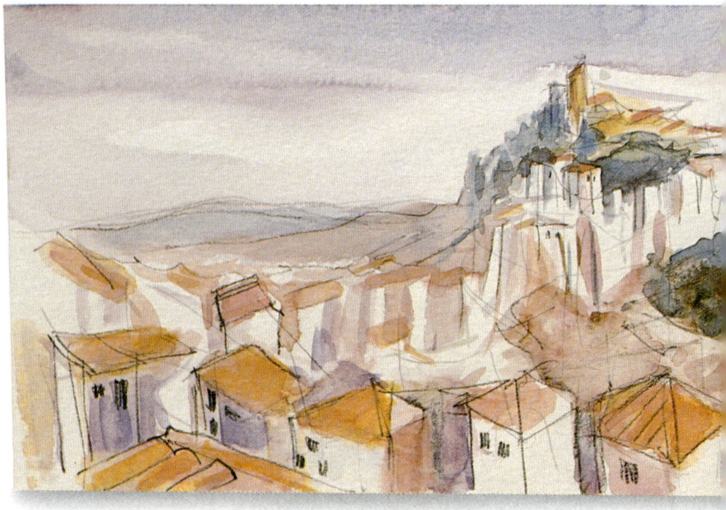

Vue panoramique
L'artiste a ici cherché à rendre l'impression d'espace de ce paysage majestueux. Le village dressé sur le piton rocheux, point central du tableau, est légèrement décentré et la courbe délicate que forme la ligne des toits guide le regard vers l'horizon.

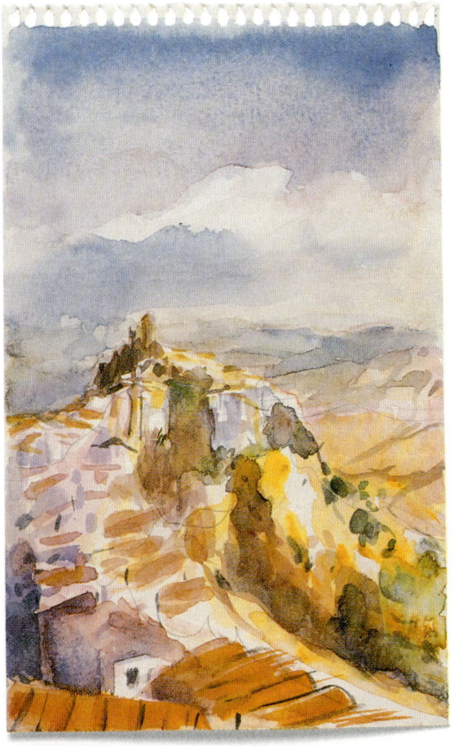

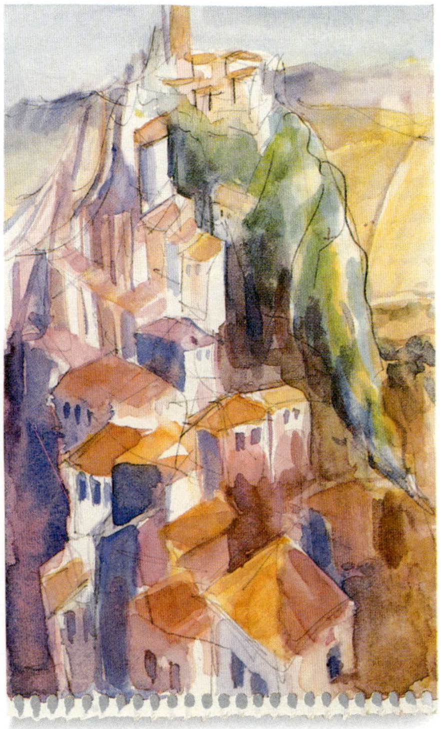

Jouer avec la perspective
Pour donner du relief à un paysage, évitez de poser l'horizon au centre de la composition. Ci-dessus, le ciel écrase le thème du tableau, alors que ci-contre, la vue plongeante sur le village produit un effet spectaculaire.

Étudiez l'harmonie des formes et des volumes. Ainsi, pour donner un contrepoint à un arbre massif dressé sur la gauche du tableau, on ajoutera un autre élément à droite.

Point de convergence
Les compositions les plus originales sont souvent les moins symétriques.
Ainsi, au lieu de placer un gros arbre, par exemple, au milieu du tableau, mieux vaut le décentrer légèrement sur le côté, le camper assez bas et le laisser envahir toute la hauteur du cadre.
La composition aura bien plus de cachet, les autres éléments venant s'articuler autour de ce point de convergence.

COMPOSITIONS OUVERTES ET FERMÉES

Une composition est ouverte si le tableau ne représente qu'une partie d'une scène plus vaste. En revanche, une composition fermée constitue un cadre cohérent et complet. Dans la plupart des tableaux, on a recours à ces deux types de cadrage. Il ne faut cependant pas omettre un élément important de la composition.

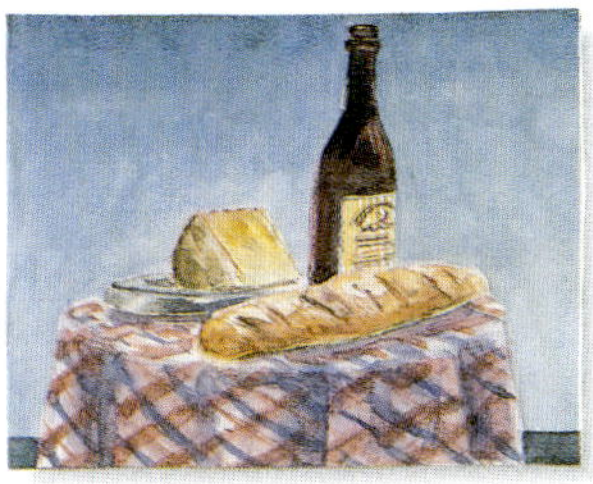

Composition fermée

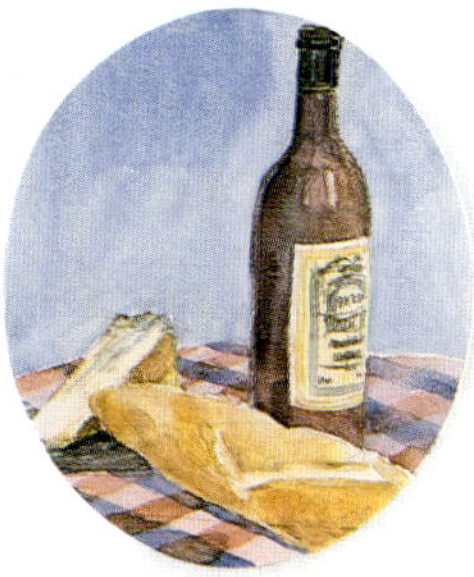

Composition ouverte

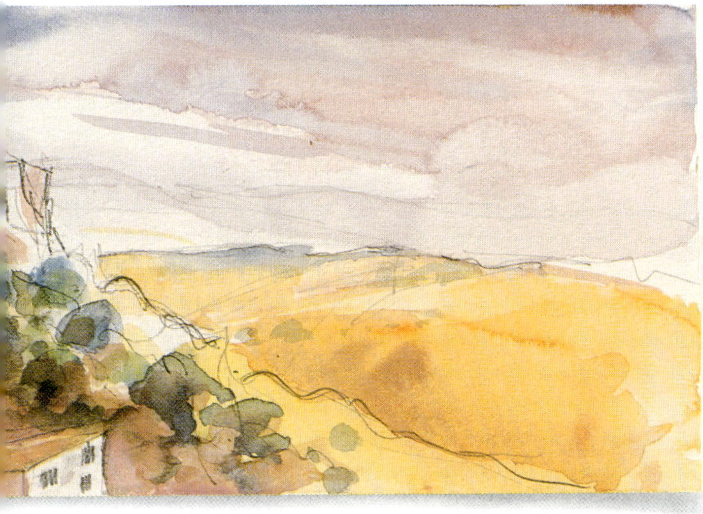

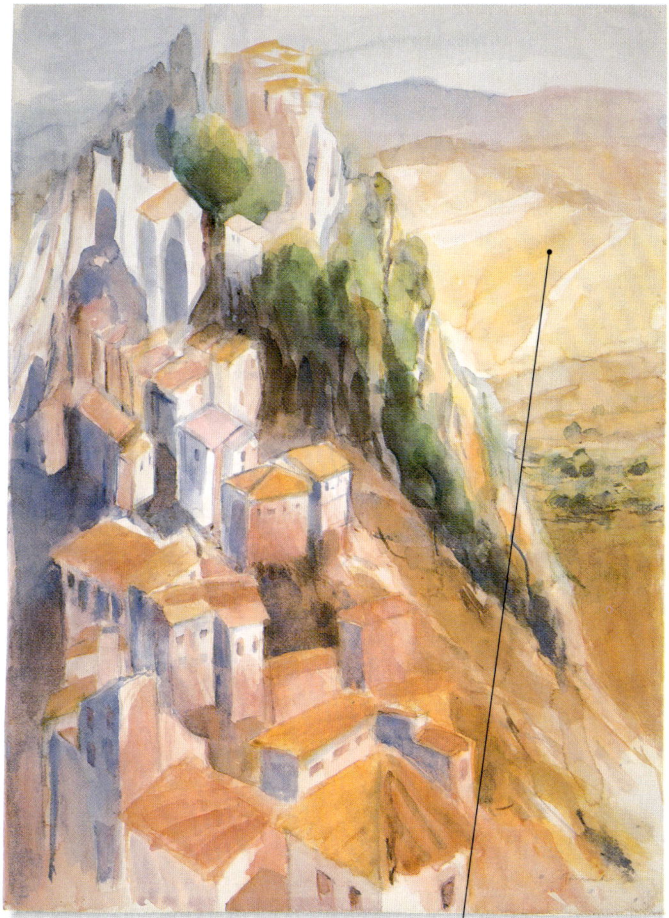

La composition définitive
Pour réaliser son tableau, l'artiste a choisi cette vue plongeante. Le village, placé sous un horizon haut, semble surgir vers un ciel que l'on aperçoit à peine. L'œil du spectateur remonte la pente escarpée que dessine la ligne de toits pour redescendre doucement le long du bosquet d'arbres.

L'harmonie tient ici autant à l'équilibre des formes et des volumes qu'à la subtile alliance des rouges et des verts. Au fond, les reliefs clairs tranchent sur ce festival de couleurs et de lignes et reposent le regard.

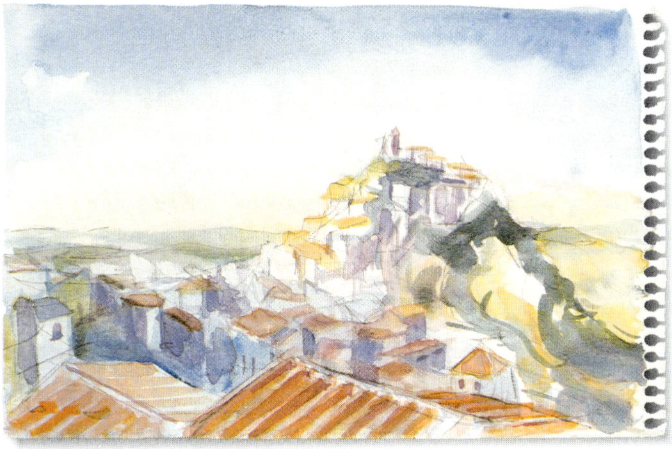

Une impression d'équilibre
Ici, l'artiste a décalé son sujet sur la droite et choisi de tracer l'horizon au centre de sa feuille.
Cet agencement est souvent déconseillé, mais il est ici compensé par un ciel clair et dégagé sur lequel se découpe le village.
Le regard, attiré par le sommet de la colline, glisse sur les toits des coteaux pour s'arrêter sur les tuiles rouges du premier plan. L'artiste, dominant la scène, recrée ici une subtile harmonie de lignes, de volumes et de couleurs.

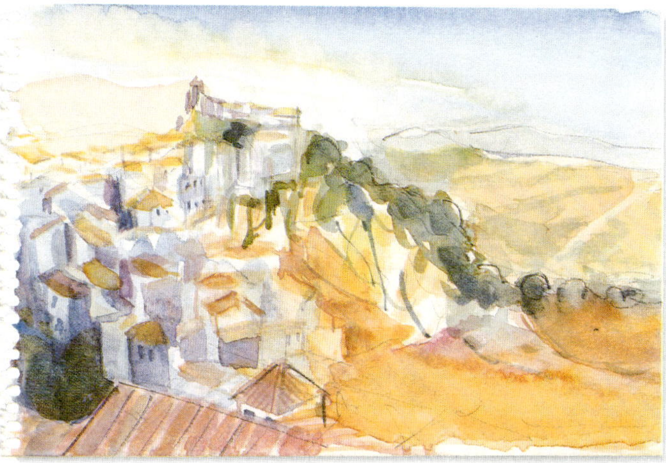

Paysage décentré
Dans cette étude, les points forts du tableau sont décalés vers la gauche. La ligne d'horizon, relevée, fausse quelque peu la perspective : le regard du spectateur erre entre le contrebas du premier plan et les hauteurs du lointain. La présence des collines inondées de soleil, sur la droite, n'ajoute rien à l'équilibre de la composition et aurait tendance à nous déconcerter.

DESSINER LE SUJET

LE DESSIN ET L'ESQUISSE font partie intégrante de la peinture à l'aquarelle. Il vous suffit d'un carnet de croquis et d'un crayon pour croquer rapidement les grands traits d'une scène ou pour intégrer quelques détails d'un geste vif. Prenez des notes sur les couleurs et les tons particuliers si vous comptez exploiter votre croquis pour faire un tableau plus tard. Quelle que soit la méthode adoptée, des croquis préparatoires vous offrent toujours l'espace de réflexion nécessaire pour choisir l'angle de votre tableau et vous permettent de repérer les points forts et les faiblesses de votre composition.

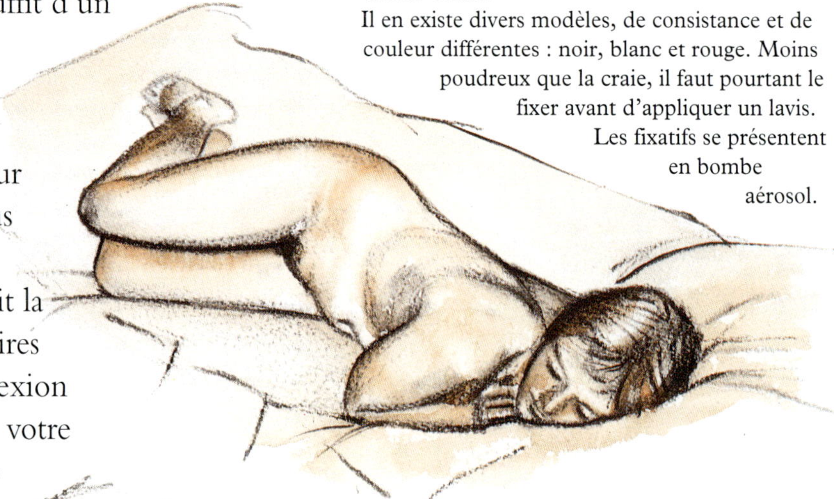

Carré Conté
Il en existe divers modèles, de consistance et de couleur différentes : noir, blanc et rouge. Moins poudreux que la craie, il faut pourtant le fixer avant d'appliquer un lavis. Les fixatifs se présentent en bombe aérosol.

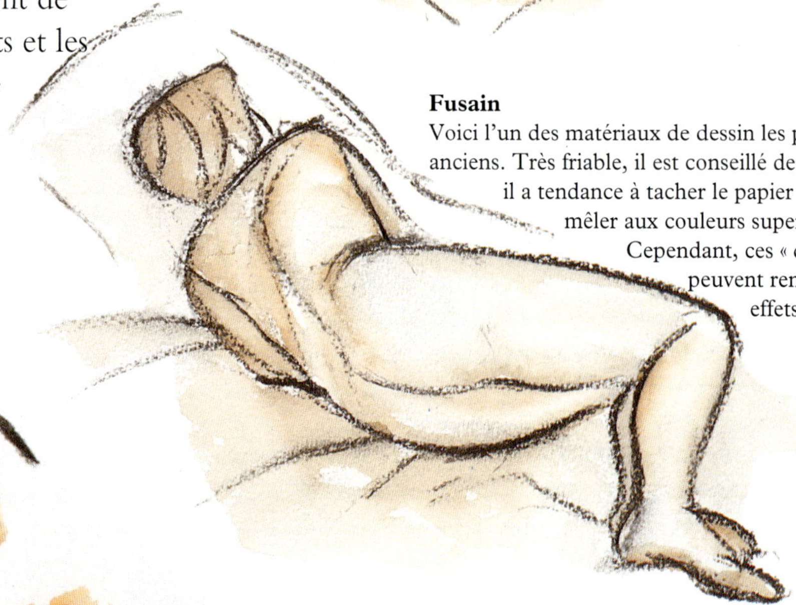

Fusain
Voici l'un des matériaux de dessin les plus anciens. Très friable, il est conseillé de le fixer, car il a tendance à tacher le papier ou à se mêler aux couleurs superposées. Cependant, ces « défauts » peuvent rendre des effets originaux.

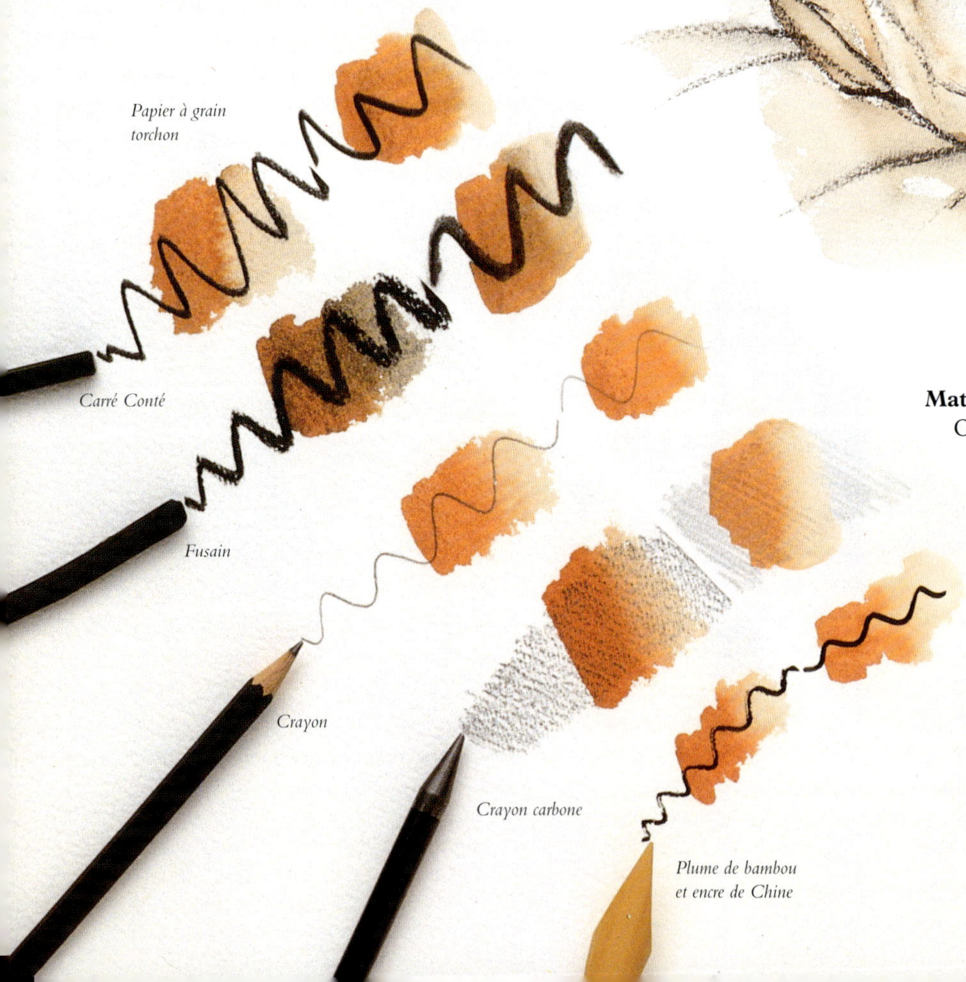

Matériel de dessin
Choisissez votre outil en fonction de votre thème, des effets que vous recherchez et de vos préférences personnelles. Les traits de crayon se gomment facilement alors que les bâtons de graphite, mines très grasses, conviennent davantage aux ombrages. Dans ces exemples, on a recouvert d'un lavis les traits préalablement tracés sur le papier. Observez les différents effets obtenus selon le grain du papier et la façon dont le fusain diffuse sur la peinture. Sur une surface humide, ces traits produisent encore d'autres effets.

LE DESSIN AU CRAYON se prête à diverses applications mais pour chaque type de dessin, l'artiste devra savoir choisir son modèle. La mine du crayon à dessin classique, légère et plutôt grasse, est tout à fait indiquée pour les études de valeurs. Pour un tracé plus léger, préférez une mine fine d'environ 0,5 mm de diamètre et assez dure (graduation B). Chaque artiste trouve rapidement son propre style mais, si vous n'êtes pas habitué à dessiner au crayon, faites-vous la main en « croquant » de petits objets simples. Commencez par repérer les formes géométriques fondamentales du sujet, puis travaillez le modelé en observant les volumes et les arrondis des détails. Assurez votre coup de crayon avant d'attaquer des thèmes plus complexes.

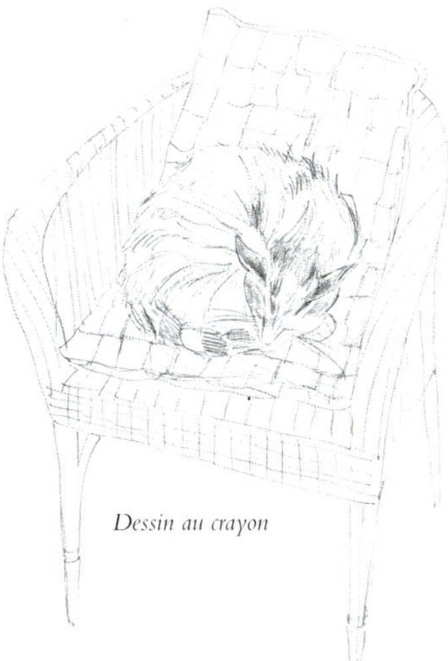

Dessin au crayon

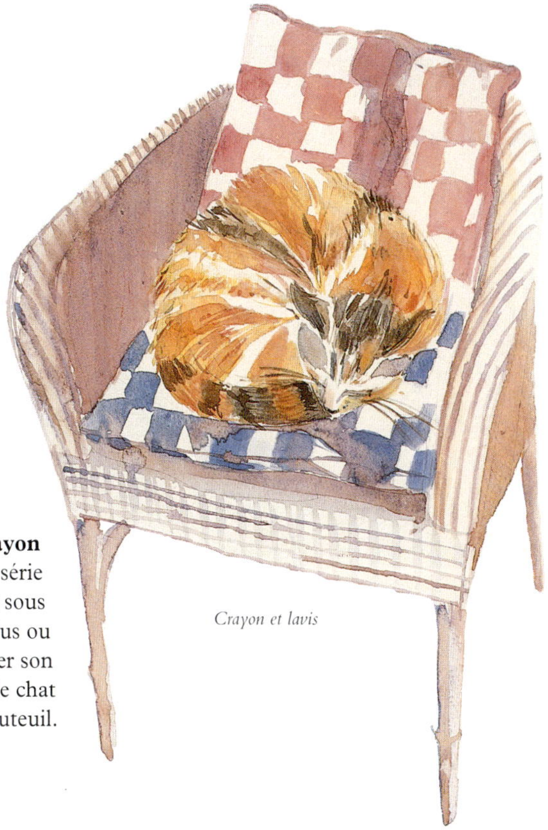

Crayon et lavis

Esquisse au crayon
L'artiste a exécuté une série d'esquisses, étudiant le sujet sous différents angles et intégrant plus ou moins de détails, avant de fixer son choix sur une vue plongeante, le chat blotti dans son fauteuil.

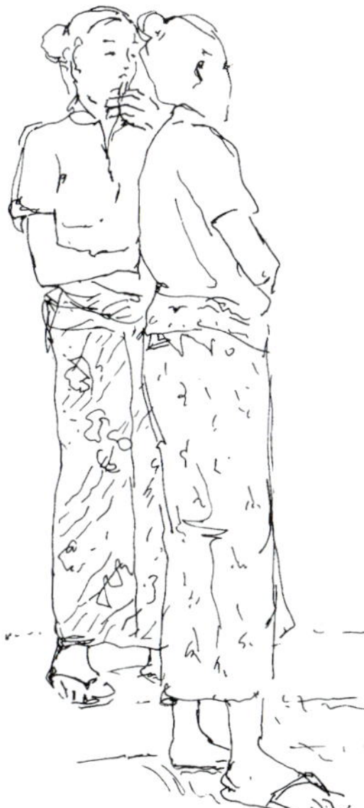

Esquisse à l'encre

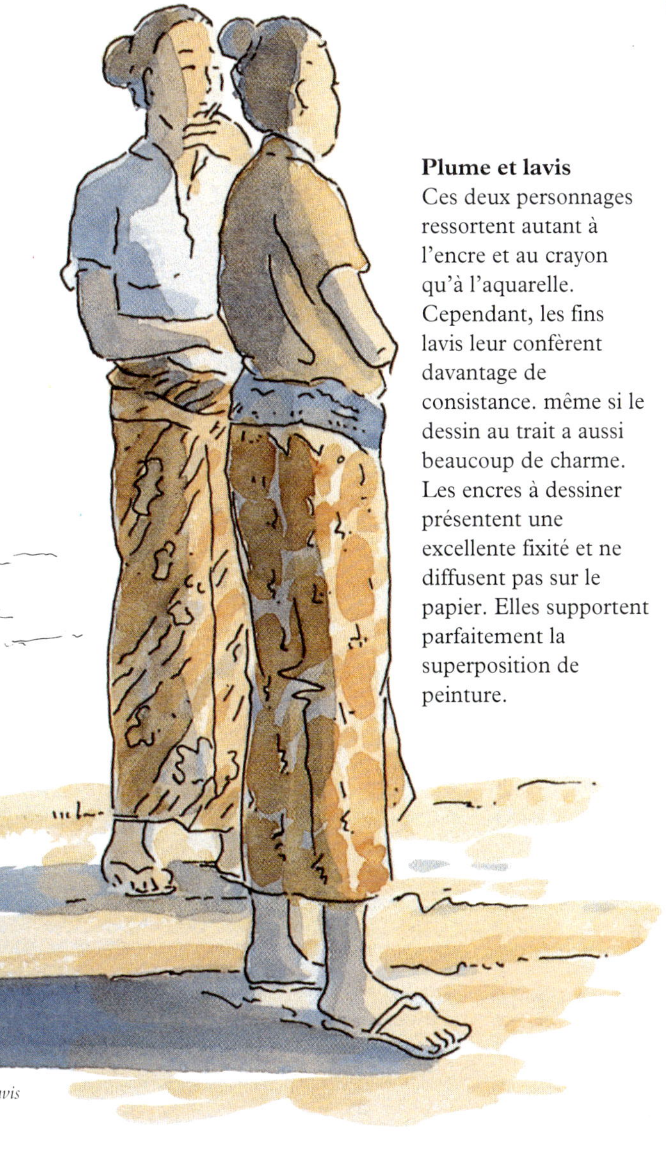

Encre et lavis

Plume et lavis
Ces deux personnages ressortent autant à l'encre et au crayon qu'à l'aquarelle. Cependant, les fins lavis leur confèrent davantage de consistance. même si le dessin au trait a aussi beaucoup de charme. Les encres à dessiner présentent une excellente fixité et ne diffusent pas sur le papier. Elles supportent parfaitement la superposition de peinture.

PLUMES

Il existe une grande variété de plumes d'acier appropriées au dessin et à l'esquisse. Outre les plumes à dessin classiques, vous pouvez essayer différents modèles de plumes à calligraphier, plus ou moins fines, avec ou sans réservoir d'encre. Leur pointe d'acier offre un tracé souple et dynamique qui permet à l'artiste de moduler la pression, l'épaisseur et la qualité de son trait. Pour les lignes fines, préférez les plumes de cartographie.

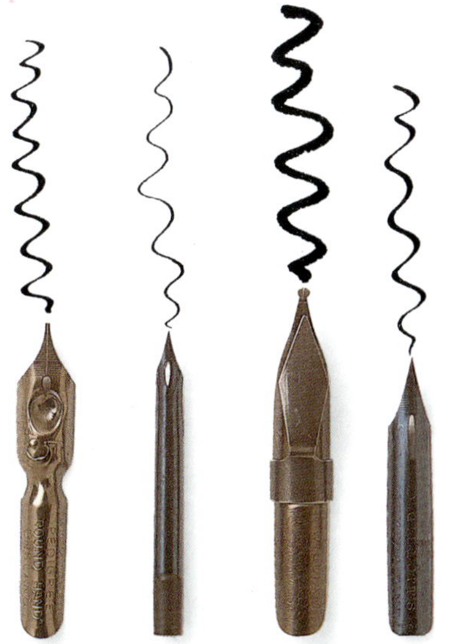

Plume de calligraphie — *Plume de cartographie* — *Plume d'écriture scripte* — *Plume à dessiner*

ÉTALER LES LAVIS

Le lavis constitue la base de l'aquarelle. Cette fine couche de couleur, appliquée à l'aide d'un pinceau rond ou plat généreusement chargé, est destinée à recouvrir une grande surface de papier. Le lavis peut être étalé sur un support sec ou humide et, en superposant plusieurs lavis, on mélange les couleurs. Encore humide, il se prête à toutes sortes de manipulations : l'artiste peut retoucher, enlever ou éclaircir certaines touches, lui ajouter d'autres taches de couleur. Une fois sec, on le travaille avec d'autres outils pour obtenir des effets différents.

Poser un aplat

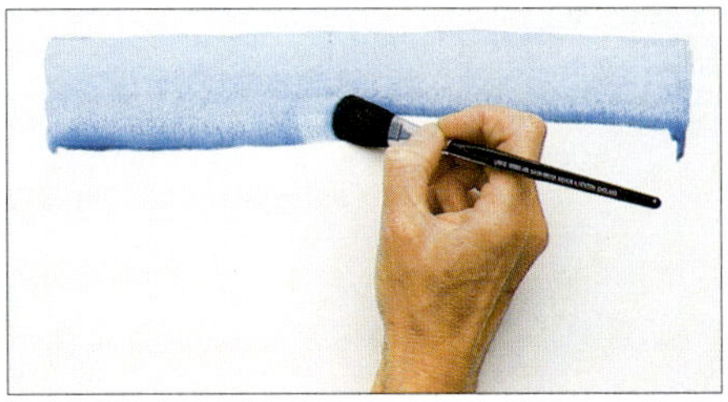

1 ◀ Préparez une grande quantité de mélange bien dilué, car vous ne pourrez pas le rallonger en cours d'exécution. Délayez le pigment avec une brosse dure pour bien disperser les particules. Pour appliquer la peinture, choisissez un pinceau à poils souples, rond ou plat, à votre convenance.

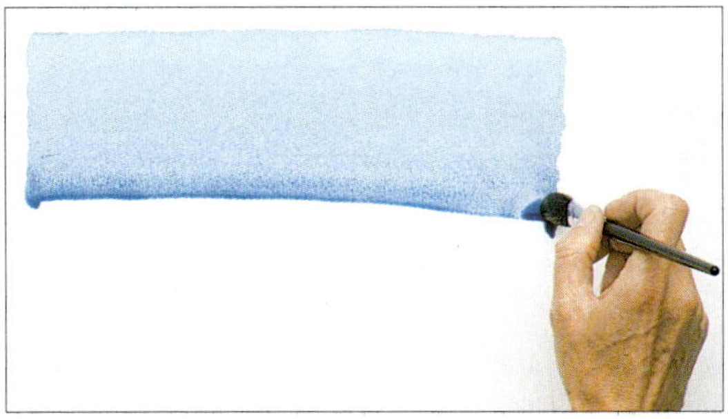

2 ▶ Chargez bien le pinceau et tracez une ligne continue, en repoussant la peinture humide vers le bas. Pour obtenir un lavis uniforme, inclinez légèrement votre plan de travail. Les aplats adhèrent mieux sur des papiers à grain moyen ou à grain torchon ; une surface lisse laissera apparaître des traînées.

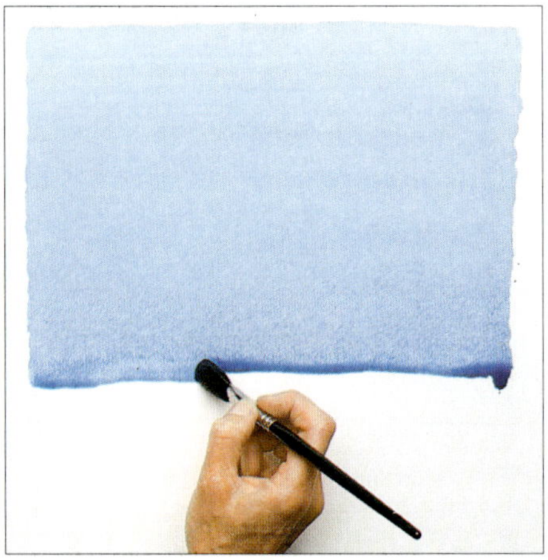

3 ▲ À chaque passage, récupérez la peinture du trait précédent. Appliquez la peinture d'un geste horizontal très régulier, sans lever le pinceau, de façon à éviter les ruissellements.

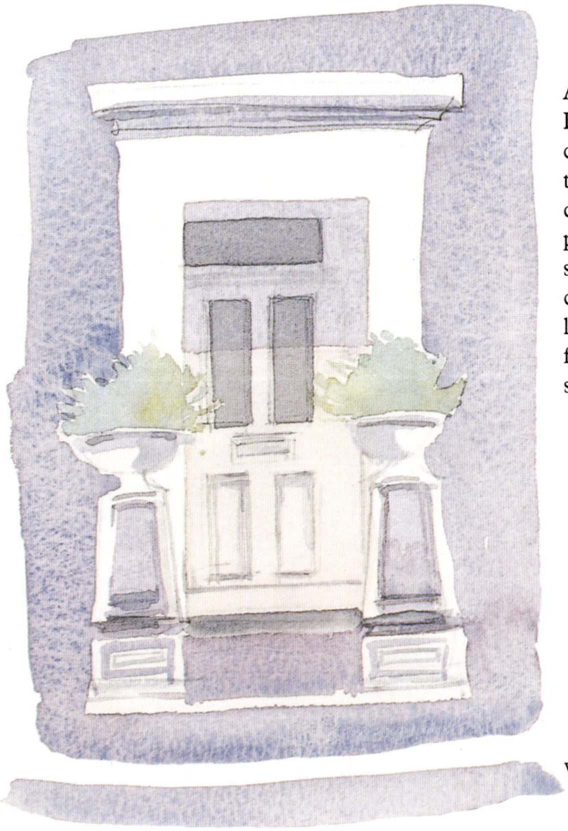

Aplat
Plusieurs aplats de couleur, ici un mélange très étendu de bleu de cobalt et de rose permanent, ont été superposés pour définir cette porte. Remarquez les effets marbrés que forme le pigment sur la surface à grain moyen.

Lavis monochrome dégradé
Dans un lavis dégradé, on éclaircit la couleur pour révéler une échelle de valeurs. Préparez séparément trois orange de valeurs différentes ; étalez la couleur la plus soutenue et progressez vers le bas de la feuille en utilisant les autres mélanges.

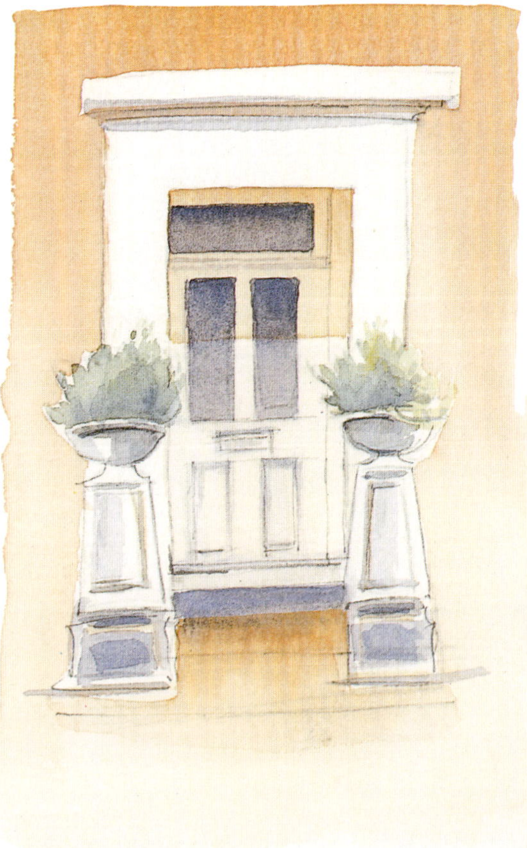

Appliquer un lavis diapré

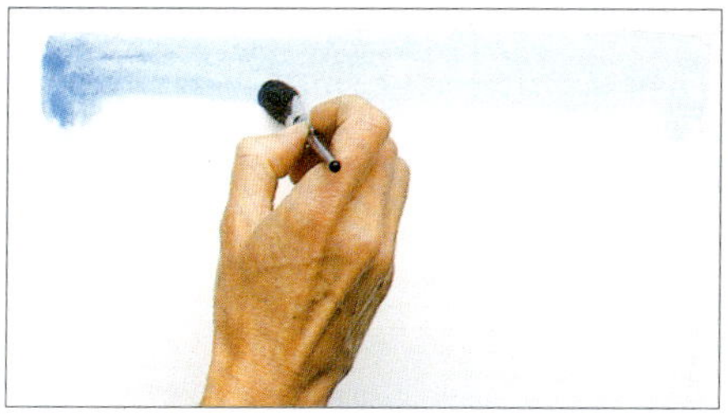

1 ▲ À l'aide d'une éponge ou d'un pinceau mouillé, humidifiez la surface destinée à recevoir la peinture. Prenez un pinceau à poils fins et souples, rond ou plat, et posez un lavis de bleu Winsor en haut de la feuille.

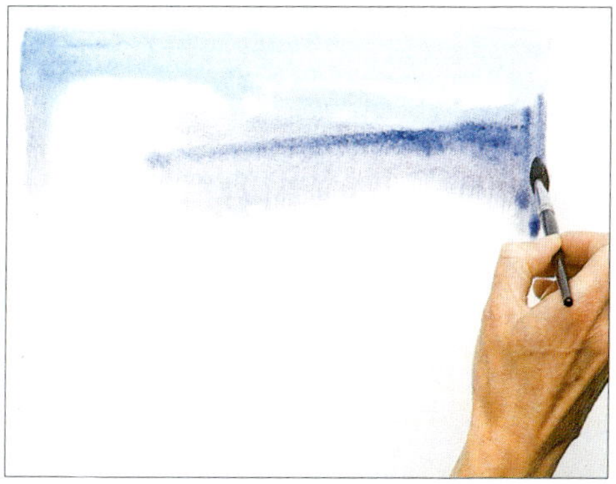

2 ▲ Rincez votre pinceau dans l'eau claire lorsque vous changez de mélange. En partant de la droite, étalez une plage de violet, en recouvrant par endroits le bleu et en laissant la couleur s'étendre sur le papier.

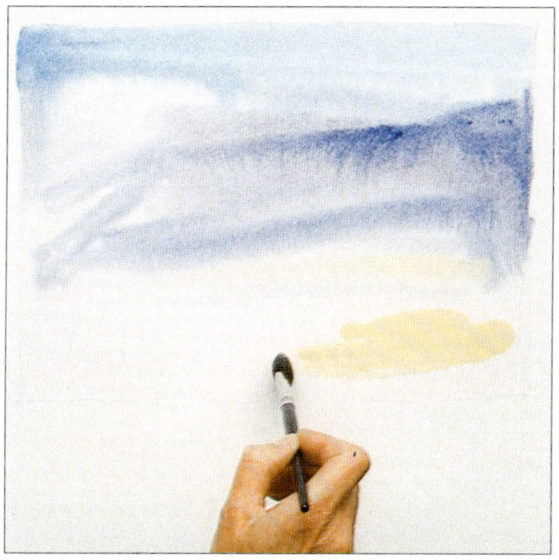

3 ▲ Sur la surface encore humide, posez rapidement quelques touches de jaune citron sur le coin droit.

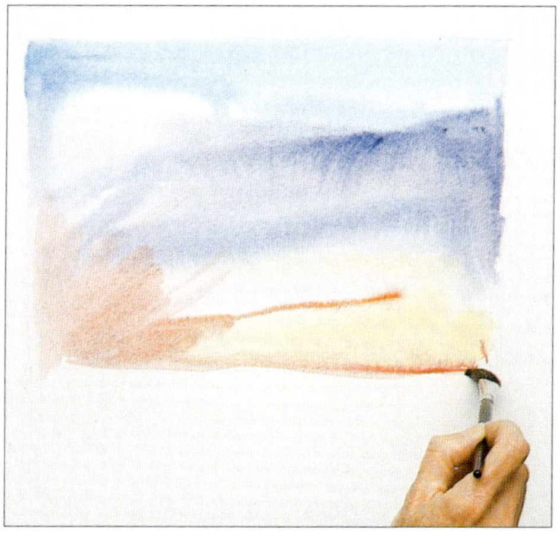

4 ◀ Travaillez le bas de la feuille au carmin. À partir de ces mélanges très étendus, en inclinant le papier humide, les couleurs diffusent délicatement. Les pigments réagissent de façon très particulière entre eux et sur le grain du papier.

QUELQUES ENSEIGNEMENTS

- Mélangez la peinture de façon homogène avant de commencer. Certains pigments ont tendance à se déposer au fond de la soucoupe.
- Utilisez des pinceaux différents pour les mélanges et pour poser la couleur. Choisissez une brosse à soies dures pour mélanger de grandes quantités de couleur en tube, car les poils souples séparent mal les particules. Agitez bien la solution en dispersant le pigment dans l'eau.
- Inclinez votre plan de travail pour faire ruisseler les couleurs et contrôlez le déploiement du lavis sur le papier.
- Si vous souhaitez obtenir un ton plus uniforme, humidifiez le papier avant d'appliquer la couleur.
- N'oubliez pas qu'en séchant, l'aquarelle s'éclaircit légèrement. En préparant vos mélanges, anticipez cette différence de valeurs.

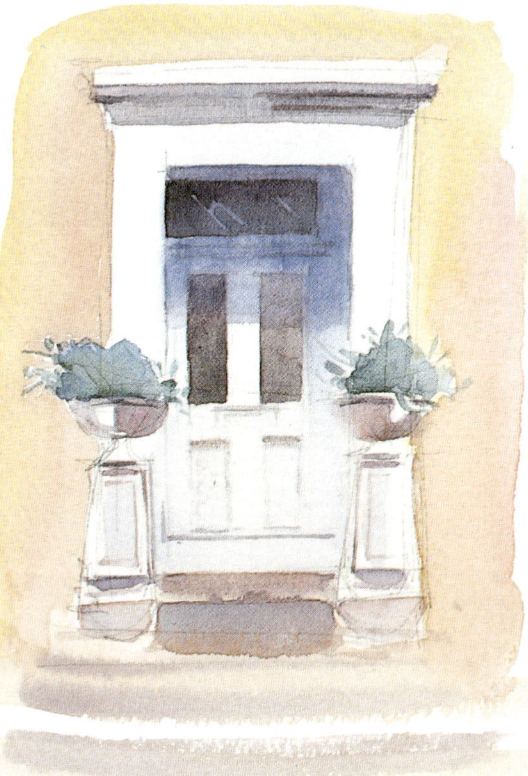

Lavis dégradé à deux couleurs
À partir de deux couleurs ou plus, on dégrade les teintes qui se mêlent imperceptiblement. Préparez de grandes quantités de mélange et travaillez rapidement, en laissant les couleurs s'interpénétrer si vous le souhaitez.

Lavis diapré
Pour appliquer plusieurs couleurs sur des détails, préparez des mélanges de couleurs différentes et posez rapidement les lavis bord à bord. Sur la frange, les couleurs diffuseront les unes sur les autres.

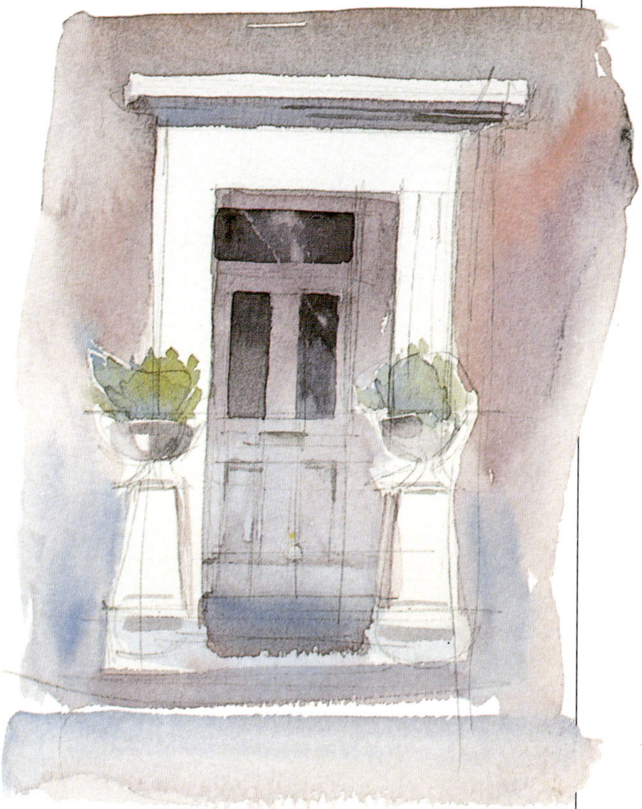

VARIATIONS SUR LE LAVIS

LES LAVIS PRODUISENT DIFFÉRENTS EFFETS selon les pigment utilisés, la touche de l'artiste et la texture du support. Ainsi, un lavis étalé sur un grain fin laissera apparaître les traînées du geste, alors que sur un gros grain, la peinture accrochera aux aspérités sans pénétrer dans les creux du papier. Sur un lavis humide, l'artiste peut poser une infinité de touches originales, au pinceau ou à l'éponge, asperger la peinture d'eau claire, pour faire surgir des motifs et des effets de matière.

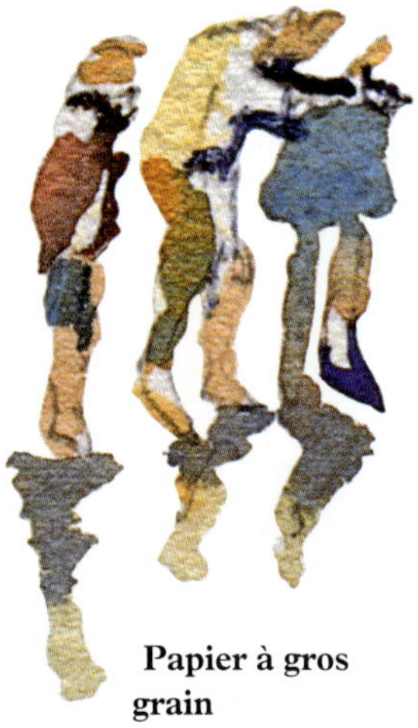

Papier à grain fin
Dans ces deux études, nous avons utilisé les mêmes couleurs, mais elles vibrent plus sur le grain fin qui risque de trahir les coups de pinceau si le peintre ne travaille pas d'un geste régulier.

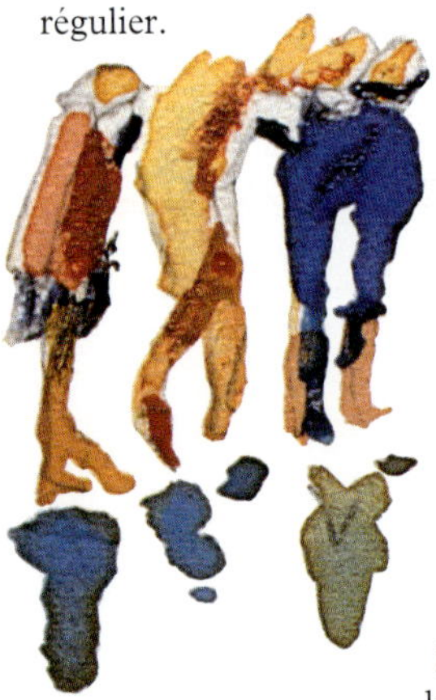

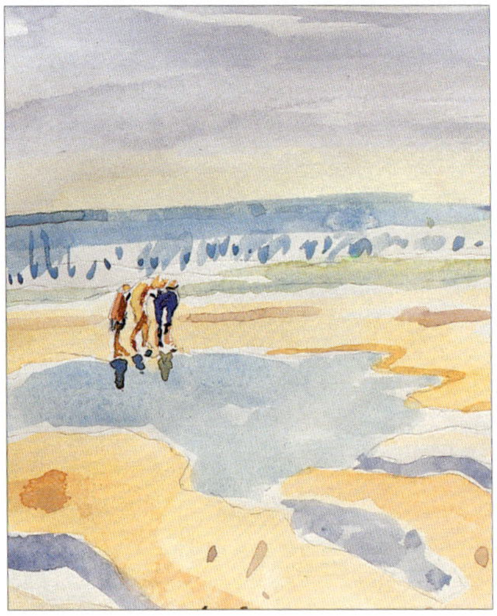

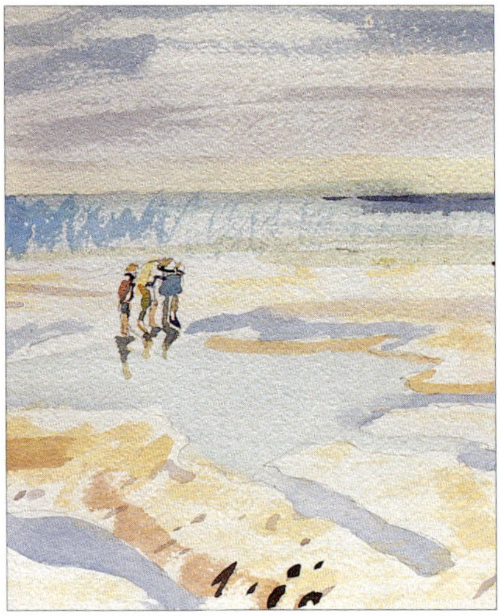

Papier à gros grain
Sur ce type de surface, passez le pinceau lentement, en appuyant pour que le pigment se dépose dans les creux. Ici, le grain grossier provoque des effets de scintillement.

Décoller la couleur
Si le peintre n'est pas satisfait de son lavis, s'il le pense trop épais ou trop foncé pour laisser transparaître la peinture sous-jacente, il choisit dans ce cas de décoller délicatement la couleur à l'eau froide, en prenant garde de ne pas abîmer l'apprêt de surface du papier. Ce « nettoyage » peut ajouter un certain caractère au tableau. Quelques petites retouches suffisent alors à l'achever.
La texture du papier ressort nettement sous une couleur décollée, car ainsi il a perdu sa couche superficielle. Sur un papier fortement texturé, la peinture disparaît avec les aspérités du grain et le pigment se concentre dans les creux. En décollant un lavis, on n'élimine jamais toute la peinture car l'aquarelle imprègne rapidement les fibres du papier. Selon le pouvoir colorant des pigments, les couleurs se décolleront plus ou moins facilement.

Poser un lavis sur une couleur décollée

1 ▲ Choisissez un papier à gros grain et passez un lavis bleu en bande.

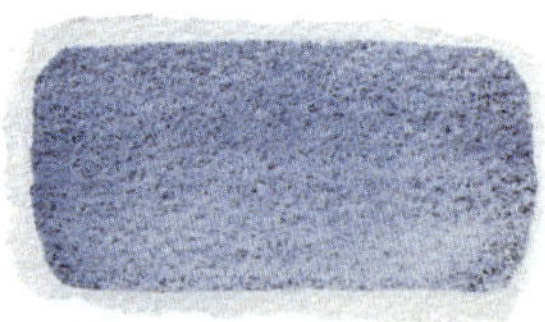

2 ▲ Décollez le bleu à l'aide d'une brosse chargée d'eau froide, pour éliminer le pigment des creux du grain.

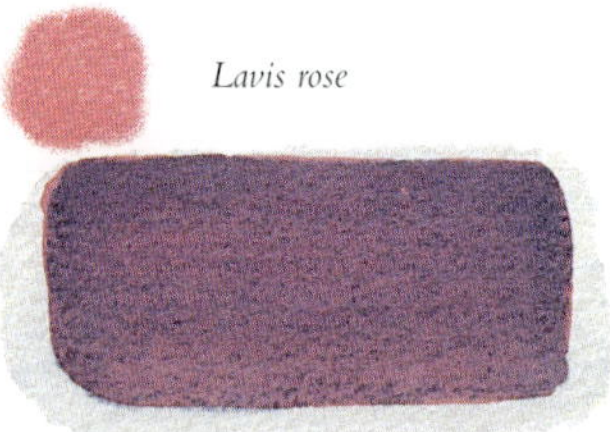

Lavis rose

3 ▲ Recouvrez le bleu lavé d'une couche de rose, pour produire un violet richement texturé.

QUELQUES ENSEIGNEMENTS

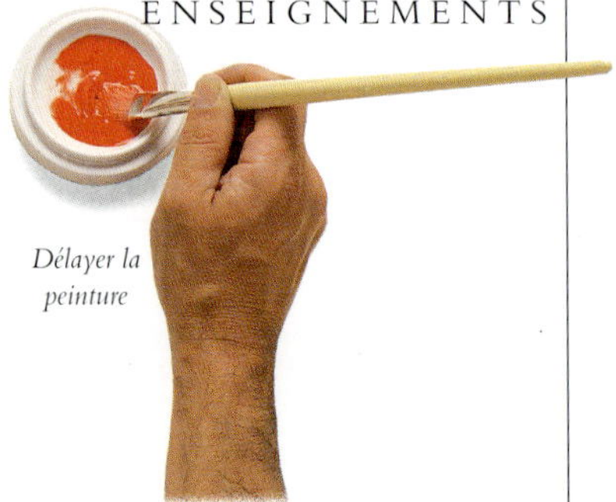

Délayer la peinture

- Utilisez une brosse à soies dures pour mélanger la peinture et un pinceau ou une brosse souple pour l'appliquer. Préparer assez de couleur avant de commencer, car vous ne pourrez pas interrompre votre travail pour allonger le mélange.
- Un papier peu texturé laissera apparaître des traces trahissant soit un manque d'homogénéité du mélange, soit un geste trop lent, trop hésitant ou trop appuyé.
- Le papier à gros grain ou grain moyen provoquera un effet moucheté et le lavis laissera percer le blanc du papier. Pour éviter ces effets, repassez plusieurs fois le même lavis pour faire pénétrer la peinture dans les creux du papier.

Techniques de lavis

Contrairement à l'aplat, qui se caractérise par son uniformité et l'étendue de sa surface, le lavis s'accommode d'un répertoire de fantaisies et ne s'applique que par petites touches pour modeler de menus détails. Les pinceaux ronds et fins en martre permettent de former des motifs sur le lavis et des effets de matière originaux. Nous vous proposons ici quelques échantillons. Mais en laissant libre cours à votre imagination, vous trouverez d'autres touches, exécuterez d'autres effets, en effleurant le papier de la fleur du pinceau, en écrasant énergiquement la touffe sur la peinture, ou encore en travaillant avec deux pinceaux en même temps.

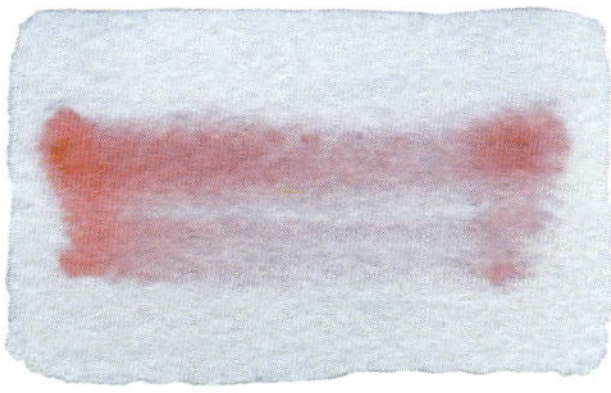

D'un geste rapide, passez une trace de rose permanent à la brosse à lavis n° 22 sur un lavis humide de bleu Winsor.

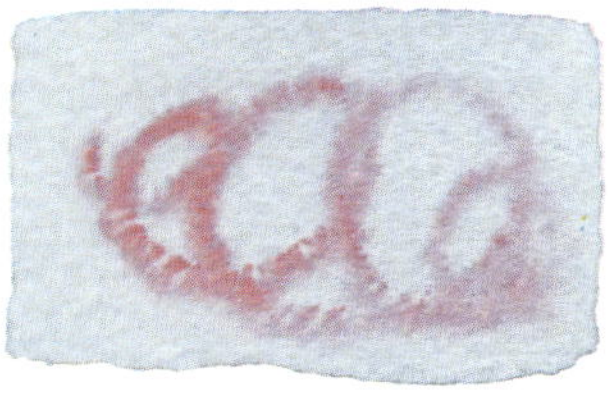

Avec la fleur d'un petit pinceau rond en nylon chargé de rose permanent, tracez des petits cercles sur le lavis de bleu Winsor pour produire ces traces vaporeuses.

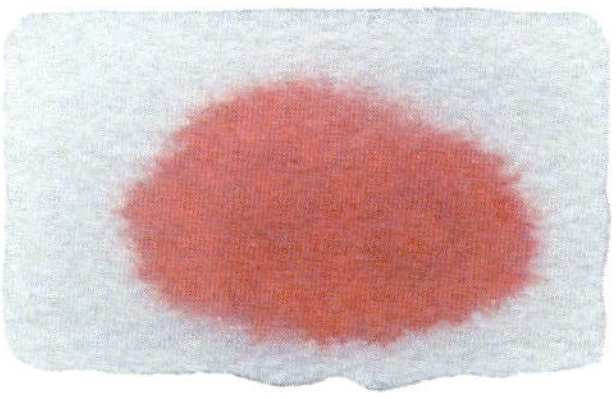

Lâchez deux gouttes de rose permanent sur un lavis dilué de bleu Winsor et laissez-les diffuser.

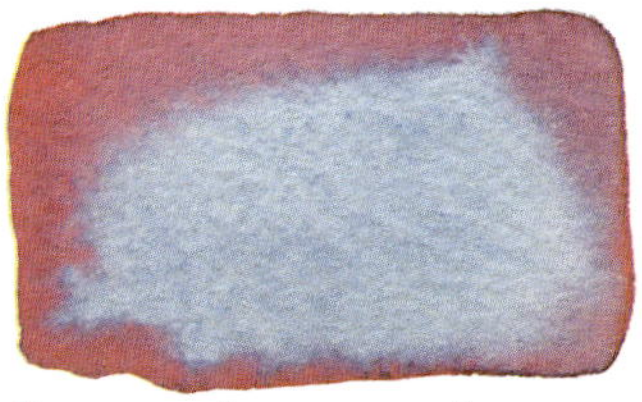

Avec un pinceau rond moyen à poils souples, brossez un rose permanent autour d'un lavis de bleu Winsor.

Juxtaposez un bleu de manganèse à un vert Winsor et laissez les couleurs se fondre ensemble. Le bleu moucheté contraste avec la surface lisse du vert.

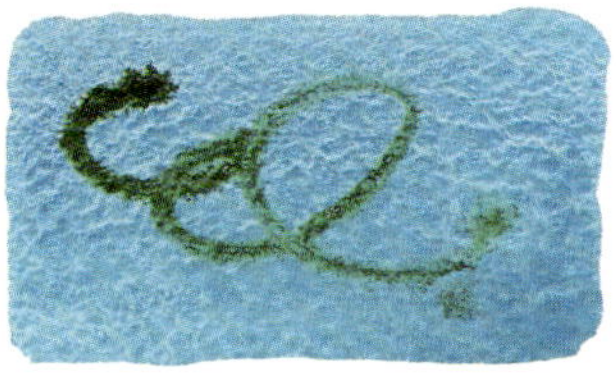

Ces volutes de vert Winsor foncé, sur le bleu de manganèse moucheté, produisent un effet différent de celui obtenu précédemment avec la même technique.

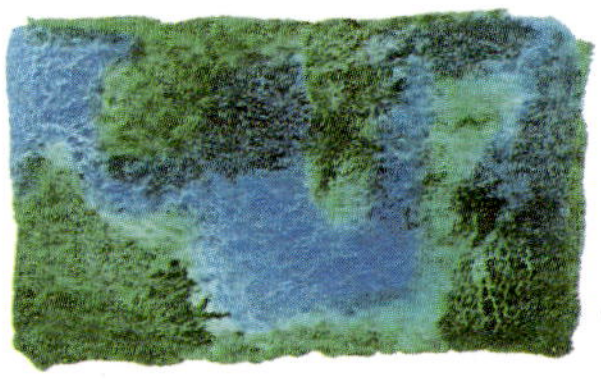

En travaillant simultanément avec deux pinceaux ronds n° 8, chargés d'un mélange concentré, modelez des effets riches et épais.

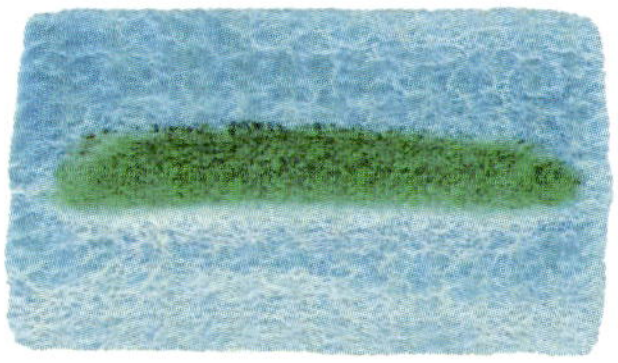

Sur un lavis de bleu de manganèse, frottez le papier de vert Winsor avec une brosse dure.

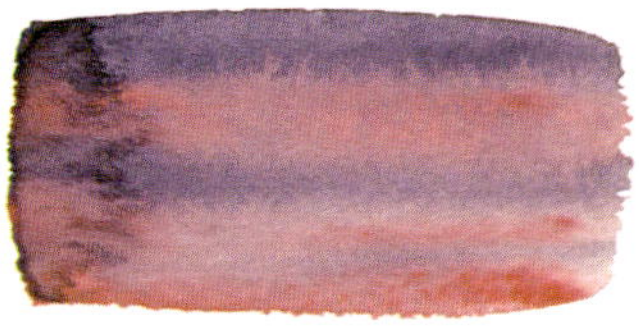

Chargez un spalter n° 70 de deux couleurs différentes puis appliquez une trace régulière et rapide sur la feuille.

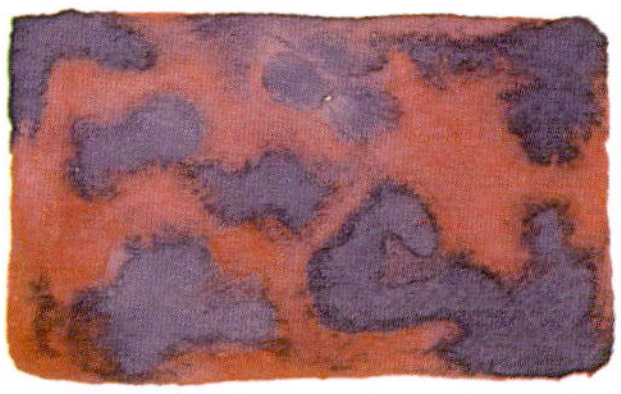

Aspergez des taches de violet et de rose et laissez sécher avant de les diluer avec un pinceau humide et propre.

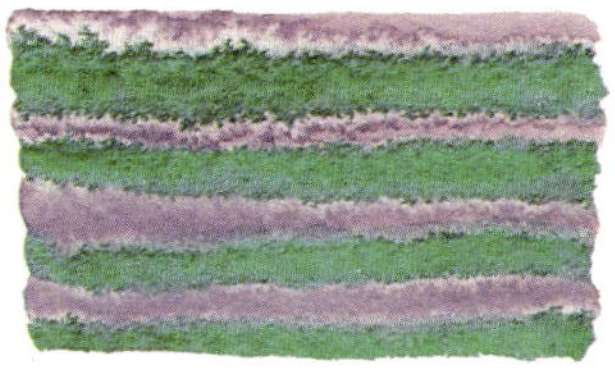

Tirez une succession de minces filets de violet et de vert Winsor pour produire ce motif de strates.

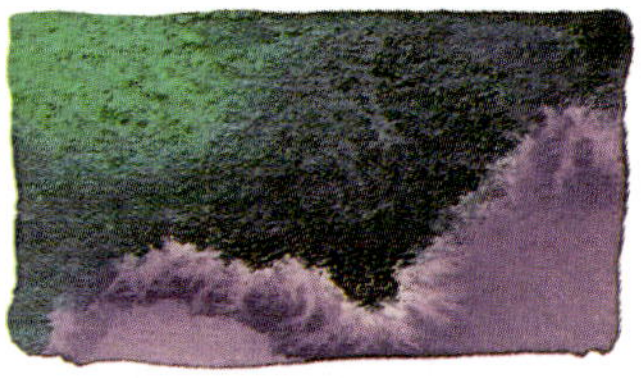

En laissant fondre des touches de vert Winsor et de violet, les couleurs se rejoignent pour former des franges vaporeuses et texturées.

ÉTALER UN LAVIS A L'ÉPONGE

Vous pouvez étaler un lavis au pinceau, à la brosse ou au spalter pour les grandes surfaces, avec de petits pinceaux ronds pour les détails, en passant par d'autres méthodes, fruits de votre imagination. L'éponge constitue à cet égard un outil précieux, permettant de recouvrir rapidement de grandes plages de couleur uniforme. Essayez plusieurs types d'éponges pour trouver celle qui vous conviendra le mieux.

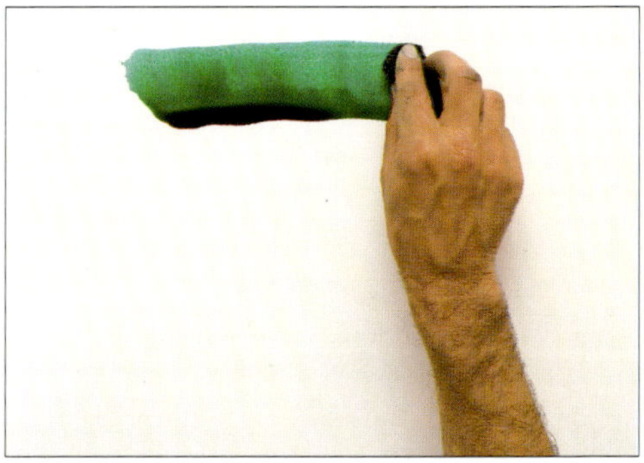

1 *Trempez-la dans le mélange abondant. Les petites éponges naturelles laissent une trace subtile ; pour les grandes surfaces, prenez une éponge de ménage.*

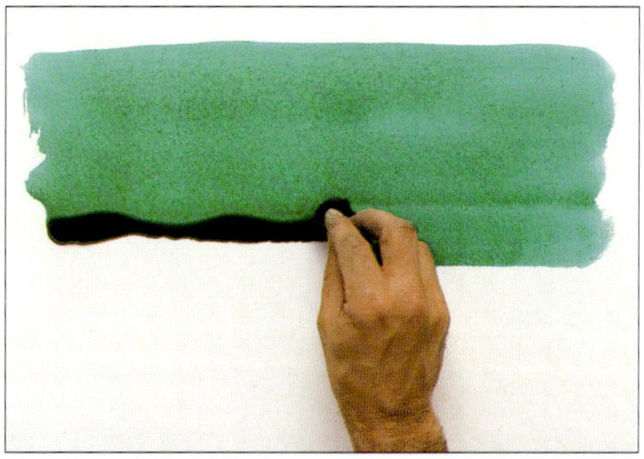

2 *Tenez l'éponge du bout des doigts et frottez par petits coups en récupérant les coulures au fur et à mesure de la progression. Travaillez de haut en bas.*

Regards sur *les Lavis*

On reconnaît une bonne aquarelle à la façon dont sont posés les lavis. Cet art ne sera maîtrisé que par une pratique assidue. Pour réussir son lavis, le peintre doit doser la charge de son pinceau, diluer précisément son pigment, choisir son papier en fonction du thème, trouver l'inclinaison idéale du support et manier ses pinceaux avec aisance. Les lavis peuvent aussi bien se mêler et se fondre sur de larges surfaces qu'être circonscrits pour former sur le tableau de petits motifs ou des taches de couleurs. Tout un répertoire de gestes et de techniques permet de revenir sur cette couche de peinture humide pour éclaircir les touches, les colorer, leur donner du relief…

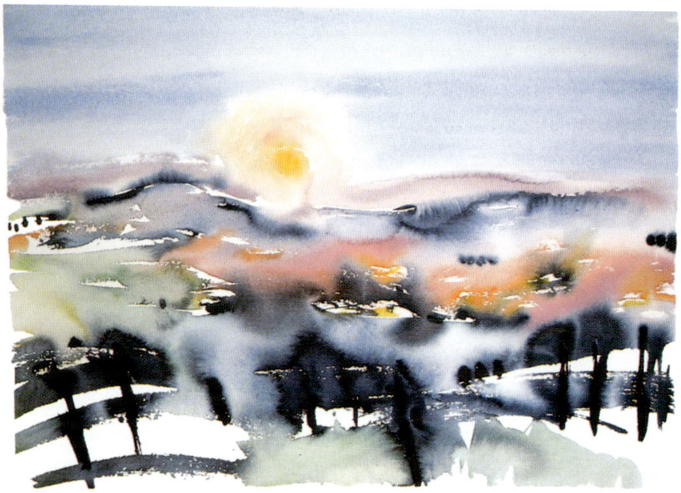

Gisela Van Oepen, *Pays de l'Aude.*
Ce paysage vaporeux illustre la technique humide sur humide. L'artiste met en œuvre deux techniques pour rendre ces effets de flou : elle peut appliquer un lavis étendu sur certaines parties puis poser des taches de couleurs vibrantes, ou poser d'abord ses couleurs et asperger le tableau d'eau claire pour les diluer sur le papier.

Miles E. Cotman, *Accalmie,* vers 1840-1849.
Le calme de cette marine révèle une parfaite maîtrise du lavis. Le ciel est recouvert d'un voile uniforme de bleu que viennent trouer quelques nuages légers. La touche régulière et minutieuse traduit à merveille la sérénité de cette atmosphère où les éléments semblent s'être figés.

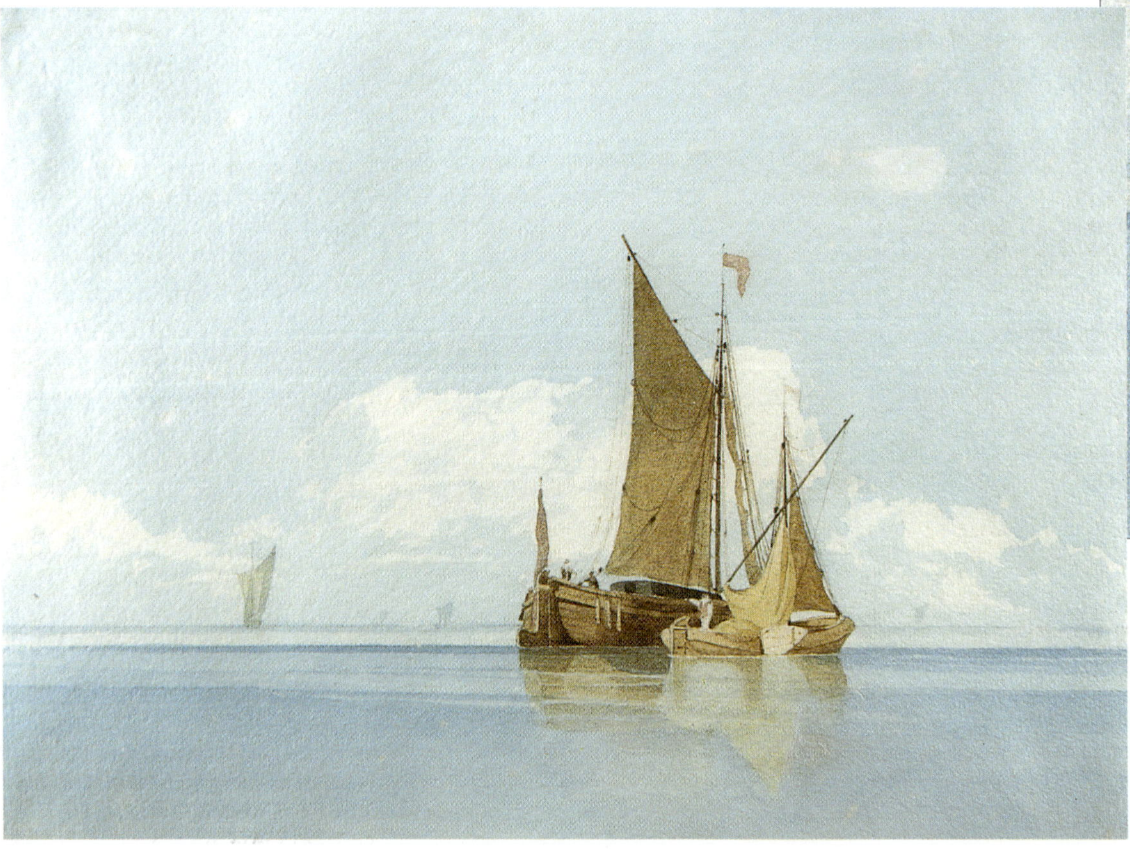

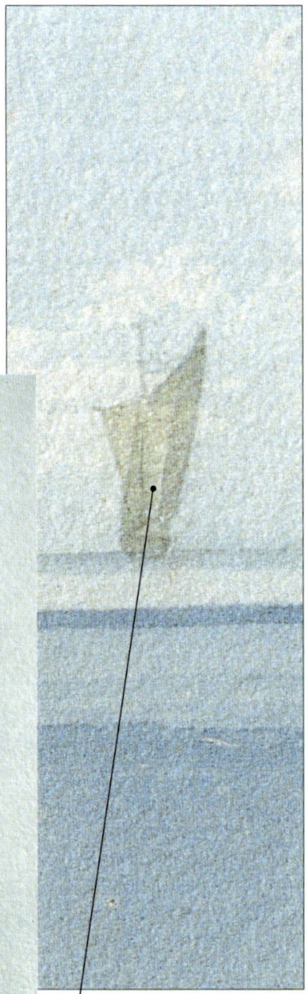

Ces deux lavis, posés d'un geste sûr et précis, évoquent cette voile filant sur l'horizon.

Jane Gifford, *Scène de rue, Madras.*
Pour cette étude simple et éclatante de couleurs, l'artiste a défini les volumes de la scène en juxtaposant des surfaces colorées bien délimitées. Sur certains détails frappés de lumière, comme le dôme du temple, elle a laissé les lavis se mêler et se fondre les uns aux autres.

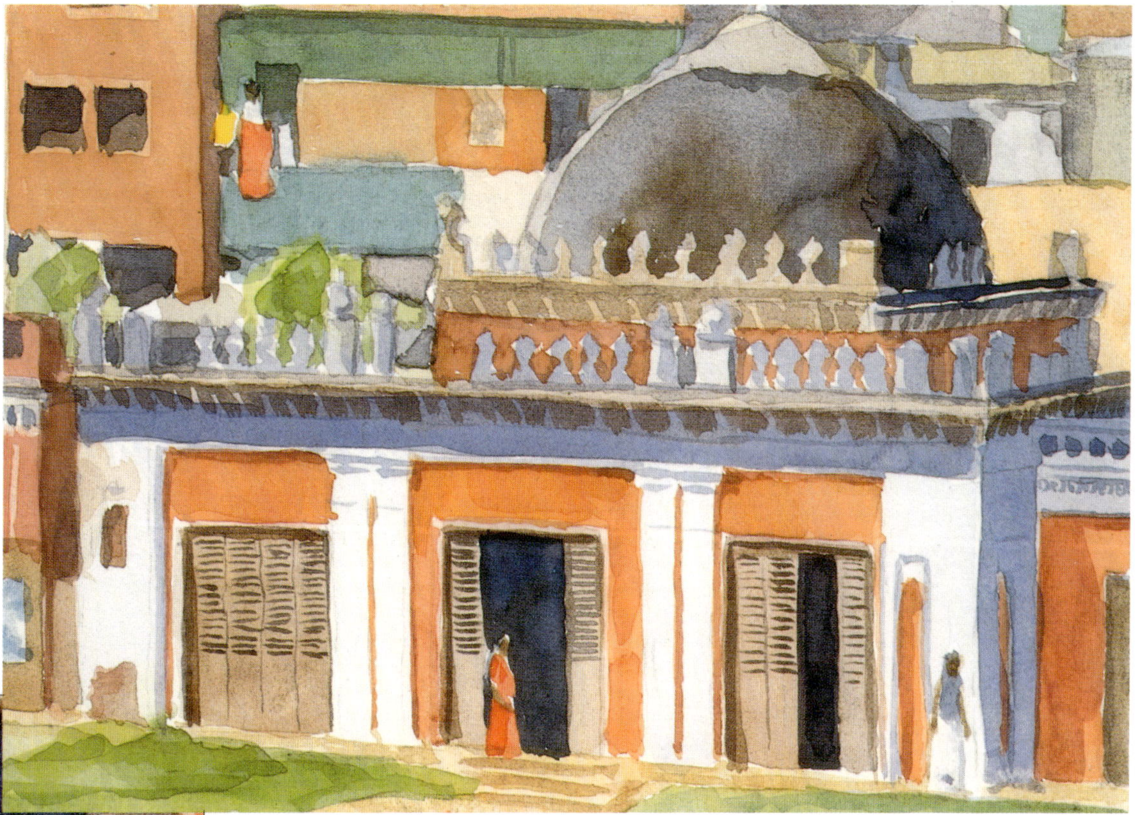

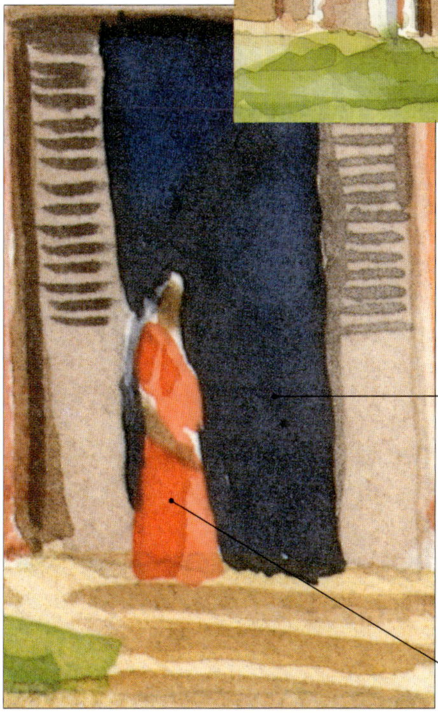

Le lavis de bleu profond absorbe la lumière, attire le regard du spectateur au centre du tableau et tranche sur la vivacité des couleurs proches.

Quelques coups de pinceau amples et francs découpent sur le fond sombre de la porte la silhouette féminine enveloppée dans un sari éclatant.

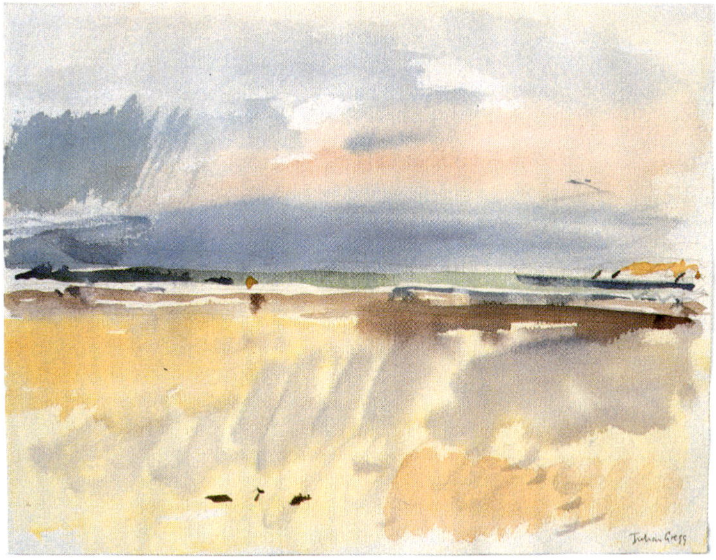

Julian Gregg, L*es Dunes de Poppit*, Cardigan.
Dans cette esquisse rapide, préférant exploiter la fraîcheur de l'aquarelle et du papier blanc, le peintre n'a effectué presque aucun repeint. Travaillant par petites touches, il a appliqué des lavis horizontaux en humide sur humide, faisant diffuser les couleurs. De fins lavis, passés d'un seul geste large, voilent l'horizon.

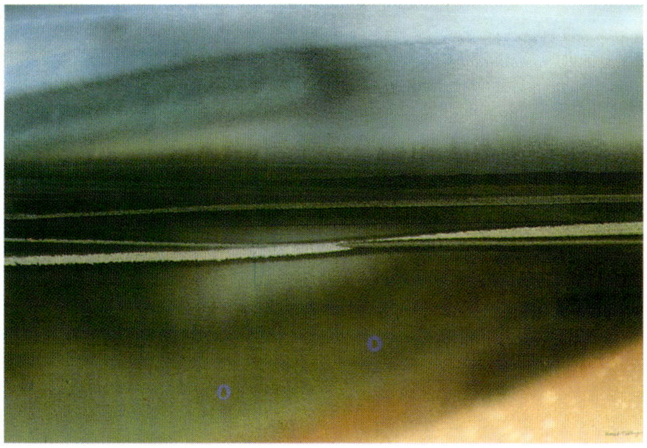

Robert Tilling, *Lumière à marée basse.*
Tilling a travaillé au spalter pour recouvrir son papier de larges plages de couleur en contrôlant sa touche. Les lavis sont ici passés sur toute la largeur du tableau et légèrement éclaircis par endroits pour laisser filtrer les effets de lumière. Quelques franges de couleurs mêlées soulignent l'atmosphère paisible et l'impression d'espace qui se dégagent de la toile.

JOUER AVEC LES VALEURS

LORSQUE VOUS AUREZ ASSIMILÉ LES TECHNIQUES du lavis, entraînez-vous à développer les valeurs et les teintes de votre palette. Pour saisir ce concept de valeurs, travaillez à partir d'une seule couleur. Les premiers aquarellistes exploitaient dans leurs camaïeux les subtils dégradés d'une teinte, et ils bâtissaient leurs tableaux monochromes sur des couleurs de terre rouges et brunes et le sépia, encre d'un brun rougeâtre très soutenu, sécrétée par la seiche. Le noir et le bleu offrent aussi de subtils dégradés des valeurs.

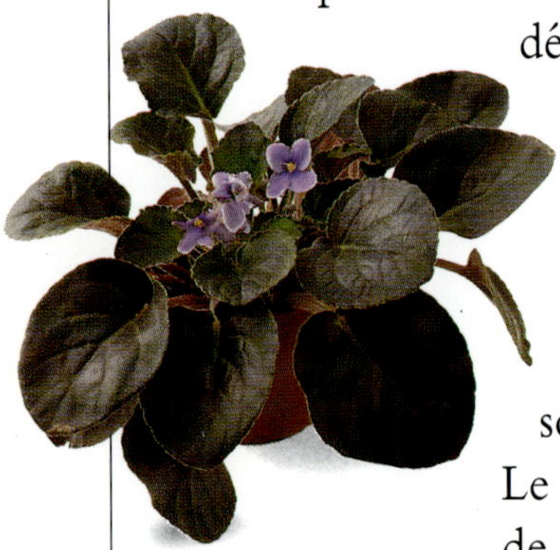

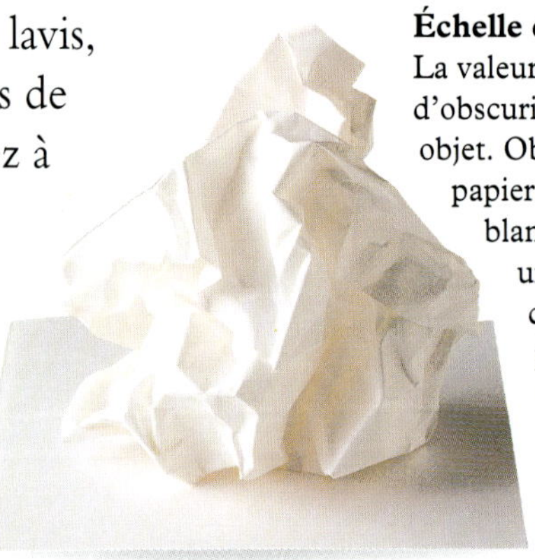

Échelle de valeurs
La valeur reflète le degré d'obscurité ou de clarté d'un objet. Observez par exemple un papier blanc froissé : sous sa blancheur apparemment uniforme, vous décèlerez que les jeux de lumière projettent sur sa surface une gamme d'ombres dans des nuances de gris. Ces ombres donnent sa forme à l'objet.

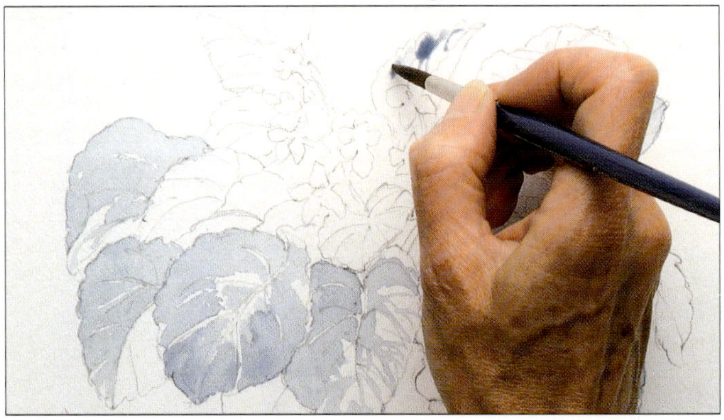

1 ▲ Sur un dessin finement tracé, appliquez les lavis les plus clairs en délayant une pointe d'indigo dans beaucoup d'eau. Modelez les feuilles sans passer sur les touches de lumière.

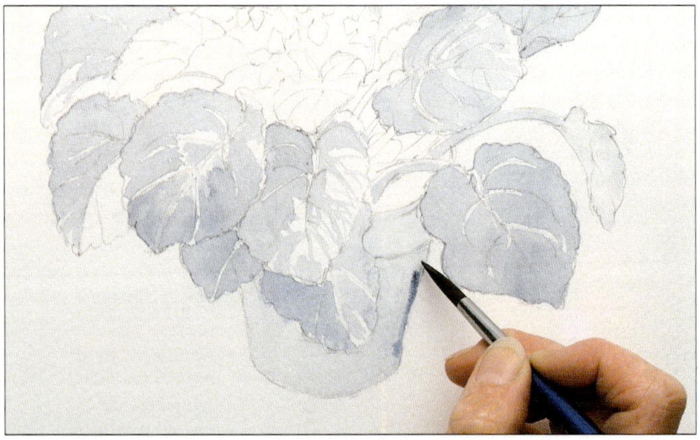

2 ▲ Les yeux mi-clos, observez la plante en faisant abstraction des couleurs pour ne repérer que les valeurs d'ombre et de clarté. Travaillez les parties les plus obscures en développant la couleur couche après couche. Laissez sécher les lavis avant de les recouvrir.

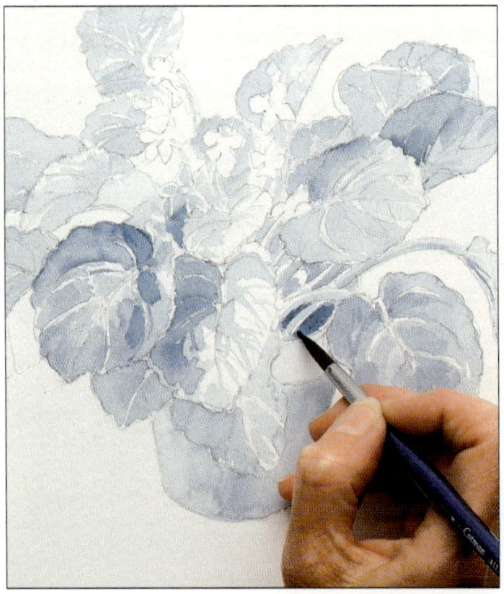

3 ◀ Intégrez dès maintenant quelques détails en fonçant les surfaces plongées dans l'ombre.

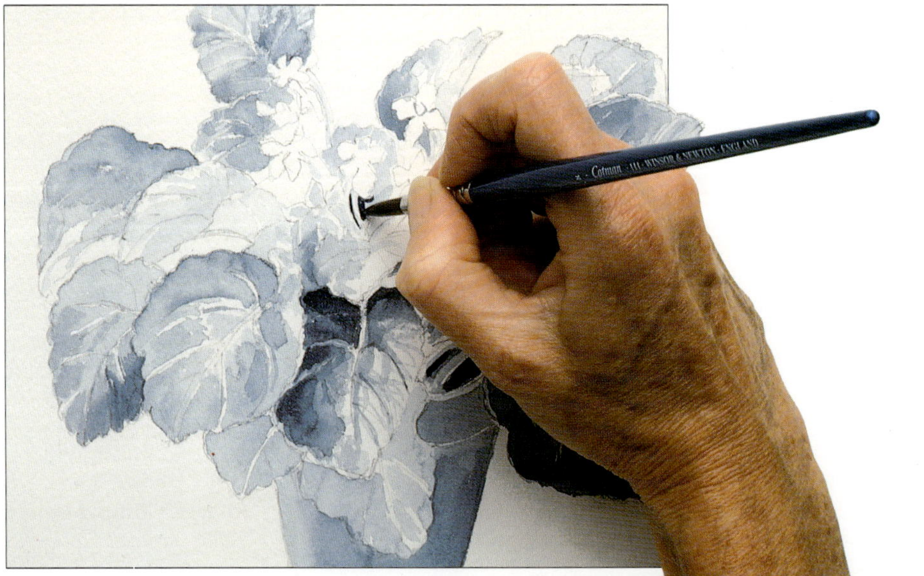

4 ▲ Avec un pinceau plus fin, traitez le cœur de la plante où foisonnent les détails des fleurs mêlées aux feuilles.

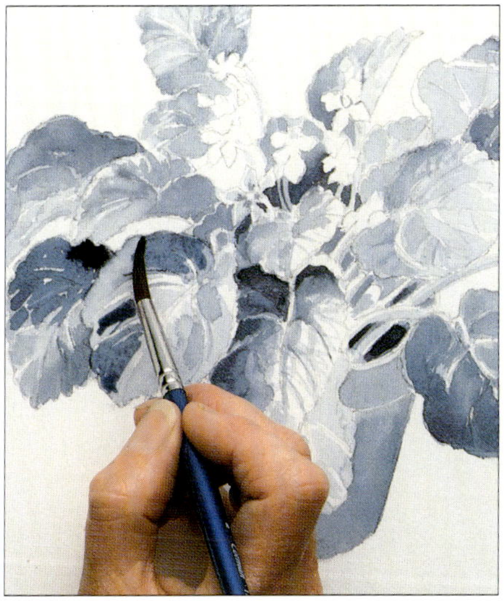

5▲ Lorsque vous travaillez des lavis très étendus, prévoyez un papier buvard pour absorber les éventuelles coulures.

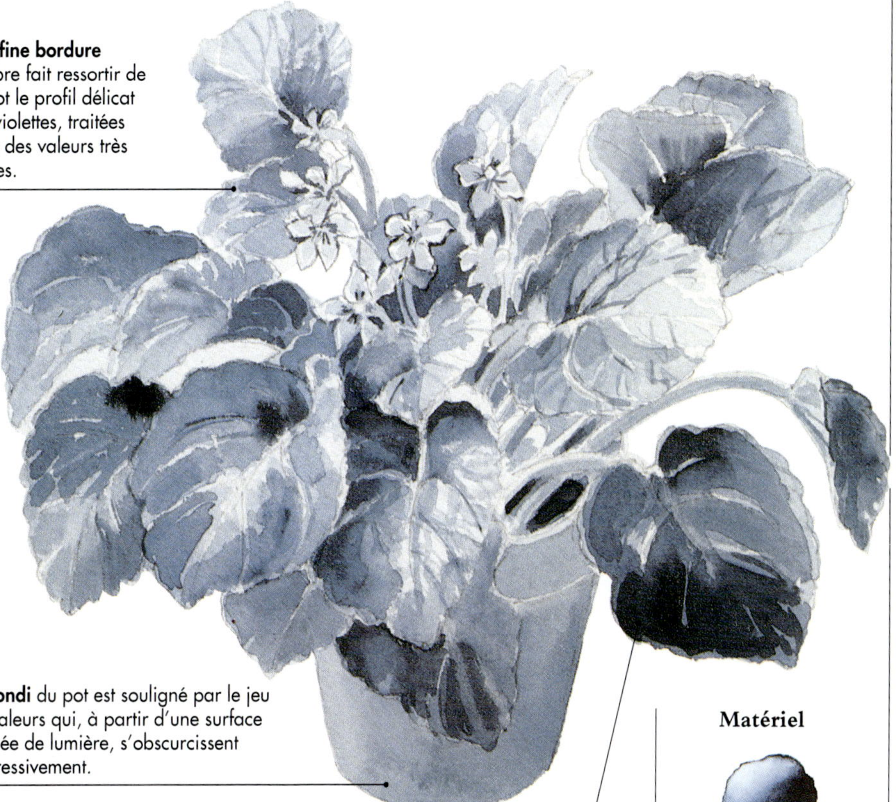

Une fine bordure sombre fait ressortir de ce pot le profil délicat des violettes, traitées dans des valeurs très claires.

L'arrondi du pot est souligné par le jeu des valeurs qui, à partir d'une surface frappée de lumière, s'obscurcissent progressivement.

Sur cette feuille, la superposition des couches de couleur est évidente. Le contraste entre ces parties très soutenues et la surface éclairée donne tout son relief à cette étude monochrome.

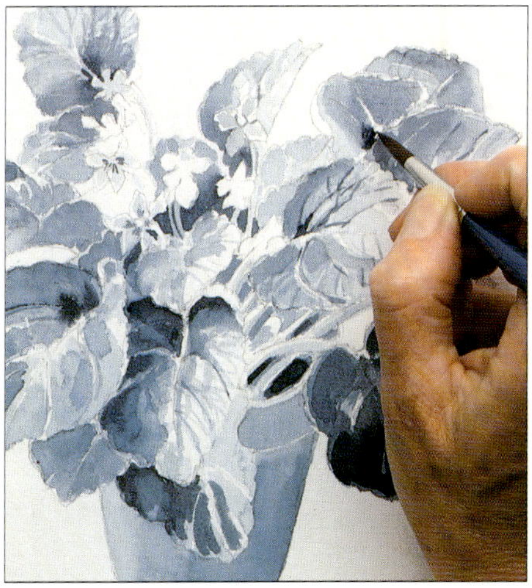

6◀ Au fur et à mesure que vous posez les lavis, vous verrez que la couleur s'éclaircit en séchant. Si vous désirez forcer votre bleu, ajoutez un soupçon de gris de Payne au mélange d'indigo. Avec ce ton soutenu, définissez les nervures et ombrez légèrement les feuilles.

Matériel

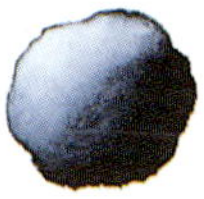

Indigo

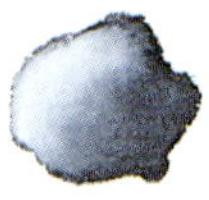

Gris de Payne

Pinceau rond n° 8

SUPERPOSITION DES COULEURS

Si la technique du camaïeu permet d'exploiter toute la richesse d'une couleur, l'art de l'aquarelle se révèle surtout dans la diversité des couleurs. Pour mieux comprendre la façon dont la superposition des pigments transparents influence la couleur sous-jacente, esquissez rapidement un paysage en camaïeu, puis superposez une seconde couleur et observez les résultats. Dans notre exemple, la superposition d'un lavis de bleu de céruléum métamorphose le paysage initial, exécuté dans des tons de jaune. Les bosquets, les prés et les feuillages ressortent sous de jolies tonalités vertes, alors que nous n'avons pas appliqué la moindre goutte de vert sur ce tableau !

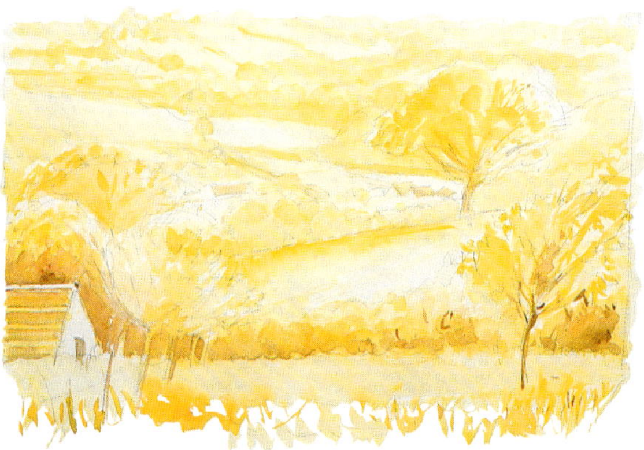

Gamme de jaunes, de Sienne brûlée et d'ombre naturelle

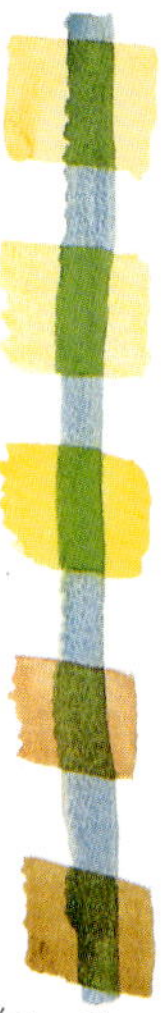

Échantillons recouverts de bleu

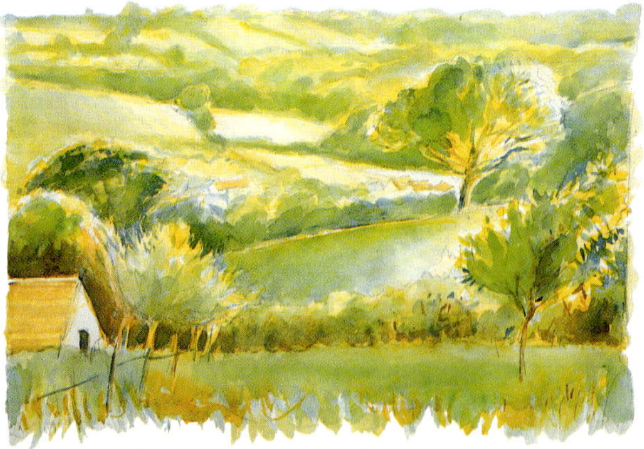

Les verts jaillissent de la superposition du bleu de céruléum sur les jaunes

DÉVELOPPER LA COULEUR

L'AQUARELLISTE DÉVELOPPE LA COULEUR en superposant les lavis. Étant donné la transparence du matériau, le papier blanc constitue la première couche sous-jacente d'un tableau. Les superpositions laissent toujours transparaître les couleurs qu'ils recouvrent et les modifient à la façon du glacis : chaque nouvelle application « glace » le lavis précédent et donne naissance à des teintes riches de nuances. Cependant, pour bâtir ainsi les couleurs, il est essentiel de travailler sur des lavis de sous-couche très secs.

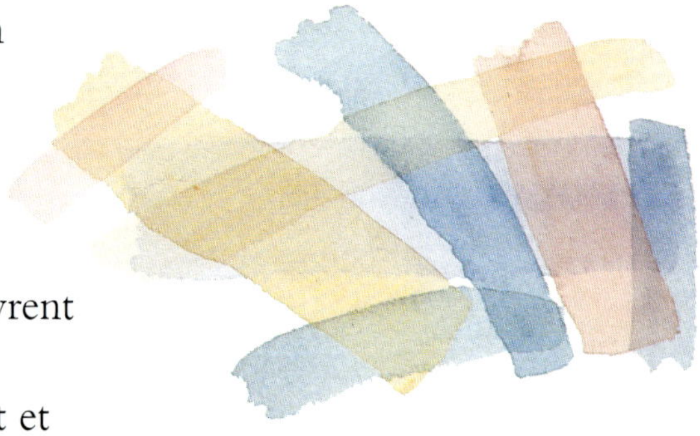

Test des couleurs
Avant de commencer votre tableau, tracez des échantillons des couleurs de votre palette et superposez-les deux à deux pour visualiser les teintes obtenues. Pour notre paysage, nous avons choisi ces tons pastels.

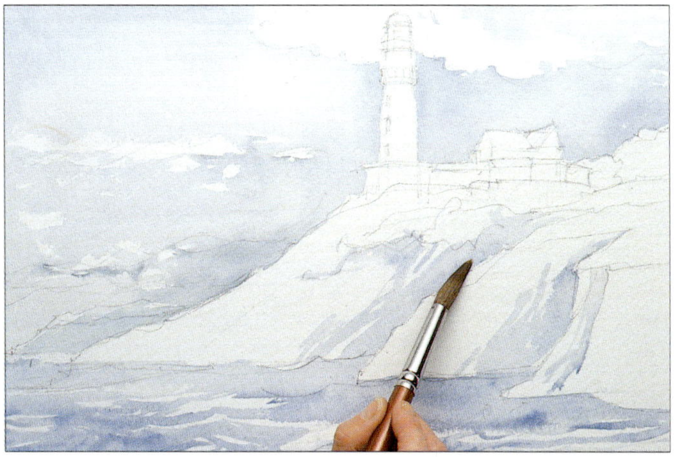

1 ▲ Dans cet exercice, vous verrez comment développer la couleur par superposition de lavis. Recouvrez le ciel, la mer et les falaises d'un mélange de bleu de cobalt et de gris de Payne avec un pinceau n° 12.

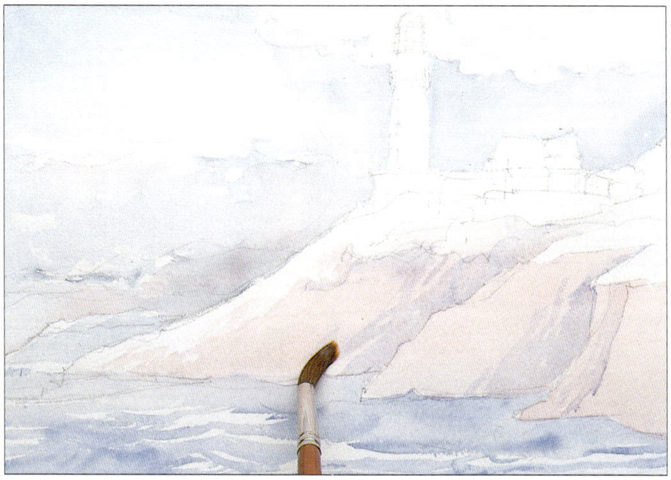

2 ▲ Lorsque ce premier lavis est sec, diluez de l'alizarine cramoisie, revenez sur les falaises et sur certaines parties du ciel. Le bleu persiste sous le rose et cette première superposition donne déjà une teinte mauve clair.

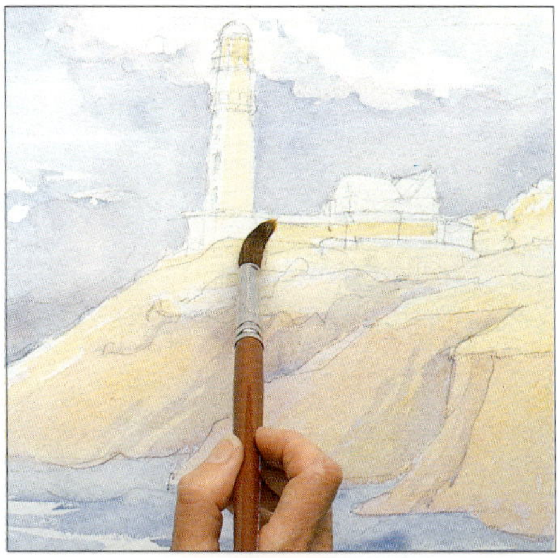

3 ▲ Pour réchauffer la tonalité des reliefs, ajoutez un lavis de Sienne naturelle. Avec cette couleur, entourez le pied du phare, les arbres et les herbes recouvrant les falaises.

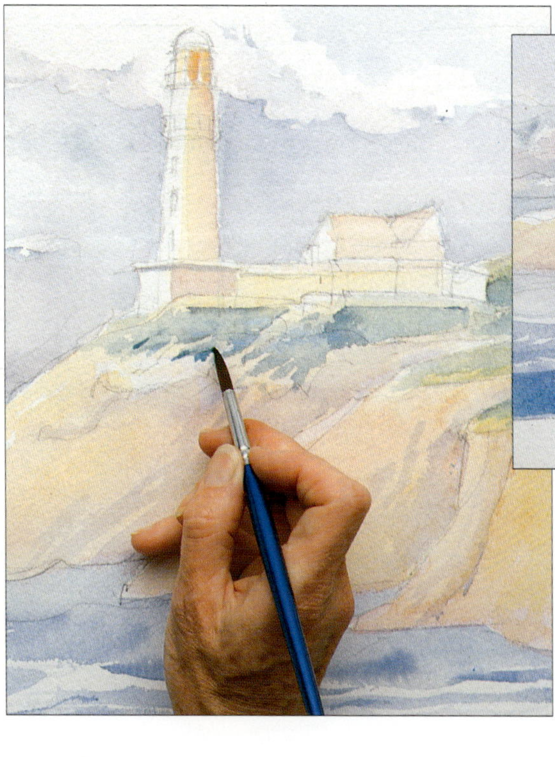

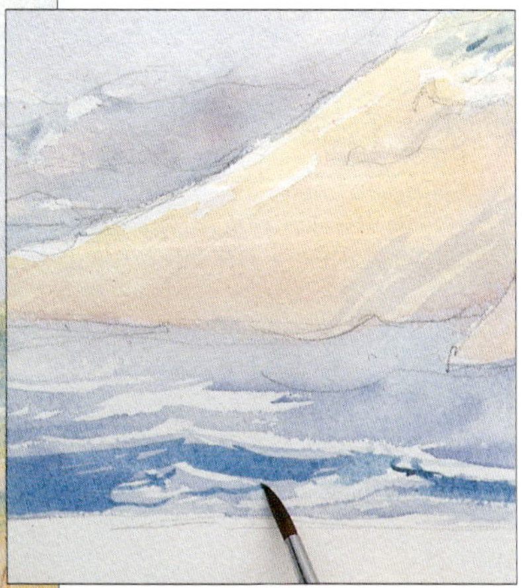

4 ◀ Attendez que la Sienne naturelle ait séché pour repasser un léger bleu de Prusse sur les arbres et l'herbe puis développez les ombres. Le pouvoir colorant de chaque pigment détermine la force du vert, né du mariage du jaune et du bleu.

COULEURS COMPLÉMENTAIRES

Quelle que soit la technique de peinture, l'harmonie des complémentaires joue un rôle primordial. Ainsi, si la couleur dominante de votre paysage est le vert, pour équilibrer votre composition, vous pouvez recouvrir un lavis vert clair d'un voile de rouge.

Dans le tableau ci-dessous, on a repassé un lavis rouge sur le ciel et le premier plan et posé quelques touches vives en contrepoint pour évoquer les coquelicots. Ce petit détail suffit à creuser la perspective et apporte une note chaude à cette scène dominée par des couleurs froides.

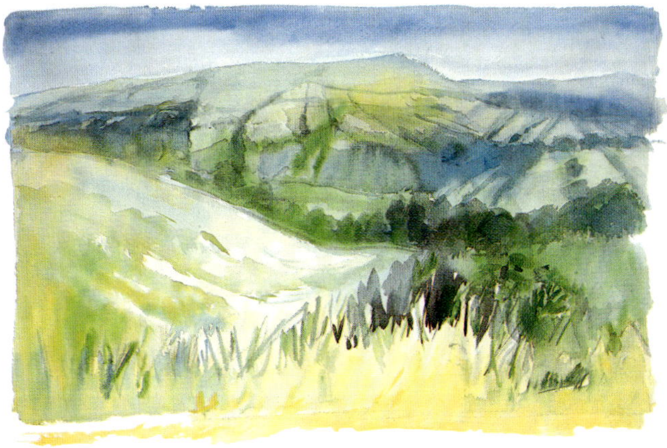

Paysage dans les tons bleus et verts

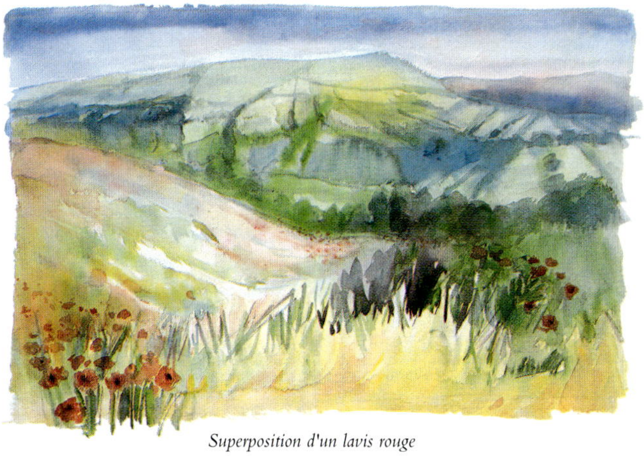

Superposition d'un lavis rouge

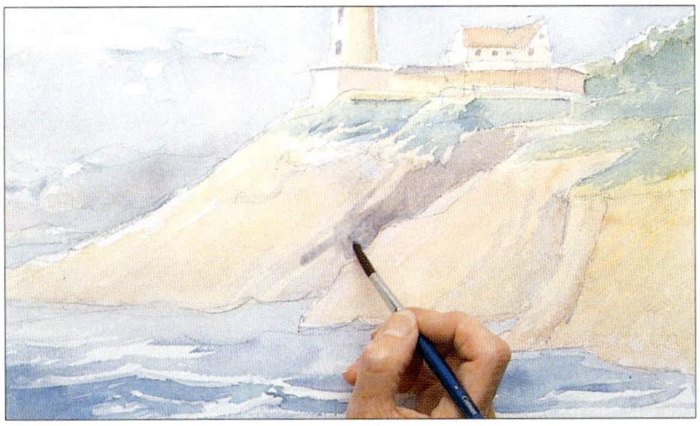

5 ◂ Foncez les flots en modelant les vagues du premier plan d'un lavis de bleu de Prusse mêlé d'indigo. Les couleurs semblent plus vives lorsqu'elles sont encore humides. Il vous faudra peut-être les renforcer légèrement une fois qu'elles auront séché.

Phare sur la côte

Quelques rehauts de bleu ont été ajoutés pour préciser les fenêtres du phare et donner plus de vigueur à certaines touches du premier plan.

Le blanc du papier est resté en réserve pour figurer les nuages et les façades de la maison.

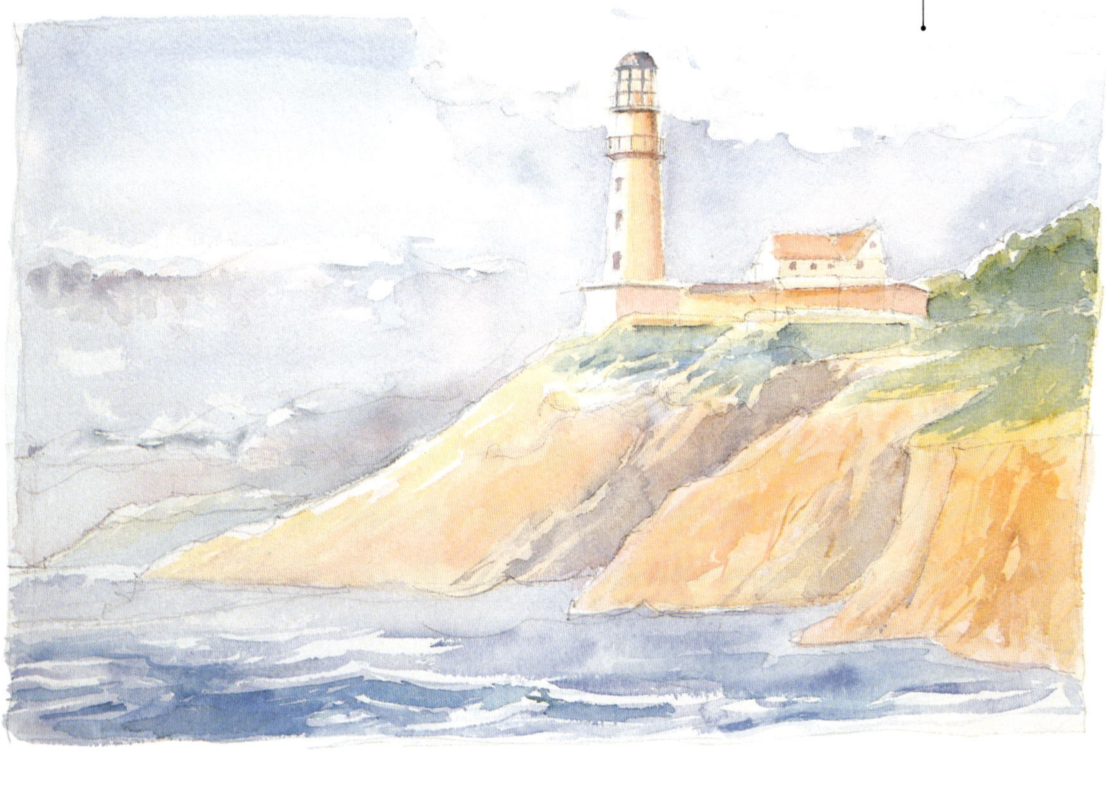

Matériel

Bleu de cobalt

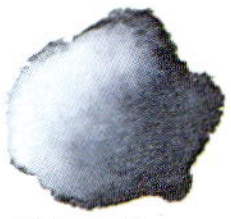

Gris de Payne

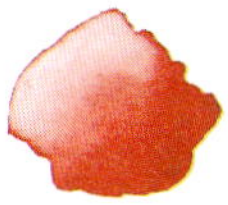

Alizarine cramoisie

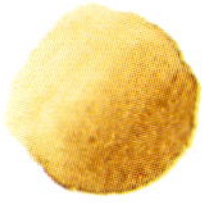

Sienne naturelle

Bleu de Prusse

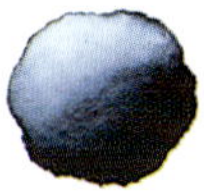

Indigo

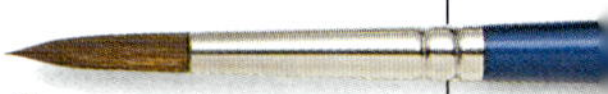

Pinceau en mélange martre/synthétique n° 8

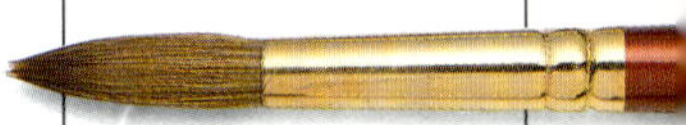

Pinceau en fibres synthétiques n° 12

ENLEVER LA COULEUR

QU'IL VEUILLE CRÉER DES EFFETS particuliers ou reprendre une touche, le peintre éprouve souvent le besoin de modifier les couleurs posées sur son tableau. Certaines techniques vous permettront d'enlever par endroits la couleur, qu'elle soit humide ou qu'elle ait déjà séché. Pour faire apparaître de petits motifs ou dégager des formes sur un grand lavis, au lieu de contourner ces parties, il est plus simple de les recouvrir. Par la suite, vous pourrez les éponger pour les éclaircir. Cette opération donne presque le même résultat sur fond humide ou sur fond sec mais, dans le second cas, il faudra travailler à la brosse dure pour éliminer le pigment.

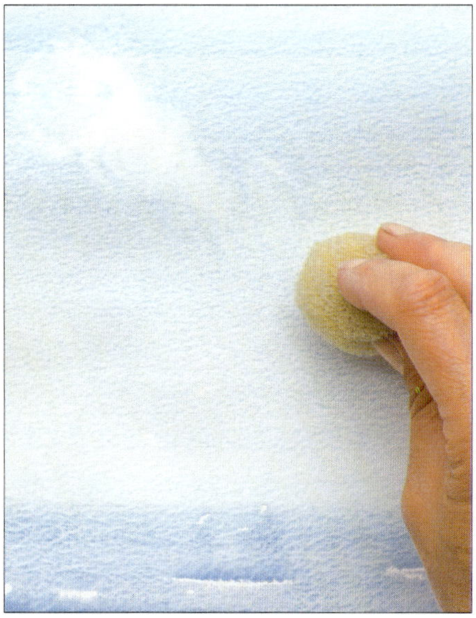

1 ◂ Étalez sur le ciel un mélange de bleu de céruléum et de mauve au pinceau moyen. Pour faire apparaître un nuage sur ce fond humide, passez d'un geste vif et vigoureux une éponge mouillée qui absorbera une touche de couleur.

2 ▸ Appliquez un lavis vert sur les rivages et foncez le ton pour traiter les reliefs de l'arrière-plan. Quand ce premier lavis est sec, modelez le rideau d'arbres à l'aide d'un pinceau fin à sortie longue. Vous reviendrez plus tard sur ces touches pour travailler à l'éponge sur fond sec.

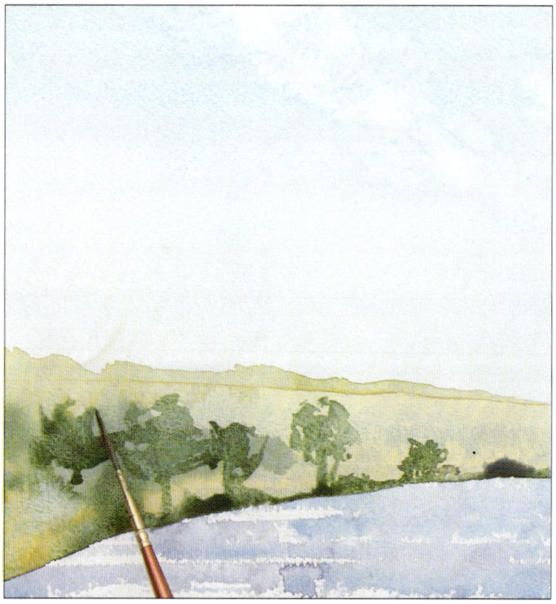

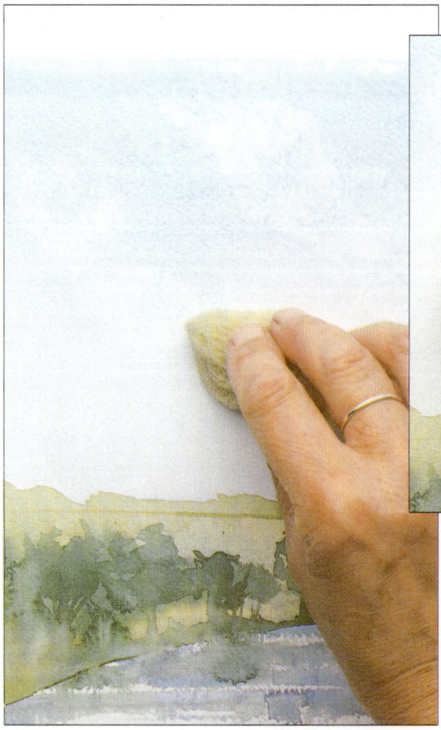

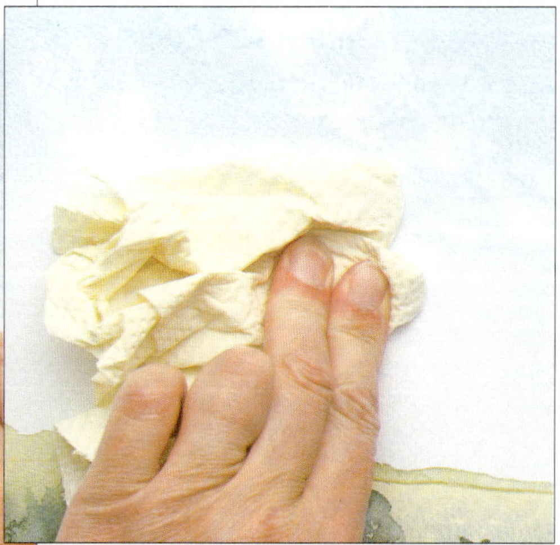

3 ◂ Humidifiez votre éponge et appuyez-la sans frotter sur le ciel pour diluer légèrement la couleur. Relevez l'éponge, appliquez un papier absorbant sur cette partie humide et retirez-le pour ôter la couleur. L'éponge a formé le motif du nuage.

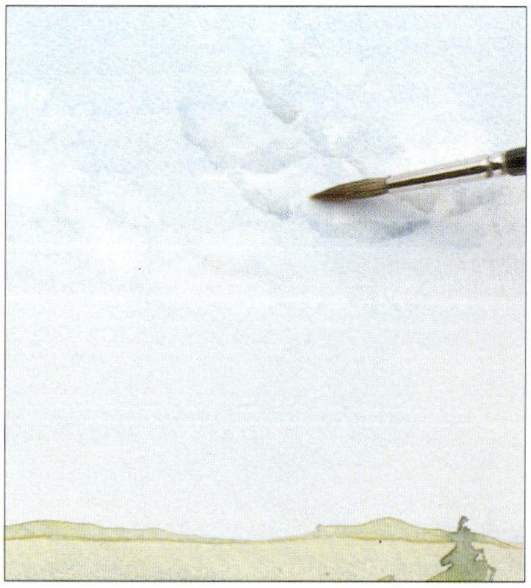

4 ▴ Pour accentuer la forme des nuages et texturer le ciel, mélangez du bleu de céruléum à la Sienne naturelle.
Au pinceau moyen, recouvrez le ciel de ce mélange et bordez le nuage de façon à créer des ombres et à lui donner du relief.

QUELQUES TECHNIQUES POUR ENLEVER LA COULEUR

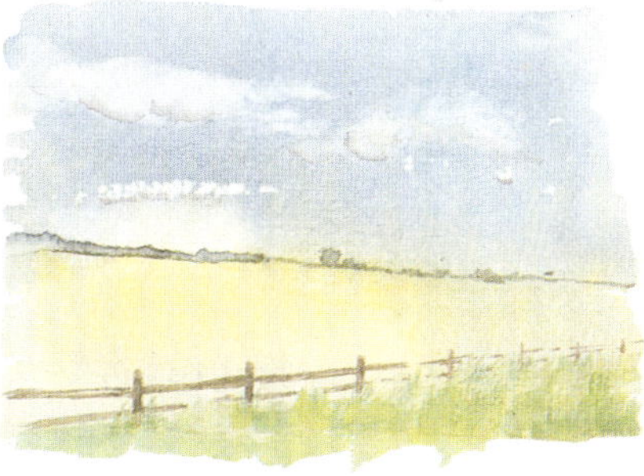

À la brosse dure, sur fond sec
Les nuages ont été modelés avec une brosse dure chargée d'eau, pour diluer la peinture. Pour éliminer le pigment sec, frottez sans abîmer le papier qui retiendra toujours une certaine quantité de peinture.

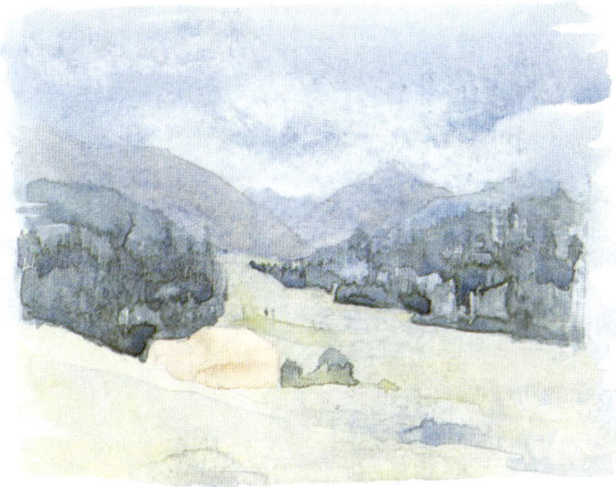

Au papier absorbant, sur fond sec
Après avoir dilué la peinture sèche du ciel à l'éponge, la couleur des nuages est éliminée au papier absorbant.

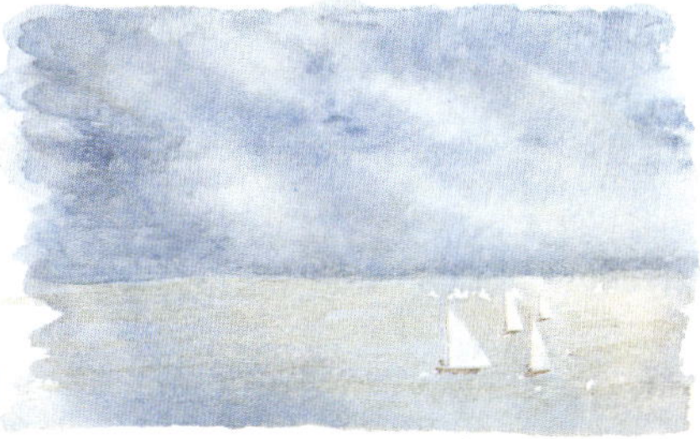

À l'éponge, sur fond humide
Ici, la couleur encore fraîche des nuages a été absorbée en frottant une éponge chargée d'eau sur le lavis bleu et en la relevant d'un geste sec. Cette technique produit un effet beaucoup plus diffus que les autres.

5 ▸ Chargez votre pinceau d'eau claire et passez-le doucement sur les parties à éclaircir. Profitez des coulures de l'eau sur le papier pour travailler du bout du pinceau les contrastes des arbres et préciser leurs contours. Certains pigments lourds s'enlèveront moins facilement que d'autres.

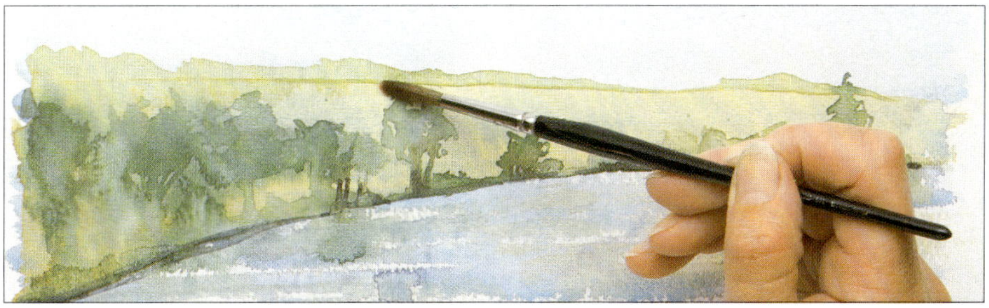

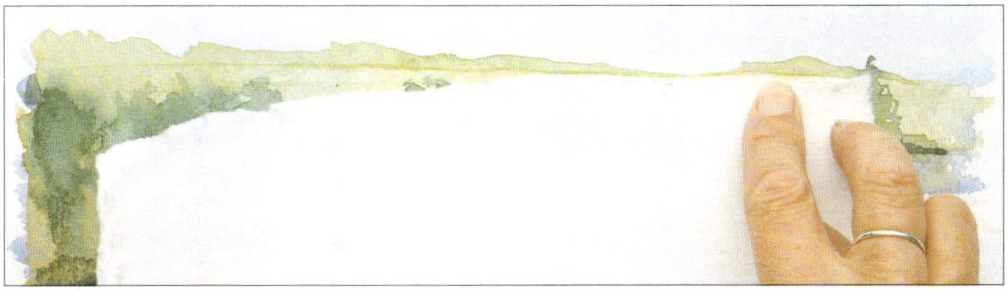

6 ◂ Appliquez brièvement une feuille de papier buvard sur les plages de couleurs humides, puis entre les arbres en prenant soin de toujours mouiller à l'eau claire les touches que vous souhaitez reprendre. Vous pouvez ainsi éliminer un arbre entier, par exemple.

Esquisse au bord de l'eau
Dans la version finale de cette étude, les touches éclaircies apparaissent très nettement sur les nuages, le tapis d'herbe du premier plan et les interstices des arbres. Cependant, il est difficile de discerner les parties travaillées sur fond sec de celles travaillées sur fond humide.
Ces techniques ne présentant aucune différence notable, vous pouvez choisir celle qui vous convient. Dans certains cas, il est plus commode de retoucher chez vous une esquisse exécutée en plein air.

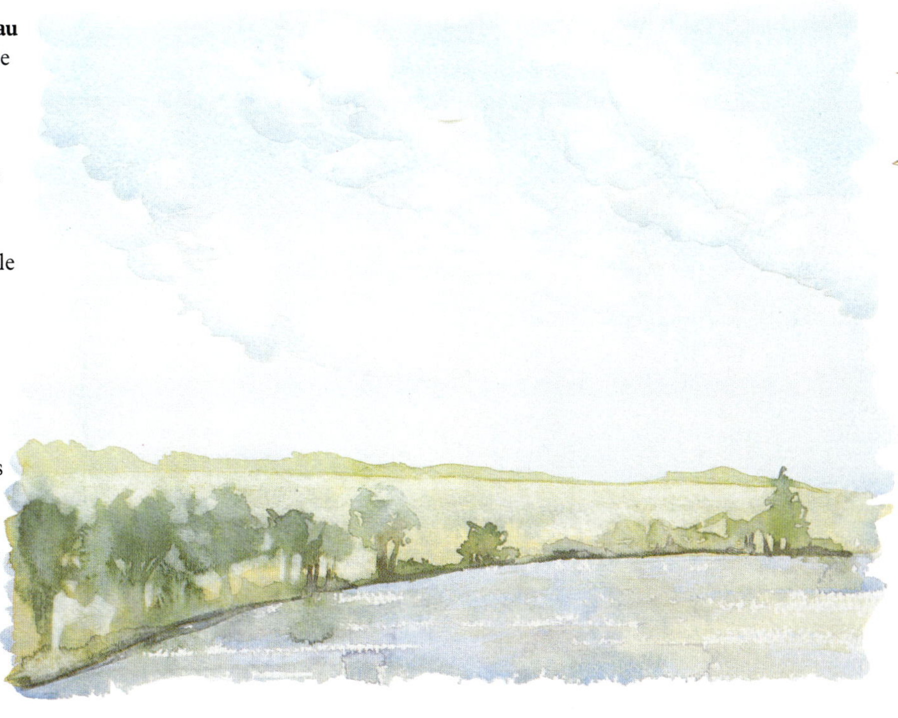

Matériel

Pinceau fin à sortie longue

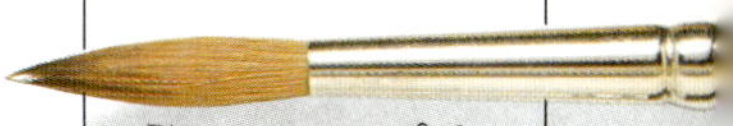

Pinceau en martre n° 6

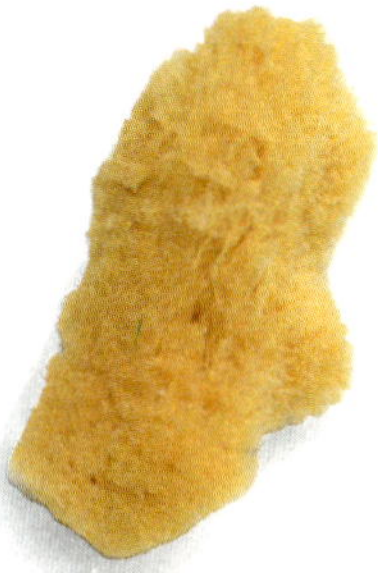

Éponge naturelle

Papier buvard

GRATTER LA COULEUR

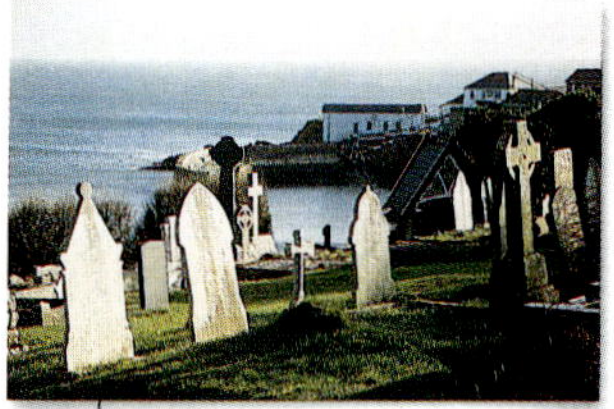

Cimetière de Cornouailles

LA TECHNIQUE DU *SGRAFFITE* consiste à gratter une touche de couleur pour retrouver le blanc du papier ou un lavis sous-jacent. Ce procédé de grattage, aussi efficace sur un lavis sec que sur une couleur encore fraîche, est utilisé pour faire surgir des rehauts et créer des effets de matière. Sur un fond humide, on gratte la peinture avec une lame tranchante en prenant soin de ne pas taillader le papier. Lorsque le pigment a séché, on racle sur la surface du tableau la forme que l'on souhaite dégager. La vigueur ou la délicatesse de votre geste déterminera l'aspect des motifs ainsi révélés.

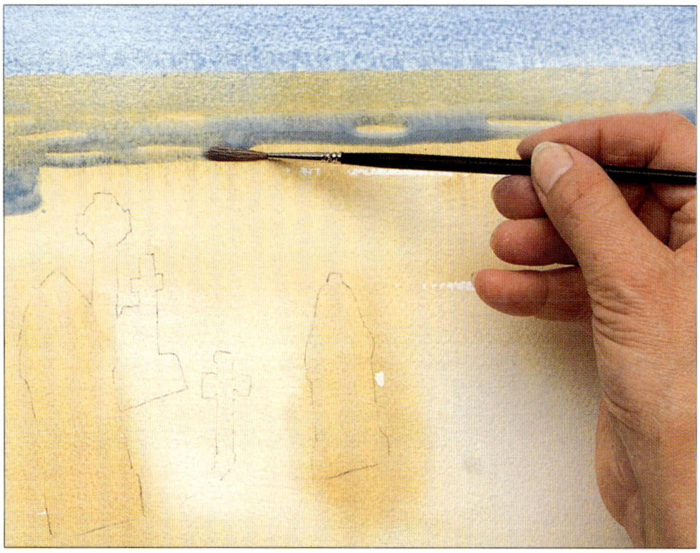

1 ◄ Sur un papier à grain torchon, étalez un lavis d'ombre naturelle à l'aide d'une brosse à lavis n° 22, en partant de l'horizon. En progressant vers le bas de la feuille, diluez votre mélange. Sur ce fond sec, dessinez d'un trait léger la forme des pierres tombales. Puis, avec un petit pinceau rond, recouvrez la feuille d'un glacis de bleu de céruléum en évitant les tombes. Appliquez le bleu en larges traces horizontales. Si, en séchant, cette teinte s'est trop éclaircie, repassez sur certains endroits.

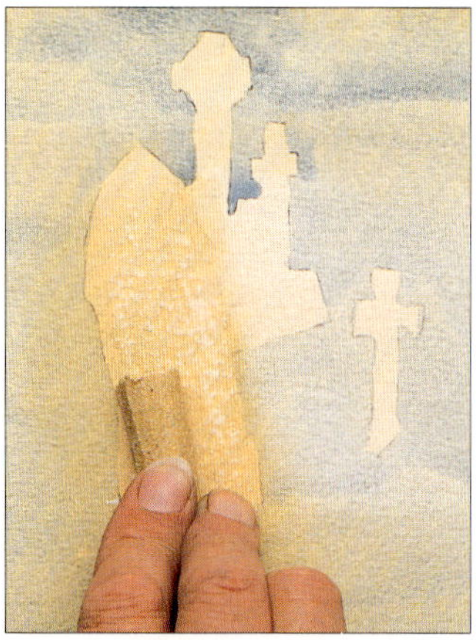

2 ▲ Lorsque le tableau est sec, enroulez un morceau de toile émeri autour de votre crayon et frottez délicatement les trois pierres du premier plan.

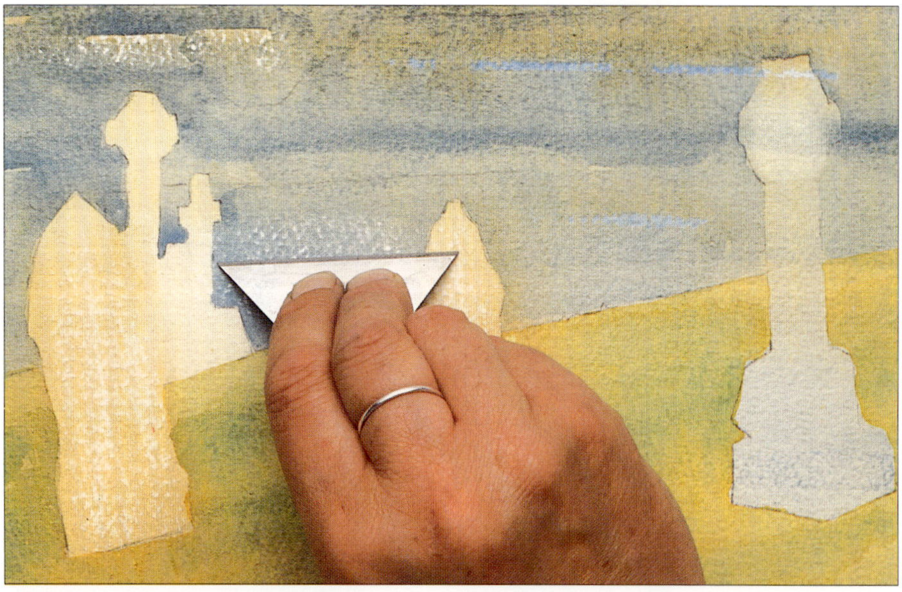

3 ▲ Développez les surfaces d'herbe en leur superposant plusieurs couches d'auréoline (jaune clair) et de bleu de céruléum. Laissez sécher les lavis avant de les recouvrir. Pour accélérer le travail, vous pouvez utiliser un sèche-cheveux. Avec une lame à racler, faites apparaître quelques pointes de blanc sur la mer en passant verticalement – ou horizontalement pour la crête des vagues – par petits coups secs.

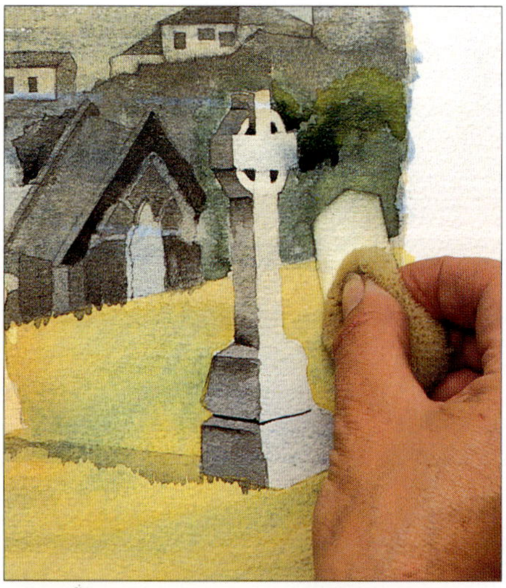

4 ▲ Élaborez un mélange de bleu de céruléum et de sépia, et traitez les détails de l'arrière-plan au pinceau fin. Enlevez la couleur de la pierre tombale de droite en la frottant doucement à l'éponge humide.

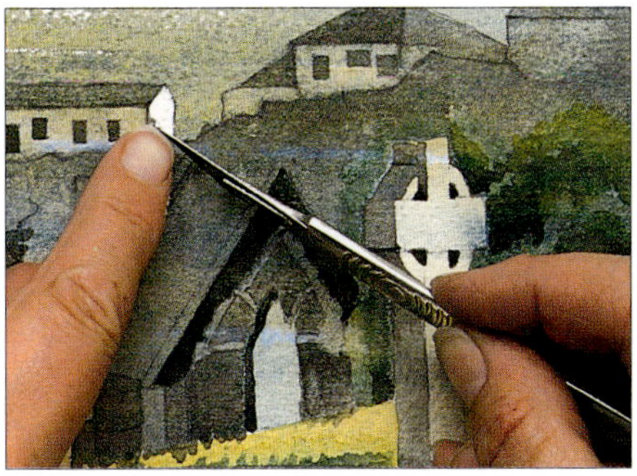

5 ▲ Retirez au scalpel une fine couche de papier sur la façade latérale de la maison, de façon à découvrir le grain sans couper le papier. Utilisez une lame fine ou une pince à épiler pour retirer le papier.

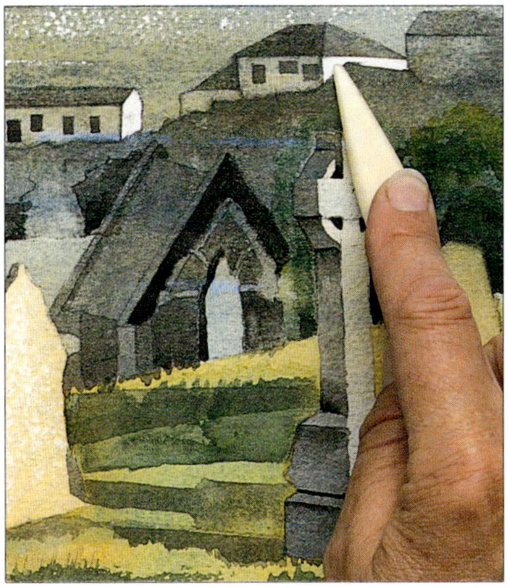

6 ◀ Recommencez l'opération pour l'autre maison. Cette technique abîme quelque peu le grain du papier. Lissez la surface découverte au brunissoir, ou à défaut en frottant le revers de l'ongle. Cette opération est essentielle si vous comptez repasser une couleur sur ces parties éraflées.

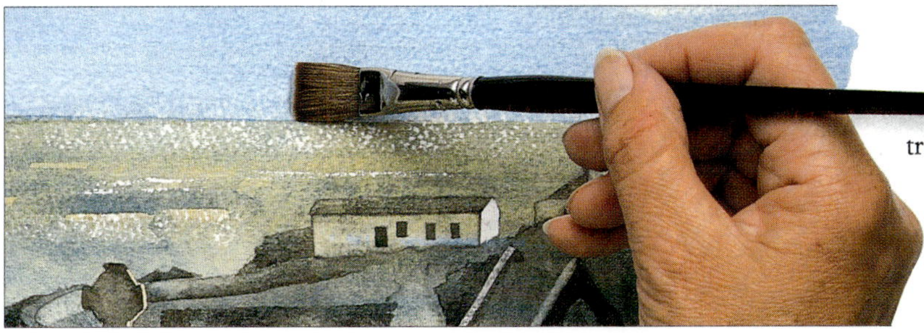

7 ◀ Pour éclaircir le bleu de l'horizon et donner de la profondeur au tableau, trempez une brosse à lavis dans l'eau claire et passez-la sur les parties à modifier. Laissez l'eau pénétrer le papier.

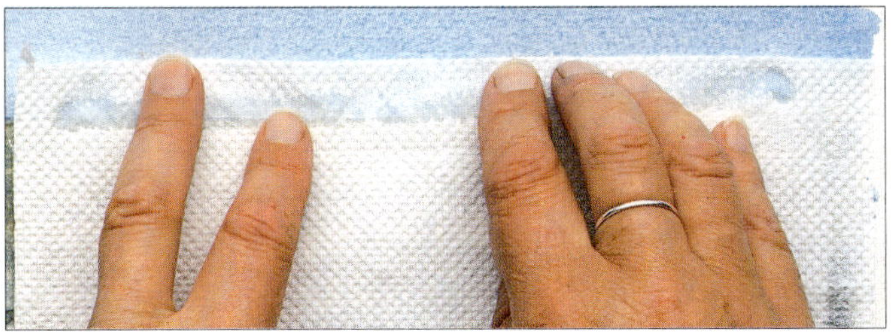

8 ◀ Sur cette surface encore humide, appliquez un papier absorbant puis relevez-le d'un geste sec pour enlever des touches de couleur. Si vous désirez éclaircir davantage l'horizon, faites rouler une petite boule de mie de pain sur la peinture fraîche. Ce matériau enlève encore mieux le pigment.

Le tableau terminé
Pour achever son œuvre, l'artiste a utilisé le manche d'un pinceau pour texturer l'herbe du premier plan sur fond humide. Puis, elle a frotté la peinture sèche des pierres tombales à la toile émeri pour faire ressortir leur aspect granuleux.

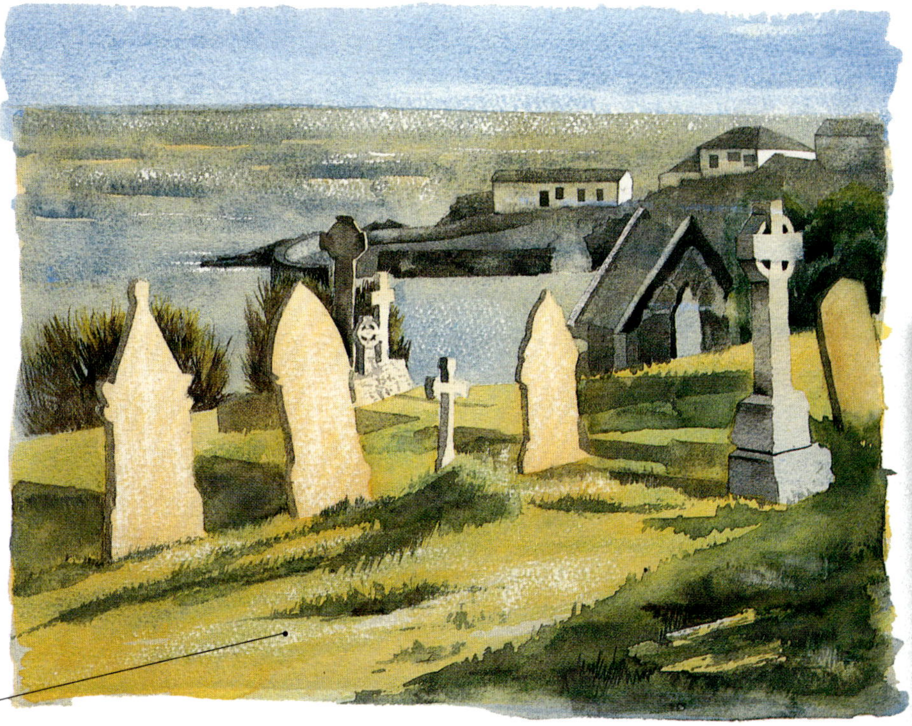

L'herbe, grattée à la toile émeri, laisse percer le grain grossier du papier.

Matériel

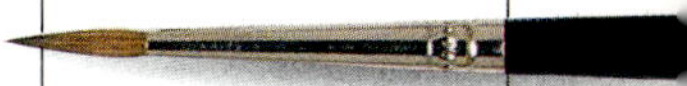

Pinceau rond synthétique n° 8

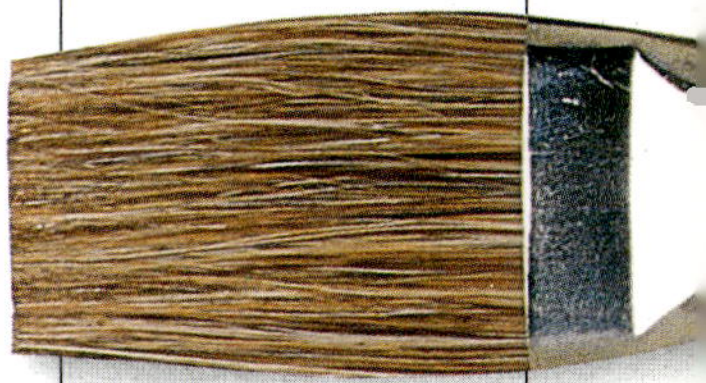

Brosse à lavis n° 22

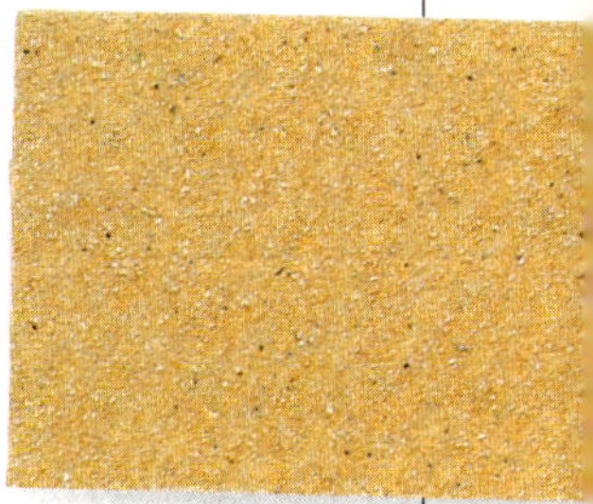

Toile émeri à grain moyen

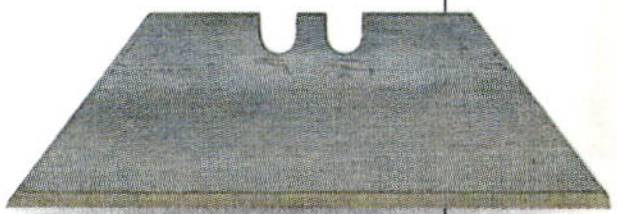

Lame à racler

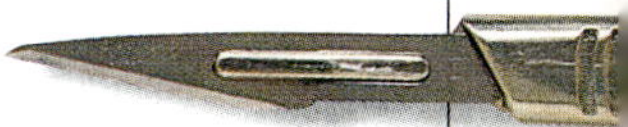

Scalpel

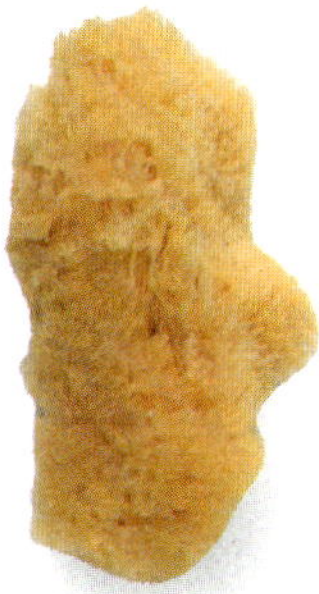

Éponge naturelle

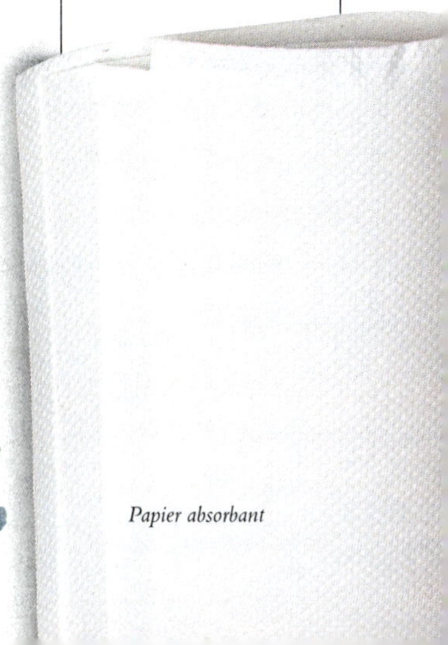

Papier absorbant

POSER DES RÉSERVES

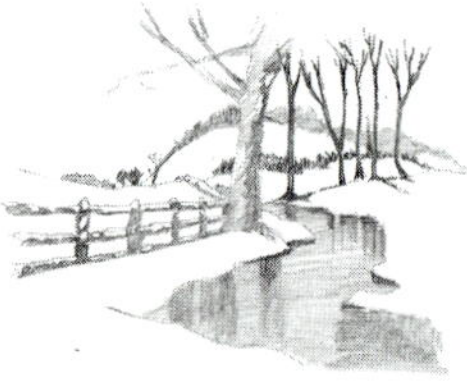

Esquisse au crayon

POUR PROTÉGER CERTAINES PARTIES en cours de réalisation, sans modifier la surface originale, on utilise des masques opaques, le plus courant étant la gomme liquide. Lorsque cette pellicule a séché et que vous l'avez recouverte de lavis, il suffit de la frotter pour l'éliminer et faire reparaître la réserve ainsi ménagée. La gomme liquide sert surtout à créer des rehauts sur le papier nu ou bien à protéger une touche claire que vous souhaitez entourer de couleurs plus sombres.

POSER LA GOMME LIQUIDE

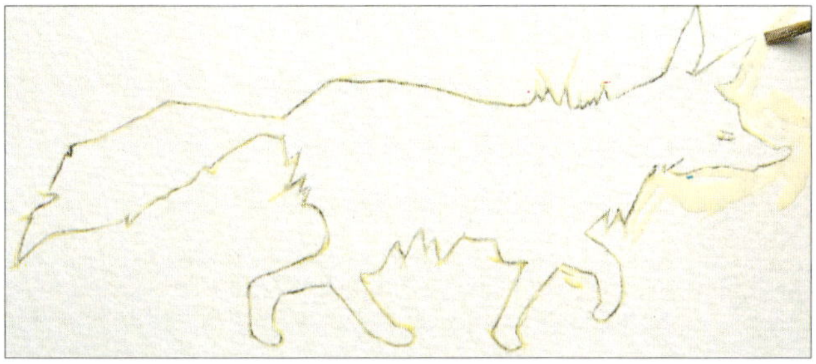

1 *Esquissez au crayon le profil d'un renard et appliquez la gomme liquide autour de cette forme. Nous procédons par étapes, avec une plume fine sur les rebords, puis au pinceau pour le reste de la feuille.*

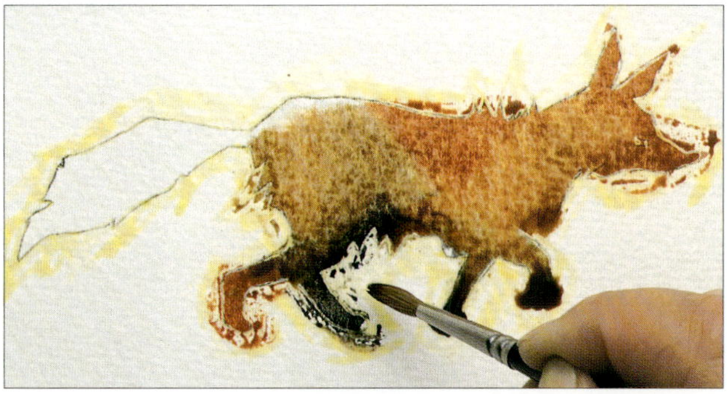

2 *Laissez sécher cette réserve puis humidifiez la forme du renard pour faire fondre les couleurs. Étalez un premier lavis de Sienne brûlée, d'écarlate de cadmium et de gris de Payne.*

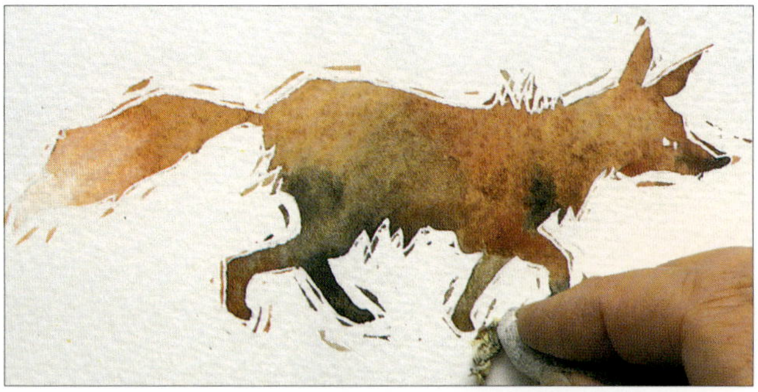

3 *Lorsque ce lavis est sec, éliminez délicatement la pellicule élastique en frottant, soit avec une gomme mastic ou de caoutchouc soit du bout du doigt. Les traits de crayon s'effaceront du même coup.*

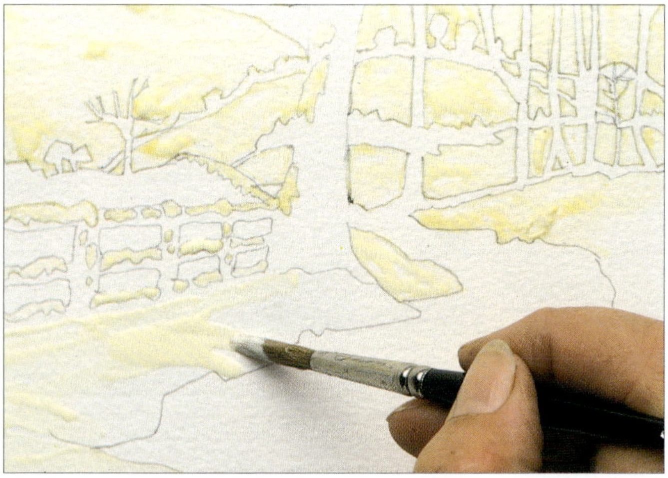

1 ▲ Tracez au crayon les lignes de votre paysage, puis recouvrez les formes que vous souhaitez protéger de gomme liquide. Appliquez-la avec un vieux pinceau, car cette opération abîme la tirure. Si vous choisissez un bon pinceau, protégez-le en frottant la touffe de poils au savon avant de commencer. Nettoyez toujours votre pinceau à l'eau savonneuse après cette opération.

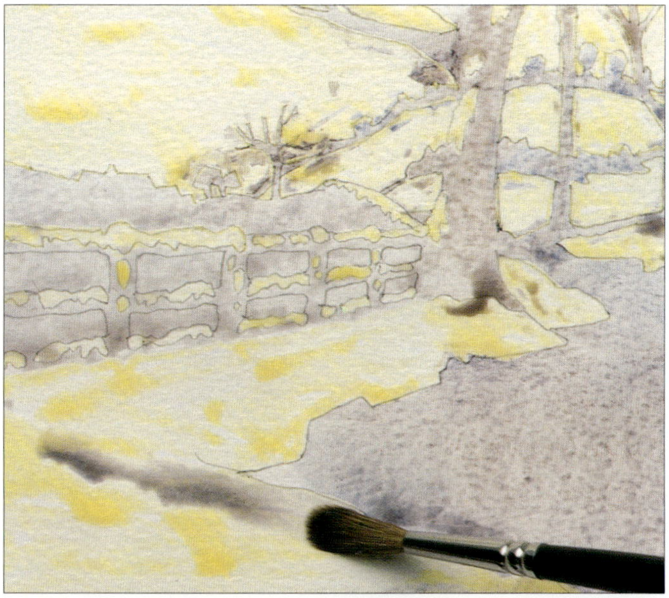

2 ▲ Laissez sécher la pellicule de gomme ou passez un sèche-cheveux pour accélérer le processus. Avec un pinceau moyen, étalez un lavis de bleu de cobalt et de Sienne brûlée sur les parties découvertes.

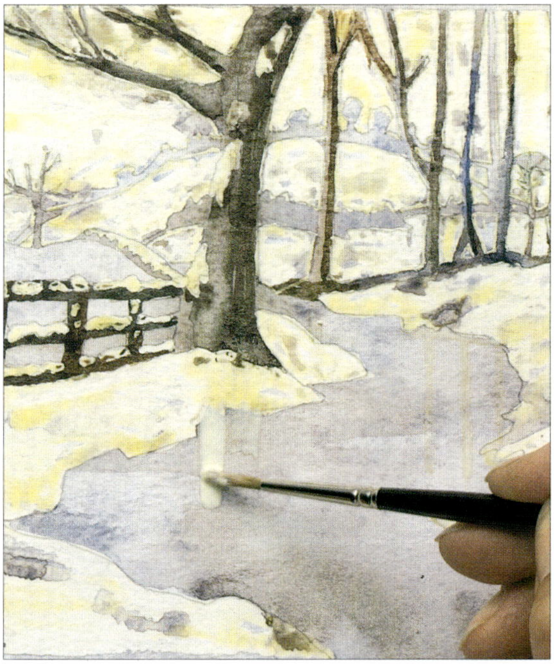

3 ▲ Peignez les arbres et la barrière en superposant des lavis de Sienne brûlée et de gris de Payne. Travaillez toujours sur des lavis secs. À l'aide d'un pinceau usé, masquez ensuite quelques touches pour figurer les reflets sur la rivière. Dès que vous avez fini d'étaler le fluide, rincez le pinceau à l'eau tiède savonnée pour bien démêler les poils.

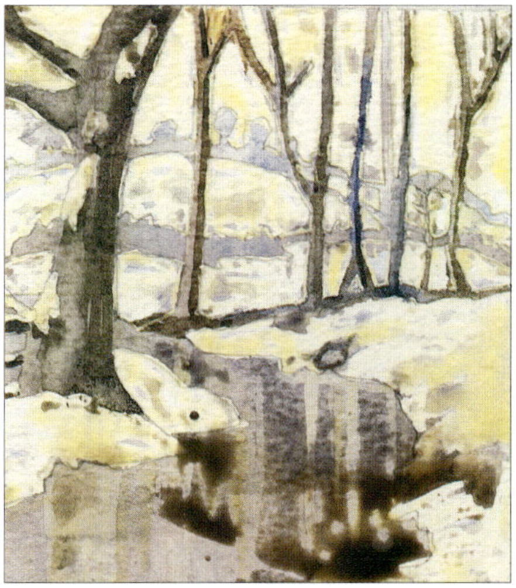

4 ▲ Faites sécher la pellicule au sèche-cheveux. Vérifiez du bout du doigt qu'elle soit bien sèche, puis ombrez les reflets de la rivière avec un mélange de Sienne brûlée et de bleu de cobalt.

ENTRETENEZ VOS PINCEAUX

Choisissez un vieux pinceau pour poser la gomme liquide et lavez toujours vos outils à l'eau savonneuse tiède entre deux applications. Si vous utilisez un pinceau en bon état, enduisez la touffe de poils de savon pour la protéger et éviter que le fluide ne se dépose à la base de la virole et ne poisse la tirure. Le second pinceau a été traité, alors que le premier a subi tous les outrages de la gomme liquide !

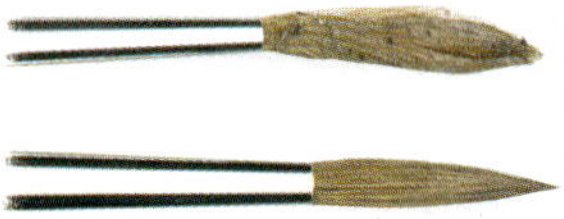

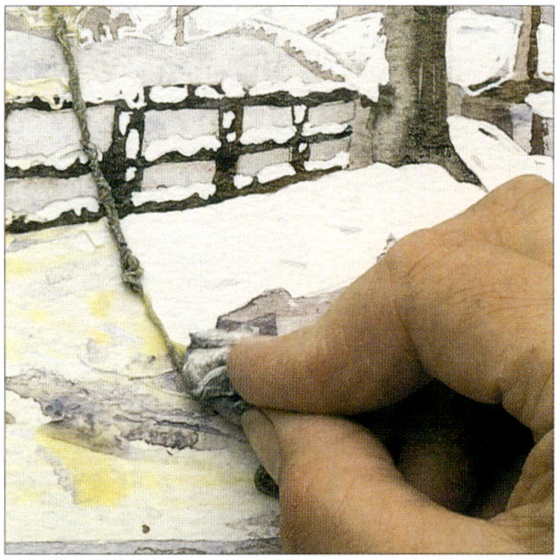

5 ◀ Éliminez la pellicule à la gomme mastic ou de caoutchouc. Achevez votre tableau en passant sur le ciel un mélange d'alizarine cramoisie, de bleu de cobalt et de Sienne brûlée.

La gomme liquide précise les contours tranchés des formes protégées. Cet effet est particulièrement saisissant sur cette barrière recouverte de neige.

Le ciel, masqué dès la première étape, est traité en fin d'exécution.

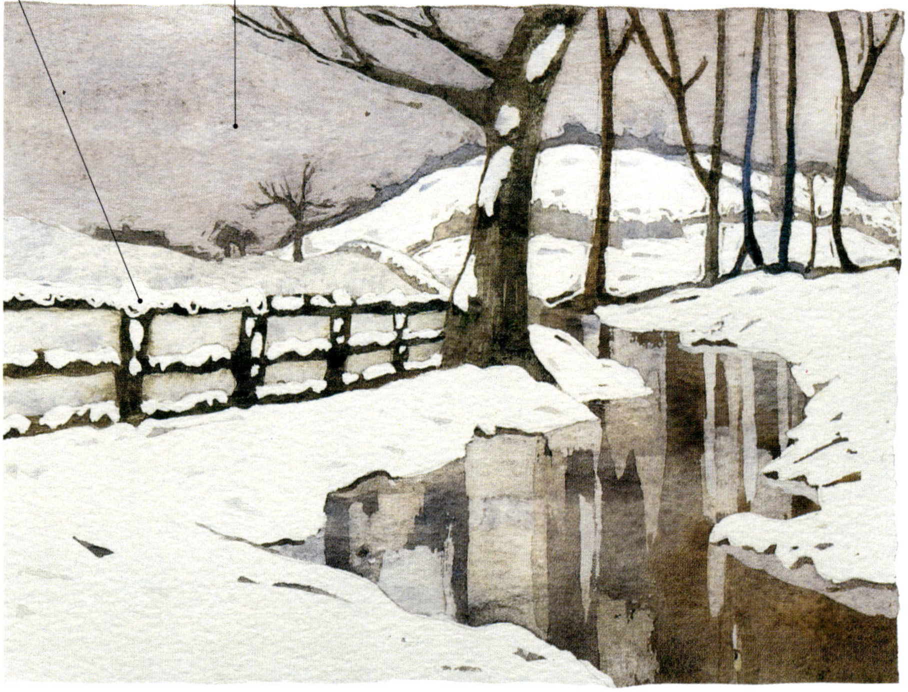

Paysage d'hiver
Lorsque l'on enlève la pellicule de gomme, le blanc du papier reparaît et les traits de crayon s'effacent.

Matériel

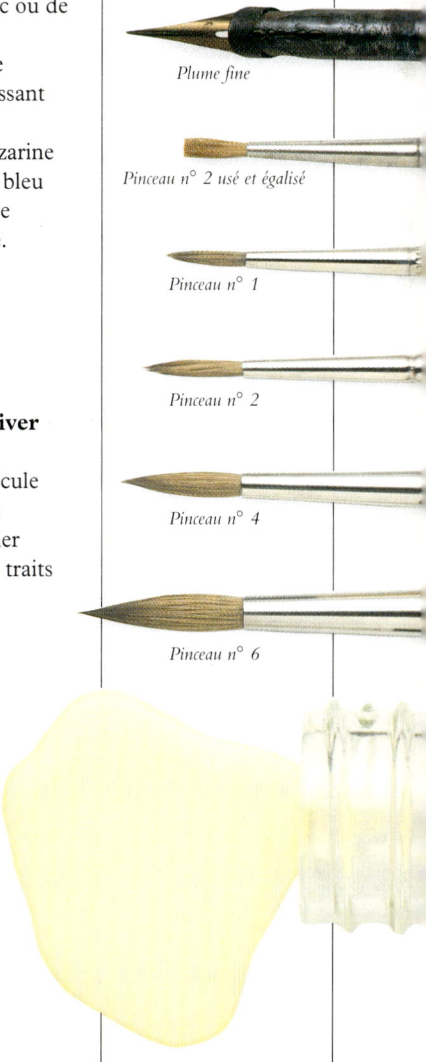

Plume fine

Pinceau n° 2 usé et égalisé

Pinceau n° 1

Pinceau n° 2

Pinceau n° 4

Pinceau n° 6

Gomme liquide

Autres Techniques de Réserves

Outre la gomme liquide, d'autres matériaux comme la gouache, la cire ou la gomme arabique permettent de réserver certaines parties. Chacun produit des résultats quelque peu différents et, de plus, la gouache et la gomme arabique doivent être décollées à l'eau claire. Ces techniques altèrent par conséquent les couleurs et il faudra forcer la teinte des parties destinées à être masquées. Par ailleurs, en enlevant les réserves à l'eau, les contours des formes se brouillent, alors que la gomme liquide laisse un profil net. Si vous choisissez la gouache, utilisez du blanc, couleur inoffensive pour les lavis.

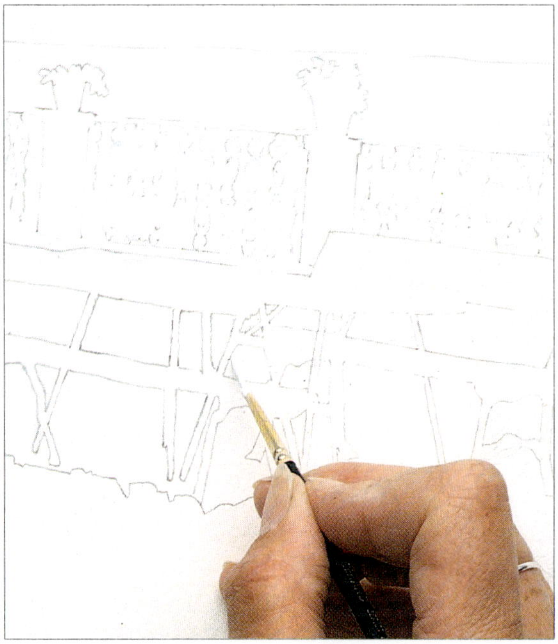

1 ▲ Avant de poser une réserve de gouache, dessinez les détails du balcon sur un papier à gros grain et délimitez les parties à réserver. Préparez un mélange épais de gouache blanche et recouvrez la balustrade et les pots de fleurs au pinceau très fin. Traitez le sol du balcon avec un pinceau plus épais.

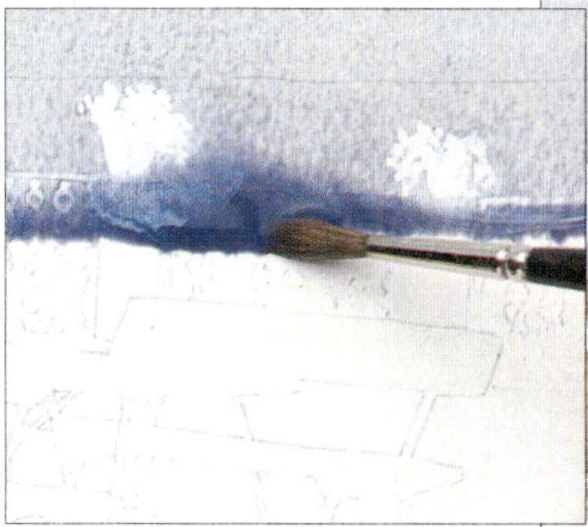

2 ▲ Lorsque la gouache est sèche, recouvrez le ciel d'un lavis concentré de bleu de cobalt et d'ombre brûlée au pinceau n° 6. Forcez la teinte, car elle sera éclaircie lorsque vous décollerez le masque de gouache. Ici, le lavis adhère mal à la gouache.

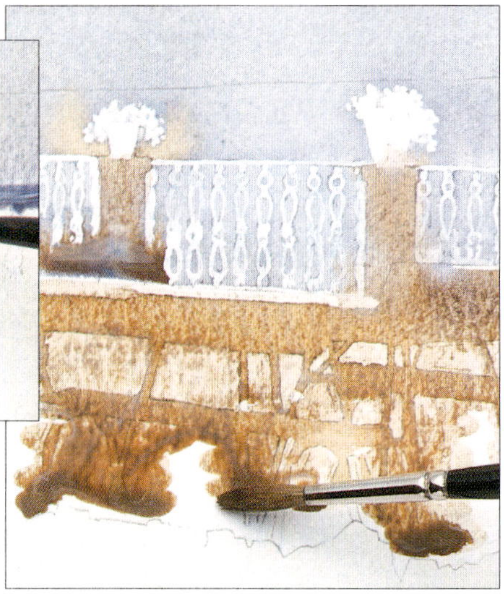

3 ▲ Quand le bleu est sec, appliquez un voile d'ombre brûlée sur les colonnes et le banc. Travaillez d'un geste rapide sans recouvrir la gouache.

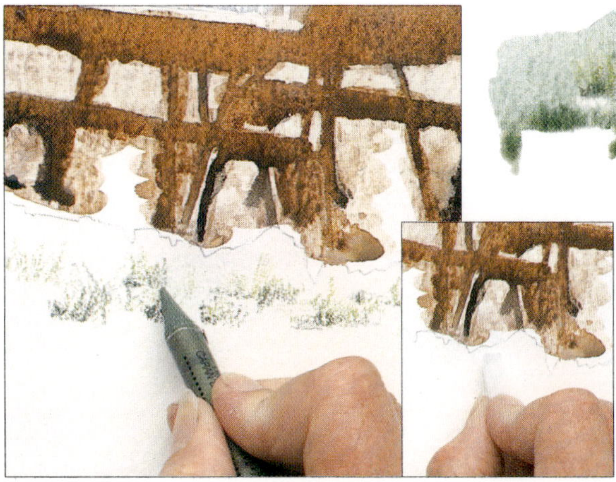

4 ◄ Posez maintenant un masque de cire en frottant une bougie sur le premier plan. Dessinez les brins d'herbe au crayon, puis revenez sur ces détails en utilisant des bâtons de peinture à l'huile vert olive et vert clair. La bougie et les bâtons de peinture repousseront les lavis.

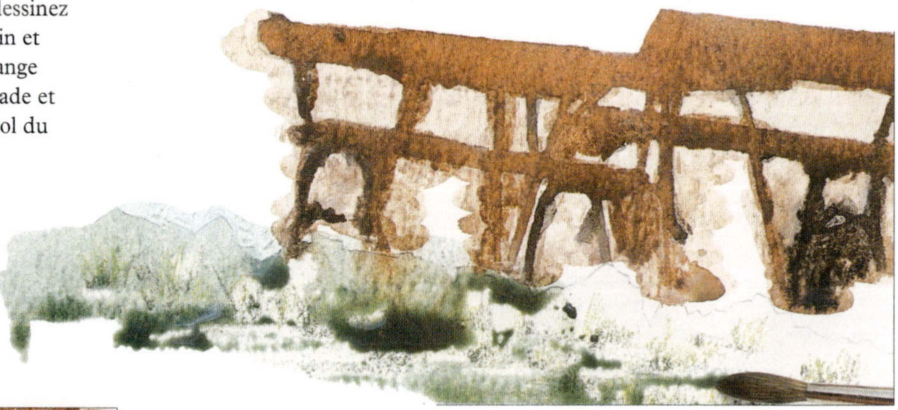

5 ▲ Préparez un lavis épais d'ombre brûlée et de vert émeraude et passez franchement cette couleur au premier plan. Ici encore, la peinture fuit les masques de cire. Une fois sèche, on distinguera imperceptiblement les brins verts et blancs de l'herbe.

6 ▸ Superposez un nouveau lavis de bleu et d'ombre pour foncer les collines de l'arrière-plan. Laissez sécher. Trempez quelques secondes tout le tableau dans l'eau et épongez délicatement la surface. Cette opération, à laquelle resteront insensibles les masques de cire, décollera la gouache et éclaircira les couleurs. Tendez maintenant votre papier sur un support et laissez sécher.

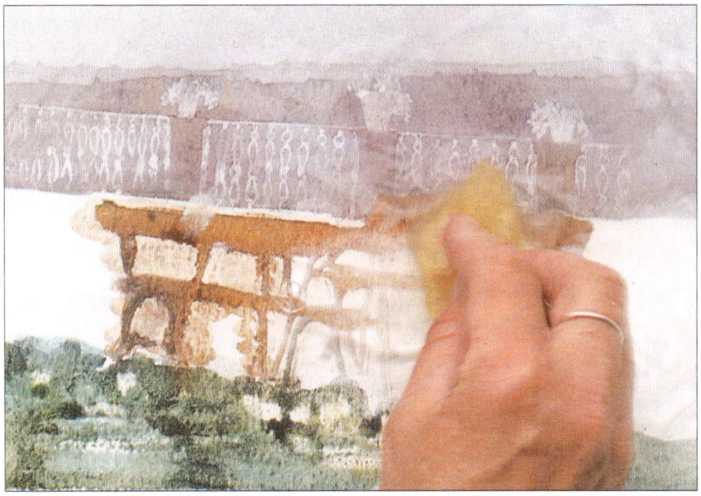

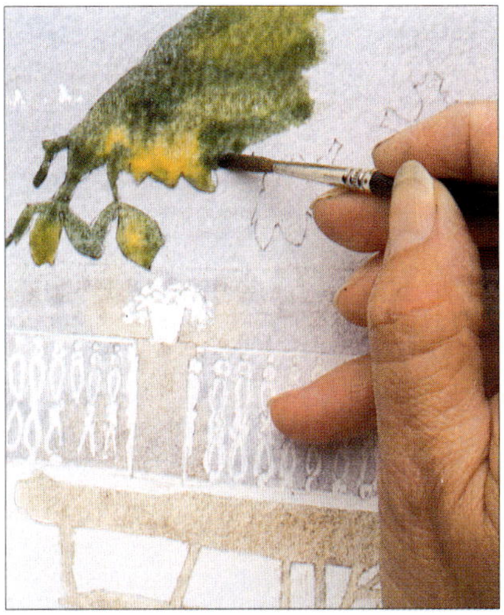

7 ▲ Avant de poser un masque de gomme arabique, assurez-vous que le tableau soit bien sec. Dessinez au crayon le profil des branchages. Élaborez un mélange de vert émeraude et de jaune de cadmium additionné, à proportions égales, de gomme arabique et d'eau. Appliquez-le sur les feuilles d'un geste ample, sans craindre de mordre sur le ciel dont les détails pourront par la suite être décollés.

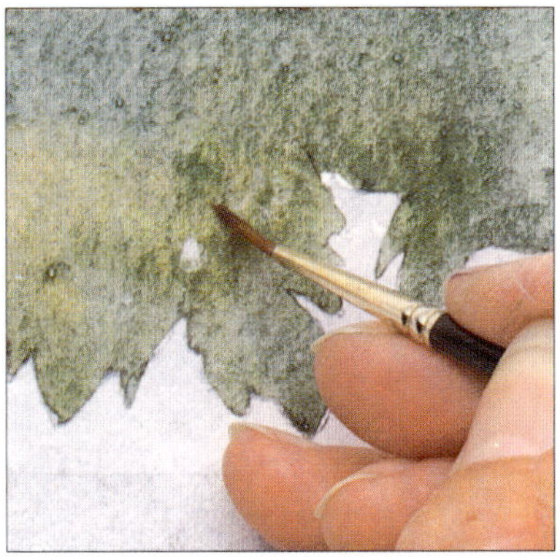

8 ▲ Laissez sécher cette couche de peinture qui, sous l'effet de la gomme arabique, semble briller. Plongez un pinceau fin dans l'eau et traitez une partie du feuillage que vous décollerez par la suite pour laisser percer le ciel ; laissez l'eau imbiber le papier.

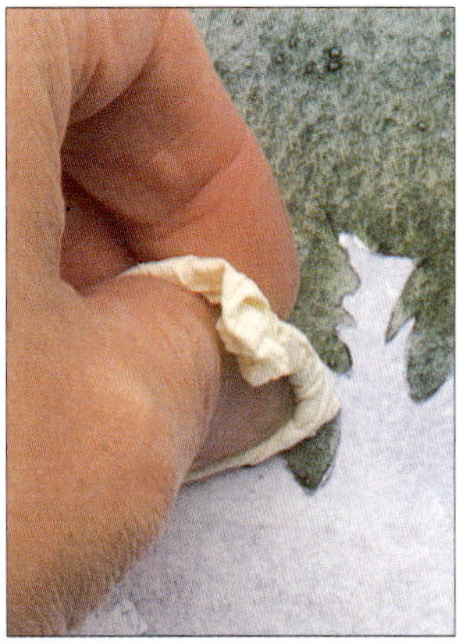

9 ▲ Tamponnez un papier absorbant sur cette partie humide et enlevez la peinture verte qui se décollera facilement grâce à la gomme arabique, sans altérer la sous-couche de bleu.

Matériel

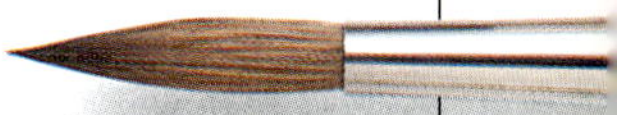

Pinceau n° 6

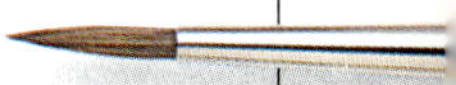

Pinceau n° 1

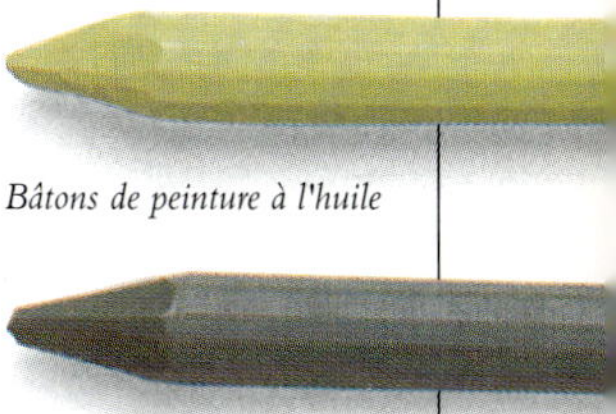

Bâtons de peinture à l'huile

Bougies de cire

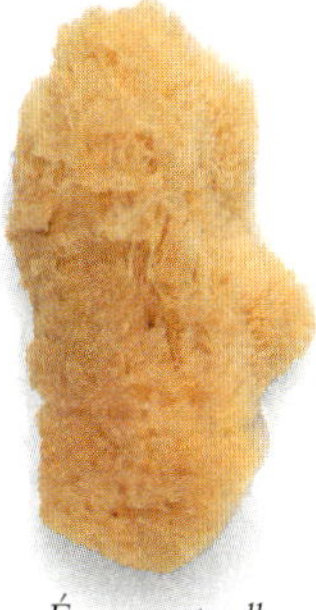

Éponge naturelle

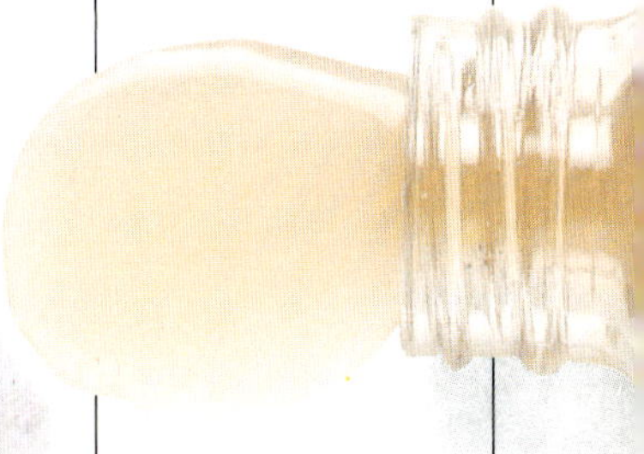

Gomme arabique

Dernières retouches

Le « lavage » enlevant la couche superficielle de peinture, on garde les détails pour la fin. Les fleurs sont modelées à l'écarlate de cadmium. À la dernière étape, les colonnes et les bancs sont foncés et on ajoute les ombres.

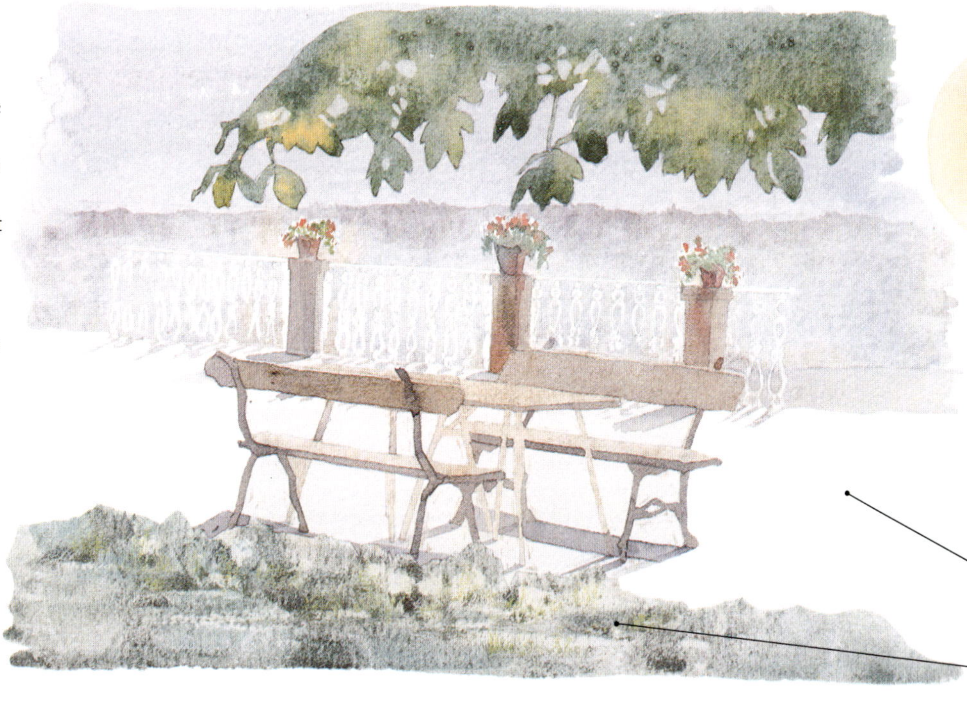

La gouache blanche ne laisse pas de traces sur le papier, mais repousse les autres couleurs. Les contours des formes protégées sont plus floues qu'avec la gomme liquide.

Le masque de cire produit de riches effets de matière sur l'herbe.

EXPLOITER LA GOUACHE

LA GOUACHE est une peinture solide à l'eau dont la caractéristique principale, l'opacité, prend le pas sur la transparence des couleurs à l'aquarelle. Ses multiples atouts en font un outil privilégié pour effectuer des rehauts ou procurer à l'aquarelle une uniformité de ton doublée d'un beau fini mat. Elle est d'ordinaire appliquée généreusement sur le support de façon à créer un effet d'empâtement. C'est cette opacité qui lui permet de s'accommoder d'un papier mi-teinte ou teinté.

LA GOUACHE ÉTANT UTILISÉE en couches plus épaisses que l'aquarelle, la pellicule de peinture offre une plus grande élasticité. Elle s'étale facilement et supporte d'être décollée avec délicatesse pour obtenir des effets mats et opaques. La composition de la gouache est très proche de celle de l'aquarelle ; pourtant, certains aspects de sa fabrication confèrent aux couleurs une meilleure solubilité, qualité qui accepte les superpositions, repeints et repentirs...

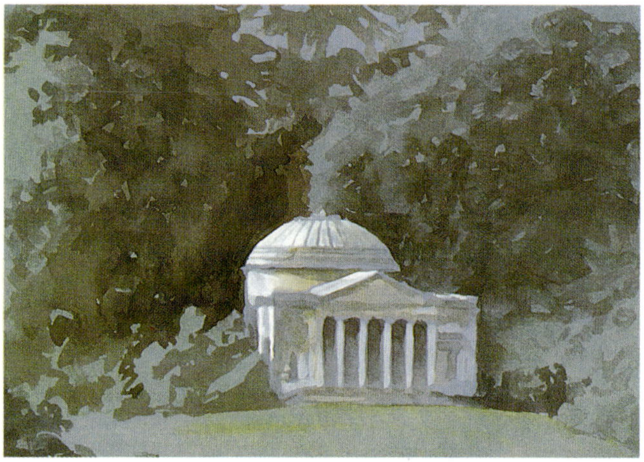

Rehauts
La gouache est associée à l'exécution de rehauts, en particulier pour mettre en valeur les détails d'un édifice. Grâce à son opacité, elle se marie à l'aquarelle. La gouache blanche *(ci-contre)* donne ici forme et vie à un monument qui, peint à l'aquarelle, se serait sans doute limité à une architecture sans relief, quelque peu figée dans un espace à deux dimensions.

GOUACHE ET SUPERPOSITIONS

La gouache appartient à la famille des peintures à l'eau dont elle a hérité des qualités et atouts : bien diluée pour obtenir des effets aquarellés ou appliquée en couches plus épaisses pour ajouter un ton uniforme et mat à un détail du tableau, ou encore lui donner texture et matière... nombreuses sont les applications de cette peinture ajoutée aux effets particuliers qu'elle autorise.

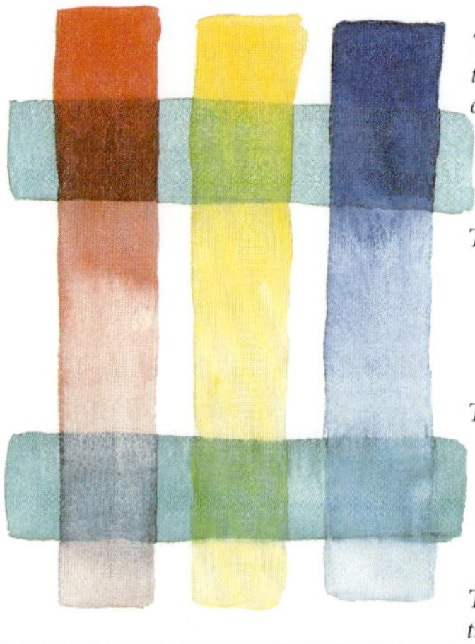

Papier mi-teinte
La gouache donne de bons résultats sur un papier légèrement teinté, la couleur de fond servant à unifier l'ensemble. Pour obtenir ces effets, esquissez le sujet à grands traits puis peignez les tons clairs en ajoutant une touche de couleur à la gouache blanche. Enfin, exécutez les tons foncés en diluant légèrement le mélange. Certes, ce procédé s'apparente à la peinture à l'huile, mais le rendu en est bien différent : il révèle une matité incomparable, subtilement nuancée d'un aspect crayeux.

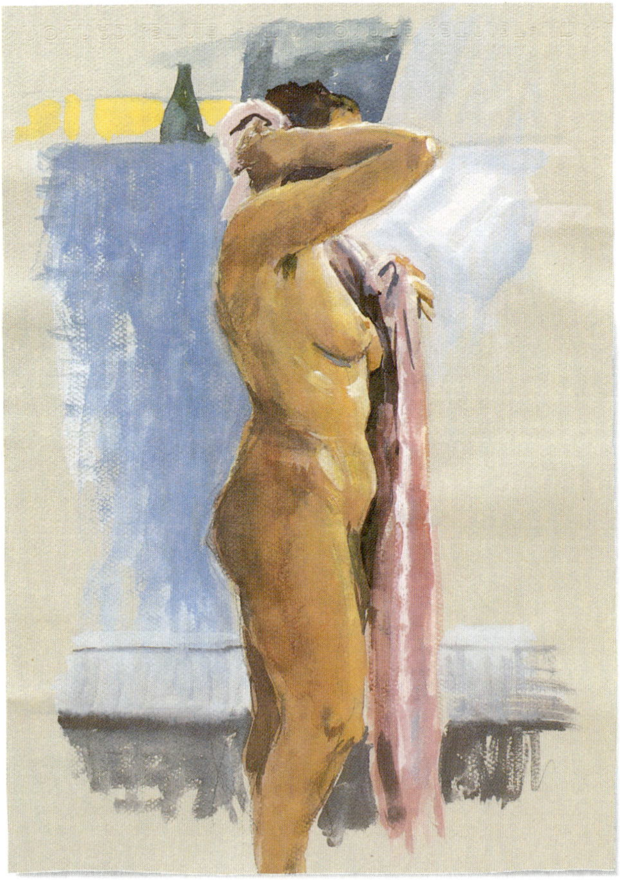

Une forte proportion de pigment
La gouache doit son opacité à sa composition qui révèle une proportion de pigment plus forte que celle utilisée en aquarelle. Elle convient très bien à l'exécution de lavis et peut se substituer à l'aquarelle, en termes de coût comme de qualité.

Mais ce double atout cache un défaut : pour certaines couleurs, il est impossible d'obtenir une brillance satisfaisante sans avoir recours à des pigments très fugaces.

Si les gouaches fines ont la faveur des illustrateurs, dont les œuvres sont par définition destinées à être reproduites, elles sont à proscrire en peinture d'art, les couleurs devant résister à l'épreuve du temps. Veillez donc, avant tout achat, à contrôler le degré de permanence de la couleur indiqué sur votre tube de gouache.

Pour une peinture universelle
La gouache et ses multiples applications offrent plus de possibilités que l'aquarelle traditionnelle tout en étant plus faciles à manier. De tous temps, elle se prêta avec un égal bonheur à bien des sujets, des miniatures persanes et indiennes aux grandes études pour l'huile. À cet égard, la coutume est d'appliquer la gouache à la brosse en soies de porc, surtout adaptées aux mélanges comme à la dispersion du pigment.

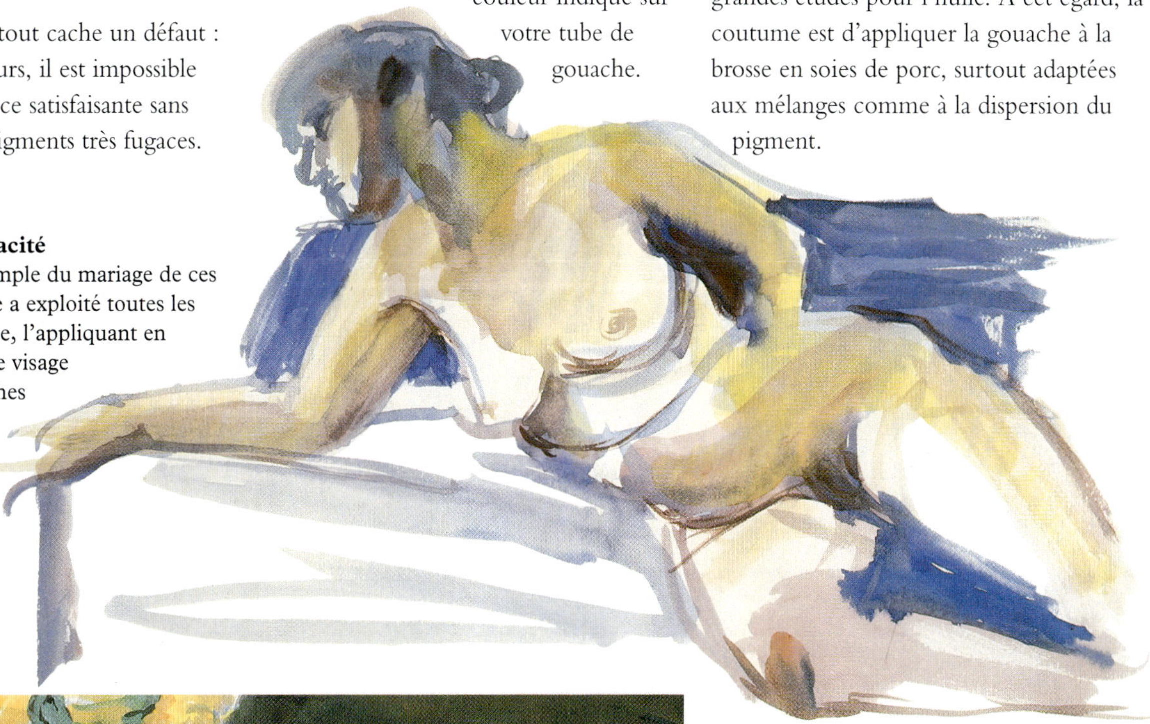

Transparence et opacité
Ce nu est un bon exemple du mariage de ces deux aspects. L'artiste a exploité toutes les richesses de la gouache, l'appliquant en couches épaisses sur le visage et le buste ou en touches très diluées sur les jambes. Toutefois, ce sont plus les qualités traditionnelles de cette peinture à l'eau que son opacité qui ont inspiré le peintre.

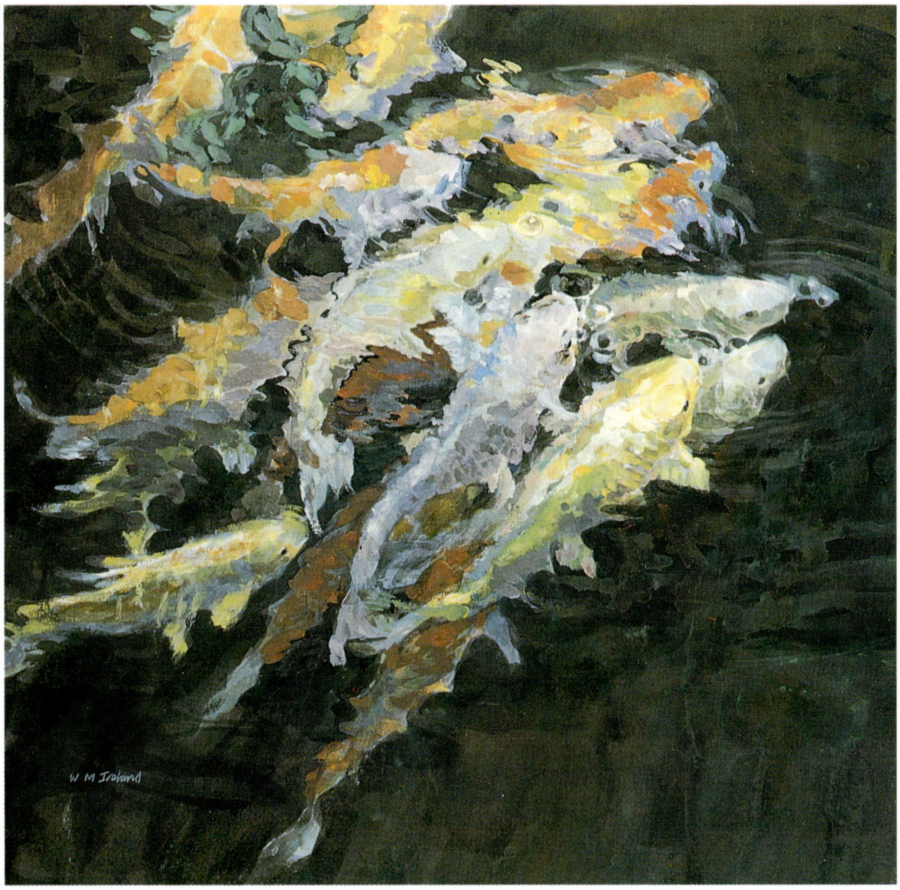

Si la gouache peut s'utiliser seule, en touches légères ou épaisses comme l'illustrent les deux exemples de cette page, elle se conjugue fort bien à l'aquarelle. Quelques artistes contemporains ont su jouer de ces singuliers accords de transparence et d'opacité, juxtaposés sur une même peinture pour en dévoiler toutes les différences et les similitudes.

Empâtements
Comme la peinture à l'huile, la gouache peut être utilisée en couches épaisses mais elle sèche plus rapidement. L'artiste est ici fasciné par les couleurs du monde aquatique et il use tout naturellement d'une peinture à l'eau pour suggérer le miroitement des poissons se dérobant sur la surface. C'est la gouache qui confère au tableau sa richesse et sa densité, deux qualités échappant aux peintures transparentes classiques.

Regards sur LES TECHNIQUES

L'ÉVENTAIL DES TECHNIQUES de l'aquarelliste n'a d'autres limites que celles de son imagination. Vous explorerez vous-même de nouvelles manières de manipuler et d'appliquer la peinture. Il existe mille et une techniques, matières et textures empruntées à l'imagination créatrice de célèbres artistes : citons les nombreuses façons d'exécuter un lavis, d'éponger, de racler ou d'enlever la couleur, l'emploi de la peinture humide sur humide et diverses méthodes de masquage. De la brosse à dents au balai d'essuie-glace, rares sont les objets qui ont échappé à la fantaisie exubérante des peintres.

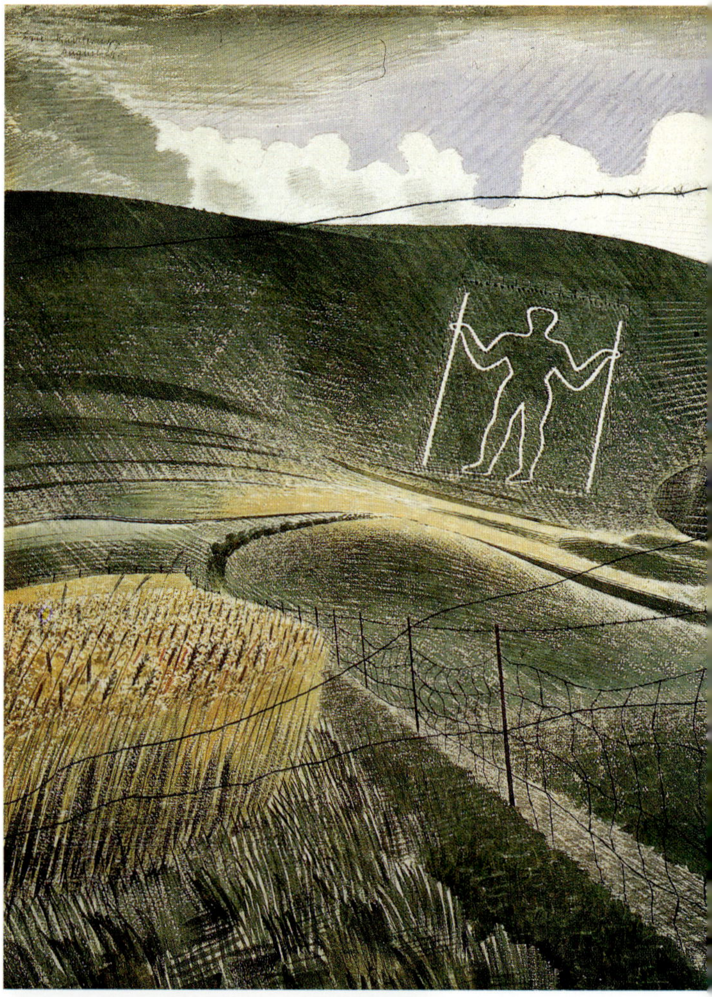

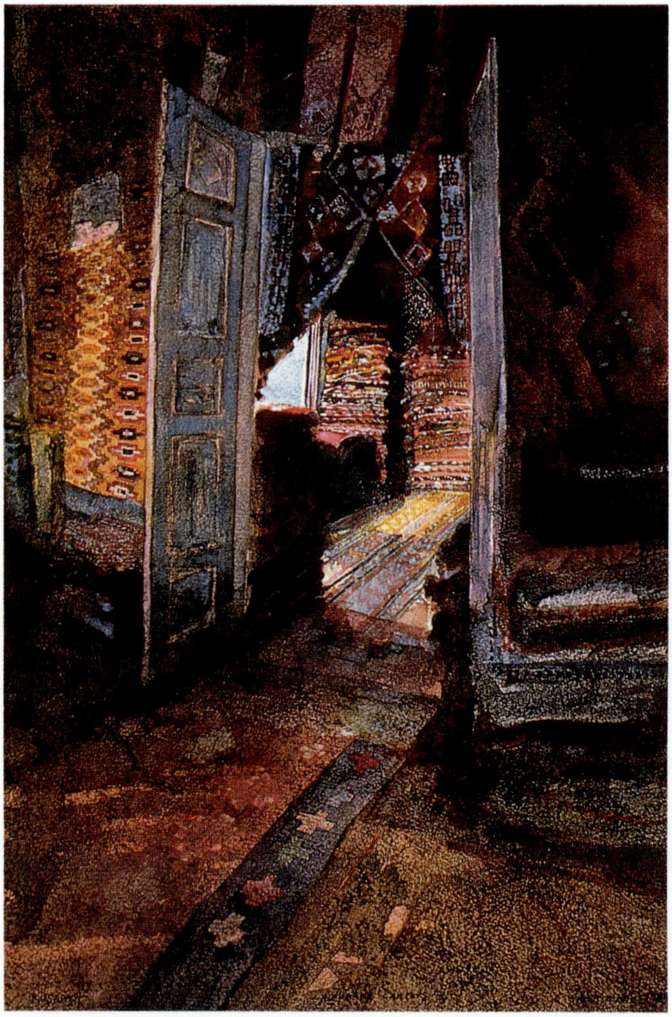

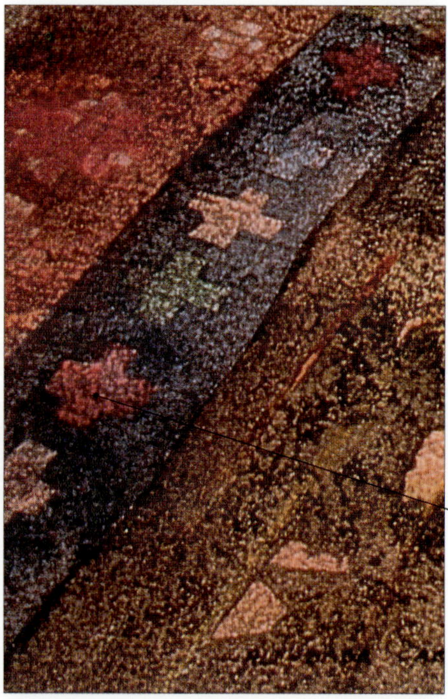

Ces motifs géométriques apparaissent dans tout le tableau, jusque sur les tapis. Les couleurs, à la fois sourdes et vibrantes, traduisent l'extraordinaire richesse héritée d'un procédé inventé par l'artiste : l'ajout d'encre et de gomme à la peinture permet de rehausser les effets de matière et de mettre en valeur ces *kilims* dans un espace tridimensionnel.

Phillip O'Reilly, *Le Magasin de tapis Ali Baba*, Kusadasi.
Cette peinture use d'effets de texture et de vifs contrastes de tons pour créer un motif. O'Reilly se plaît à bâtir son œuvre en commençant par les teintes foncées pour finir par les couleurs claires, comme en attestent ici la fenêtre et le tapis inondés de soleil qui constituent les ultimes touches de la démarche de l'artiste.

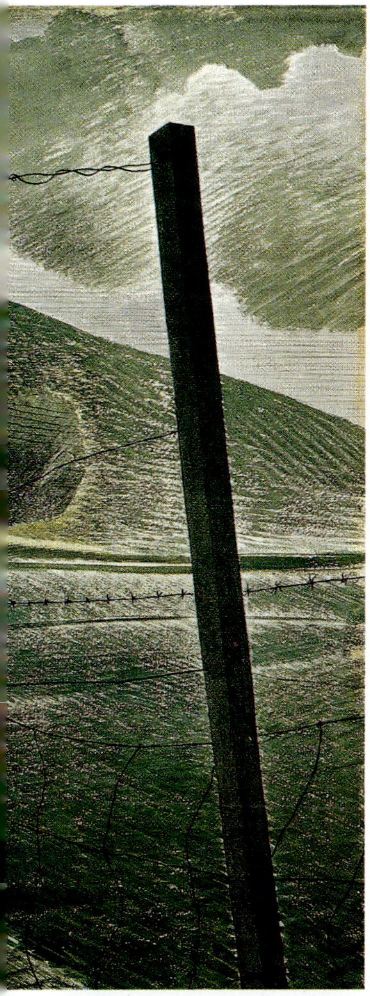

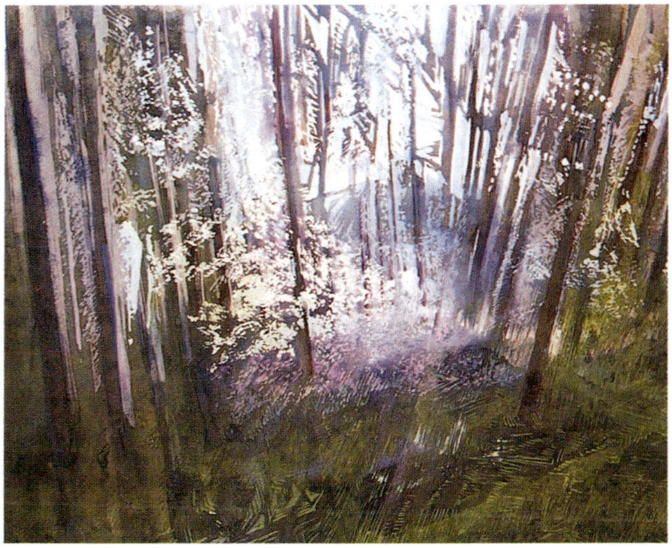

Phillip Fraser, *Clairière.*
Tous les effets de cette œuvre sont crées par la gomme liquide dont l'usage transparaît dans les contours vifs et nets des arbres : on peut en effet y distinguer le passage du fluide qui, une fois séché, protège le papier de la peinture et crée cette alternance de lumières diffuses et de couleurs.

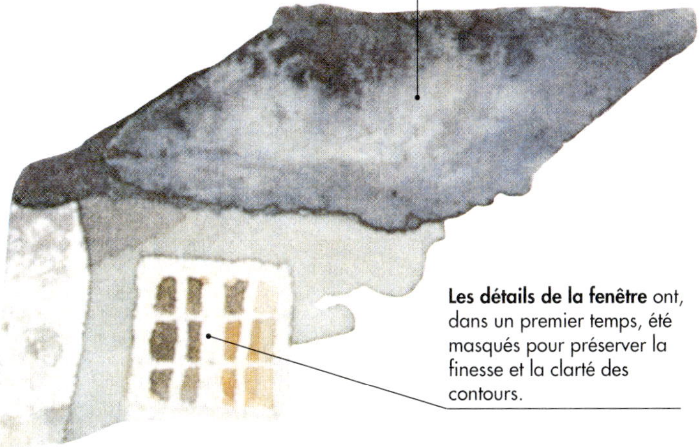

Eric Ravilious, *Le Géant de Wilmington*, 1939.
L'imposante clôture de fil de fer se découpant au premier plan inspire le gigantisme de la scène ; elle chemine au loin pour guider irrésistiblement notre regard vers l'empreinte du géant gravée sur les hautes plaines crayeuses du Sussex. Le masque de cire utilisé dans ce tableau permet de repousser par endroits la couleur et de produire les effets de volume et de matière recherchés par l'artiste.

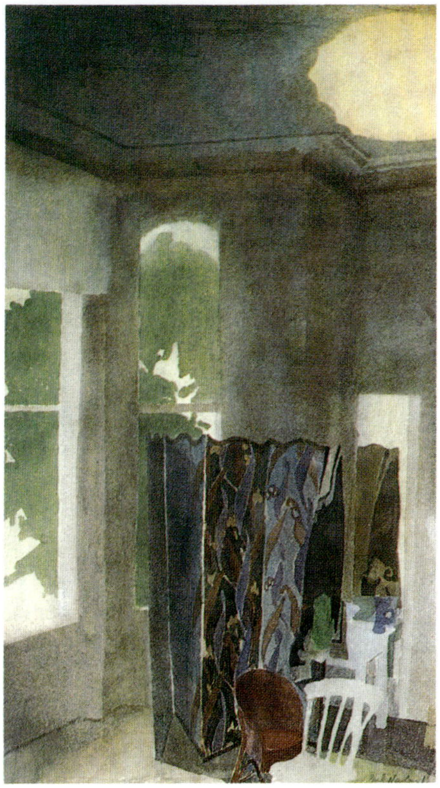

Paul Newland, *Paravent sous la lumière.*
Cet univers intime, entre la peinture d'atmosphère et la scène d'intérieur en demi-teintes, permet à l'artiste d'explorer les secrets du motif et de la forme. Sa technique consiste à poser de simples aplats de couleurs sur des endroits bien délimités du tableau, tout en laissant çà et là le papier nu jouer de sa luminosité pour exprimer la puissance du soleil.

Colin Kent, *Nuit tombante sur un cottage.*
Kent se sert de papier à grain très fin pour créer ses propres surfaces. Les outils hétéroclites rivalisent d'originalité : ici, une plume dessine les vitres de la chaumière, là un rouleau à papier peint déroule le ciel, plus loin, un chiffon imbibé de peinture module quelques formes… Dans ce bric-à-brac artistique, même les balais d'essuie-glace n'ont pu, se soustraire à l'inventivité du peintre et à sa soif d'effets inédits.

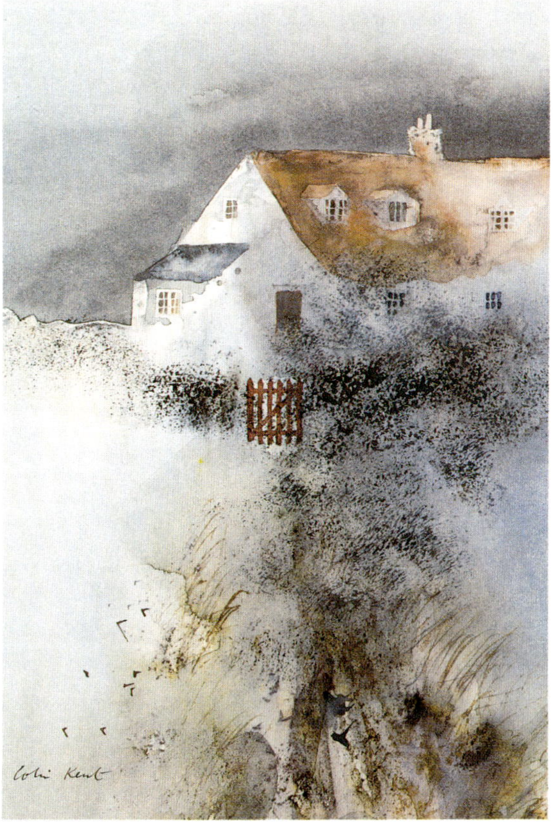

UN PEU DE VOCABULAIRE

ACRYLIQUE Résine synthétique utilisée en émulsion comme liant dans les peintures acryliques extra-fines.

AGENT CONSERVATEUR Substance bactéricide et fongicide ajoutée aux pigments. Cet adjuvant est d'autant plus indispensable aux peintures d'aquarelle que le milieu aqueux favorise la prolifération bactérienne.

AGENT MOUILLANT Substance retenant l'humidité, comme la glycérine, ajoutée aux pigments d'aquarelle pour préserver l'humidité et l'élasticité du matériau.

APLAT Lavis étalé sur une large surface à l'aide d'un gros pinceau, de façon à produire une tonalité uniforme.

AQUARELLE SÈCHE Pains de pigment et de gomme ne comportant aucun agent humectant ou plastifiant (miel ou glycérine), qu'utilisaient les premiers aquarellistes. Il fallait racler les pains pour récupérer la couleur, mais une fois la peinture sèche, elle pouvait être recouverte d'une nouvelle couche sans risquer de se diluer.

AQUARELLES EXTRA-FINES Peintures d'excellente qualité, fortement chargées en pigment et offrant une couleur riche et intense.

ASPERSION Technique consistant à secouer un pinceau chargé de peinture pour créer un effet moucheté. On obtient le même résultat en grattant les soies d'une brosse à dents avec l'ongle.

BÂTON DE GRAPHITE Grosse mine de crayon utilisée pour dessiner.

BRUNISSOIR Cet outil traditionnel est une pierre polie, en agate, le plus souvent, utilisée pour brunir les feuilles d'or et d'autres pièces de métal fin. En aquarelle, le brunissoir sert à lisser les fibres du papier, découvertes par un geste trop vigoureux. Pour obtenir le même effet, il suffit de passer le revers de l'ongle sur la feuille.

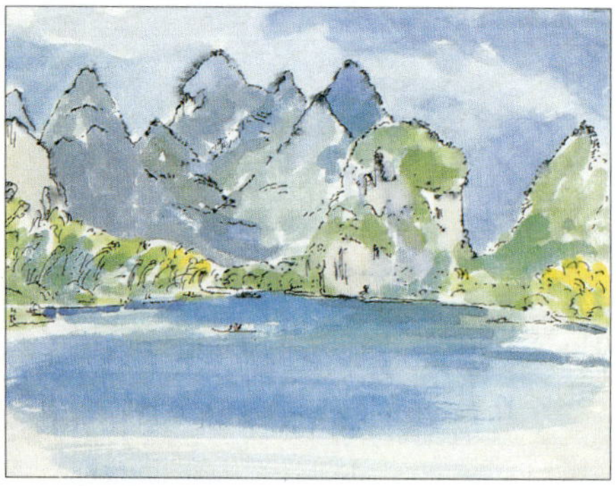

Ce papier, n'ayant reçu aucun apprêt, est très absorbant

CAMAÏEU Dessin ou peinture exploitant les tons et les nuances d'une seule et même couleur. On parle également de « lavis monochrome ».

CANON Récipient cylindrique destiné à calibrer les poils des pinceaux.

CARRÉ CONTÉ Crayons à dessin, plus ou moins gras, déclinés sur une gamme de noirs, de blancs, de rouges et de couleurs de terre.

CHAMBRE CLAIRE Certains artistes utilisent encore cet outil d'aide au dessin inventé au début du XIXe siècle. Montée sur un trépied, une chambre claire est formée d'un simple prisme, d'un viseur et d'une lentille optique. En dirigeant l'image réfléchie sur le papier d'aquarelle, il ne reste plus qu'à tracer les contours du sujet.

CHAMBRE NOIRE Cet appareil exploite le principe du sténopé ; une image inversée du sujet se forme lorsque les rayons lumineux pénètrent par une petite ouverture. En remplaçant le sténopé par une lentille et en ajoutant un écran portable, les peintres avaient trouvé l'outil idéal pour reproduire tous les détails d'un paysage.

CHEVALET Support sur lequel le peintre pose le tableau qu'il est en train d'exécuter. Les aquarellistes qui travaillent souvent en extérieur préfèrent les chevalets légers et pliables. Un bon chevalet doit fixer fermement le tableau en position horizontale ou verticale.

COLLAGE DANS LA MASSE Traitement destiné à réduire le pouvoir absorbant du papier en ajoutant un apprêt à la pâte. *Voir également* Encollage *et* Collage en surface.

COLLAGE EN SURFACE Procédé permettant de réduire le pouvoir absorbant d'un subjectile. Les papiers les plus courants sont généralement traités en surface avec un apprêt de gélatine qui leur permet de résister aux gestes les plus vigoureux.

COLLAGE NEUTRE Procédé moderne d'encollage du papier avec un apprêt au pH neutre qui remplace les anciennes préparations plus acides.

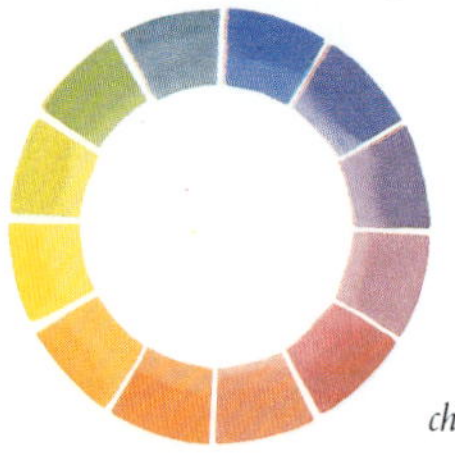

Cercle chromatique

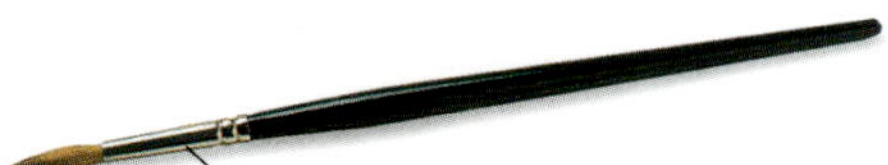

Racine du pinceau

COULEUR CHAUDE On considère généralement le rouge-orangé comme une couleur chaude. Sous l'effet de la perspective aérienne, les couleurs chaudes semblent avancer vers l'observateur, alors que les couleurs froides reculent.

COULEUR ÉTEINTE Teinte sourde, très faiblement saturée.

COULEUR FROIDE Le bleu est considéré comme une couleur froide. Avec les effets d'atmosphère, les couleurs du lointain tirent sur le bleu, et par effet d'optique, semblent reculer. C'est pourquoi on dit des couleurs froides qu'elles sont « fuyantes ».

COULEUR FUYANTE Couleur froide (le bleu, essentiellement) qui, par effet d'optique, produit un effet d'éloignement.

COULEUR LAVÉE Couleur additionnée de blanc. Les aquarellistes préfèrent diluer les mélanges pour éclaircir les couleurs qui, par leur transparence, réfléchissent le blanc du papier.

COULEUR VIVE Couleur brillante et saturée.

COULEURS ANALOGUES Couleurs qui se jouxtent sur le cercle chromatique.

COULEURS COMPLÉMENTAIRES Ce sont les couleurs contrastées, se complétant deux à deux et diamétralement opposées sur le cercle chromatique. La complémentaire d'une primaire correspond au mélange des deux autres primaires. Ainsi l'orange est la complémentaire du bleu, le vert du rouge, et le violet du jaune.

COULEURS PRIMAIRES Ce sont le magenta, le cyan et le jaune, couleurs qui, en peinture, ne peuvent être obtenues par aucun mélange et dont le mélange permet d'obtenir toutes les autres couleurs.

COULEURS PROCHES Couleurs placées côte à côte sur une composition. Les couleurs complémentaires s'avivent mutuellement lorsqu'elles sont ainsi juxtaposées.

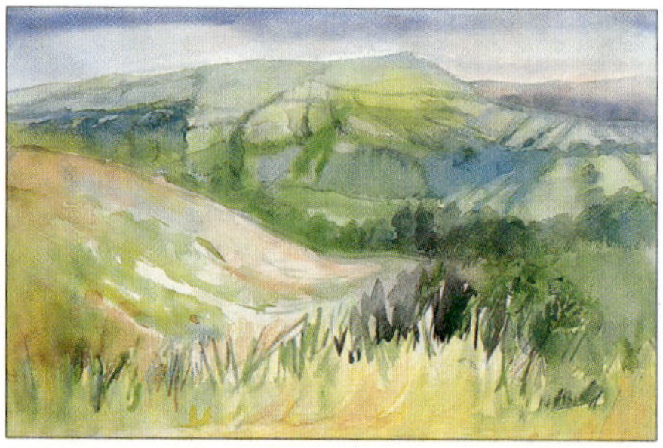

Les couleurs froides produisent un effet d'éloignement

Couleurs saillantes Couleur de tonalité chaude (rouge-orangé) qui semble avancer vers le spectateur.

Couleurs secondaires Couleurs obtenues par le mélange de deux primaires. Le vert, l'orange et le violet sont des secondaires.

Couleurs tertiaires Ces couleurs, produites en mélangeant une primaire avec sa couleur secondaire analogue, comportent les trois primaires. Les tons neutres s'obtiennent en mélangeant deux couleurs quelconques.

Décoller la couleur Technique consistant à éliminer une touche de couleur à l'aide d'une brosse de soies dures chargée d'eau ou d'une éponge.

Dextrine Amidon rendu soluble à l'eau sous l'action de la chaleur. Utilisé comme liant, il est meilleur marché mais moins efficace que la gomme arabique.

Diffusion Tendance de certains pigments organiques à diffuser au travers d'une autre couche de peinture.

Effet marbré Effet produit par les pigments légers qui ont tendance à se disperser inégalement sur le papier.

Effet moucheté Effet produit par les pigments lourds et grossiers qui se déposent dans les aspérités du papier. Il peut être dû à l'agglutination des pigments ou à la différence de texture des différents pigments dans un mélange. *Voir* Floculation.

Empâtement Application d'une couche épaisse de peinture.

Encollage Couche d'apprêt appliquée dans la masse ou sur la surface du papier. La préparation comporte généralement un mélange de gélatine, d'eau et un agent conservateur. Le mode d'encollage détermine la force du papier et son pouvoir absorbant, et par conséquent, la façon dont la peinture réagira sur le support.

Enlèvement de la couleur Technique permettant de modifier une couleur et de créer des rehauts en absorbant au pinceau, à l'éponge ou au papier absorbant la couleur posée sur le papier.

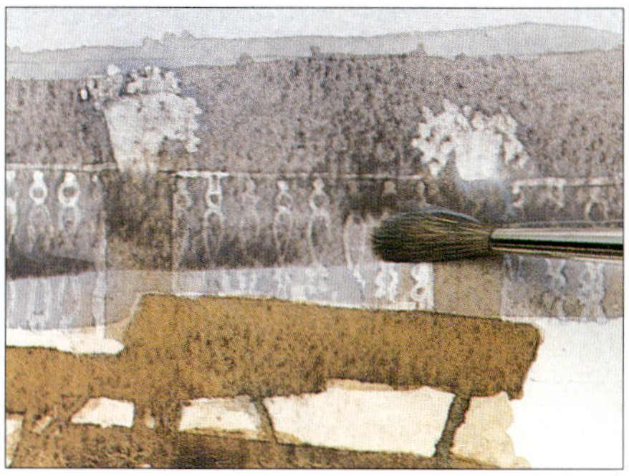

Repeint sur une balustrade protégée au masque de gouache

Éponger la couleur Technique consistant à absorber la peinture à l'aide d'une éponge ou d'un papier absorbant pour éclaircir ou éliminer des touches de pigment. Cette méthode convient aussi bien pour retoucher un détail que pour créer des effets spéciaux.

Feutrage Dans la fabrication du papier, procédé consistant à presser le matelas de fibres végétales.

Fiel de bœuf Agent mouillant ajouté à un mélange pour faciliter son application sur le papier.

Filaments Poils en fibres synthétiques.

Fixatif Enduit superficiel appliqué sur les traits de fusain, de craie ou de carré Conté pour éviter qu'ils ne se dispersent et ne salissent les lavis.

Fleur du pinceau Extrémité du faisceau de poils d'un pinceau.

Floculation Effet très proche de l'effet moucheté, mais l'agglutination des particules de pigment provient ici d'un phénomène électrostatique et non de la texture épaisse du pigment.

Fugacité Les couleurs fugaces s'estompent au bout d'un certain temps, contrairement aux couleurs solides à la lumière.

Fusain Crayon de charbon friable obtenu par carbonisation sous vide de branches sèches de saules ou d'autres arbrisseaux. Le fusain est l'un des plus anciens outils à dessin.

Glycérine Dans les peintures d'aquarelle, on utilise cette substance sirupeuse et hydrophile pour préserver l'humidité du matériau.

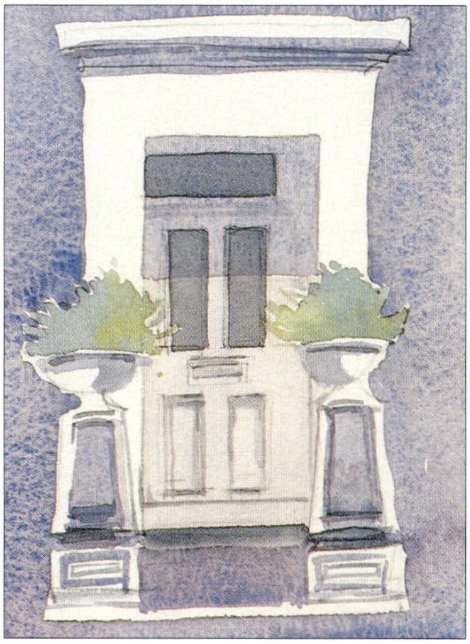

Porte traitée en aplats de couleur

Gomme Outil permettant d'éliminer les traits de crayon et autres marques. Jadis, les peintres utilisaient une boule de mie de pain ou de plumes. On trouve aujourd'hui dans le commerce toutes sortes de gommes de caoutchouc ou de gommes mastic, mais les nouvelles gommes plastiques sont certainement les moins salissantes.

Gomme arabique Substance végétale extraite de l'acacia d'Afrique et utilisée comme liant dans la fabrication des aquarelles. La gomme de Kordofan, au Soudan, est la plus utilisée de nos jours.

Gomme liquide Solution à base de latex qui sert à protéger ou réserver certaines formes dans une composition. Les fluides blancs ou jaune pâles laissent un film plus facilement repérable sur le papier mais ils risquent de le tacher légèrement.

Gondolage Lorsqu'il n'est pas tendu, le papier a tendance à gondoler lorsqu'on le mouille.

Gouache Peinture à l'eau caractérisée par son opacité. On parle également de couleur opaque.

Grain Texture spécifique de la surface d'un papier. Les papiers ordinaires - par opposition aux papiers Japon - ont trois grands types de grains de surface : grain fin (ou satiné), grain moyen, et gros grain ou grain torchon.

Grammage Le poids des papiers d'aquarelle est mesuré en grammes au mètre carré. Il existe une vaste gamme de grammage, mais les plus courants sont ceux de 190 gr, 300 gr, 356 gr et 638 gr. Il n'est pas indispensable de tendre les papiers forts, de plus de 356 gr.

Humide sur humide Technique consistant à appliquer une couche de peinture humide sur un fond humide.

Image résiduelle Cet effet d'optique se produit lorsque après avoir fixé une couleur vive, l'œil perçoit sa complémentaire. Ainsi, si nous concentrons notre attention sur une plage de rouge-orangé puis que nous passons à un jaune vif, le jaune nous paraîtra vert car l'œil a mémorisé le

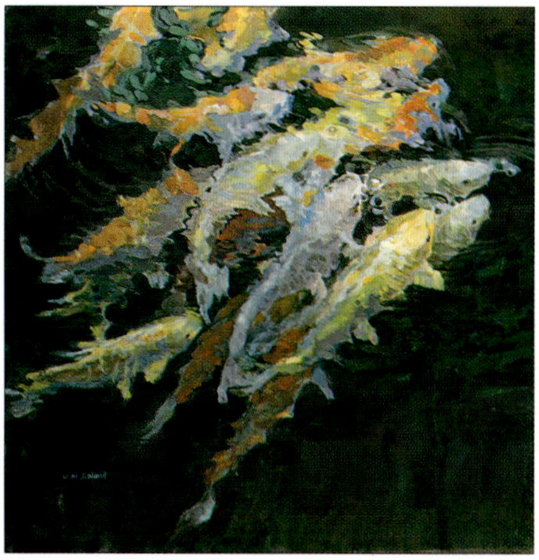

Empâtement exécuté avec une grosse épaisseur de gouache

bleu, couleur rémanente du rouge-orangé. On parle également de la luminance des couleurs.

Latex : *voir* Gomme liquide.

Lavis dégradé Lavis monochrome marquant une transition progressive des valeurs, du clair à l'obscur ou de l'obscur au clair.

Lavis diapré Lavis polychrome appliqué de façon à laisser diffuser et se fondre les couleurs

Lentille réductrice : *voir* Œil-de-vieux.

Liant Cette substance homogénéise les particules de pigment d'une peinture et leur permet d'adhérer au subjectile. Pour les aquarelles, on utilise une gomme soluble à l'eau.

Luminance des couleurs Effet d'optique par lequel on perçoit la couleur complémentaire d'une couleur que l'on vient d'observer attentivement. *Voir* Image résiduelle.

Martre Poils de la queue de martre, utilisée pour fabriquer des pinceaux d'aquarelle fins et souples.

Masque de cire Technique consistant à tracer sur la surface du papier des motifs et des formes au bâton de cire ou à la bougie.

Masque de gomme arabique Technique consistant à recouvrir des détails d'un tableau en appliquant une solution de gomme arabique pour protéger le papier ou la peinture déjà posée. On retire ensuite ce masque à l'eau claire. En ajoutant un peu de gomme arabique à un mélange, on obtient une peinture qui s'enlèvera plus facilement.

Masque de gouache Technique consistant à protéger certaines parties du tableau en appliquant une fine pellicule de gouache qui sera par la suite éliminée à l'eau claire.

Masques Technique consistant à appliquer du fluide à masquer ou d'autres caches pour protéger certaines parties d'une aquarelle en cours d'exécution. La gomme liquide doit sécher avant d'être recouverte de peinture. En fin de travail, on gomme délicatement cette fine pellicule pour retrouver la surface originale.

Matières de charge On utilise souvent des substances comme la craie ou la barytine pour fabriquer les peintures, particulièrement pour les pigments lourds qui risquent de laisser des traînées sur le papier.

Mélange optique Couleur obtenue par effet d'optique en superposant *(ci-contre)* ou en juxtaposant différentes couleurs, et non par mélange physique sur une palette.

Mélange physique Mélange de plusieurs couleurs sur la palette avant application sur le papier.

Mise au carreau Méthode de quadrillage utilisé pour reproduire tous les détails d'un dessin ou d'une photographie sur le papier d'aquarelle. Cette grille permet également de réaliser des agrandissements tout en respectant les proportions du modèle. Pour les parties plus complexes, comme les visages des petites filles (ci-dessous), le quadrillage peut être resserré. Il suffit ensuite de recopier carré par carré les lignes du modèle.

Œil-de-vieux Outil d'aide au dessin, aussi connu sous le nom de « lentille réductrice », très populaire aux XVIIe et XIXe siècles. Il s'agissait d'un petit miroir convexe réfléchissant une image réduite et le plus souvent monochrome d'un paysage.

Papier à grain fin Papier calandré à chaud présentant une surface très lisse. Le papier satiné présente un grain parfaitement lisse.

Papier à grain moyen Papier calandré à froid présentant en surface un grain intermédiaire, entre le grain fin et le grain torchon.

Papier à grain torchon Papier calandré à froid fortement texturé, également appelé « gros grain » ou « grain grossier ».

Papier à la cuve Les papiers d'aquarelle de qualité supérieure sont généralement fabriqués sur des formes rondes. Ce procédé assure un meilleur enchevêtrement des fibres que les méthodes mécaniques et confère au papier une meilleure résistance et une plus grande stabilité dimensionnelle.

Papier absorbant Papier n'ayant subi aucun traitement de collage dans la masse et présentant par là-même un coefficient d'absorption élevé.

Papier Japon Papier très absorbant, fait à la main et ne comportant aucun apprêt de surface ni collage dans la masse. Certains papiers Japon ne pèsent pas plus de 12 gr.

Papier sans acide Papier à pH neutre qui ne jaunit pas avec le temps.

Papier sans bois Papier d'excellente qualité fabriqué à partir d'une pâte de pure cellulose, au pH neutre, qui ne jaunit pas avec le temps.

Papier vélin Papier de luxe laissant apparaître le motif de la trame du moule sur lequel il a été passé.

Papier vergé Papier de luxe, présentant un filigrane de lignes parallèles et horizontales, résultant de l'action sur le matelas fibreux du rouleau portant en relief un motif de vergeures.

Perspective Méthode de représentation d'un objet en trois dimensions sur une surface à deux dimensions. Dans une perspective linéaire, les proportions géométriques permettent de réduire les objets au fur et à mesure qu'ils s'éloignent. La perspective aérienne produit une impression de profondeur en jouant sur les couleurs, plus froides et plus claires à l'horizon et plus chaudes et plus vives au premier plan.

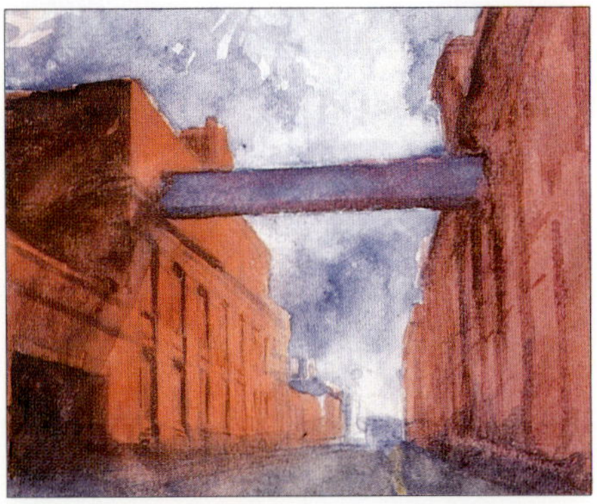

Perspective linéaire: les immeubles au loin apparaissent plus petits

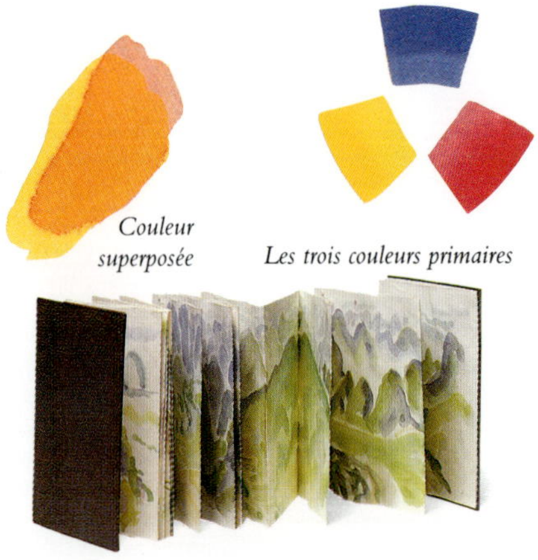

Une vue panoramique sur papier coréen

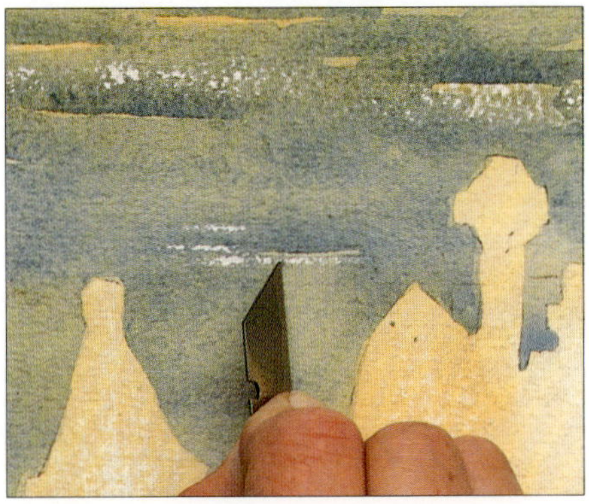

Gratter la couleur pour retrouver la surface du papier

Perspective aérienne Sous l'effet des conditions atmosphériques, notre œil perçoit différemment la couleur et les valeurs des objets éloignés.
À l'horizon, les objets semblent plus clairs et tirent sur le bleu.

Phtalocyanine Pigments organiques modernes produisant un bleu ou un vert transparent. Ces pigments présentent un fort pouvoir colorant et sont très solides à la lumière.

Pigment Matériau coloré solide se présentant sous formes de petites particules qui constituent le composant de base de tous les types de peintures.

Pochoir Plaque de carton ou de tout autre matériau, découpée des motifs, sur laquelle on pulvérise ou on éponge la peinture.

Point de convergence Point fort qui attire le regard sur un tableau.

Pointillage Technique consistant à parsemer le papier de points de couleur en travaillant avec la fleur du pinceau.

Polychrome Peinture ou dessin exécuté avec toute une gamme de couleurs.

Pouvoir absorbant Capacité du papier à absorber la peinture. L'apprêt appliqué en surface (mélange de gélatine et d'eau auquel est ajouté un conservateur) détermine la rigidité et le pouvoir absorbant du papier.

Pouvoir colorant Force d'une couleur ou d'un pigment.

Pouvoir couvrant Capacité d'un pigment à adhérer au papier et à résister à l'eau. *Voir également* Pouvoir colorant.

Quinacridone Pigment organique moderne d'un rouge transparent, très solide à la lumière.

Racine du pinceau Base du faisceau de poils retenu par la virole.

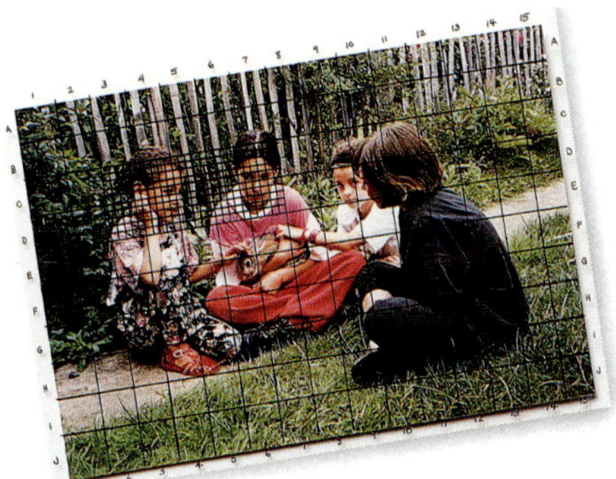

Mise au carreau d'un cliché

Rehaut Touche claire destinée à accuser la lumière sur un dessin ou une peinture. Dans les techniques transparentes, ce sont les réserves de blanc, alors que dans les techniques opaques, on crée les rehauts à la gouache blanche.

Sgraffite Technique consistant à gratter la peinture sur la surface du papier, au scalpel, au manche du pinceau ou à l'ongle. Ce « grattage » révèle la couleur sous-jacente ou, le cas échéant, le blanc du papier. Très utilisé pour produire des effets de matière.

Solidité à la lumière Permanence ou fixité d'une couleur, indiquée par un système d'astérisques : trois astérisques pour les couleurs d'une fixité complète, deux pour les couleurs très solides et une seule pour les couleurs solides.

Superposition Technique consistant à recouvrir un lavis sec d'un nouveau lavis, de façon à foncer une couleur. La couleur sous-jacente perce sous la superposition de voiles transparents, ce qui approfondit la teinte.

Teinte Couleur du spectre.

Température des couleurs Mesure des couleurs en degrés Kelvin. Pour les photographes, qui doivent choisir leur pellicule en fonction de la température des rayons lumineux, cette mesure est essentielle. L'artiste identifie instinctivement la différence de température des couleurs entre un éclairage électrique, plus jaune qu'un éclairage naturel.

Tension du papier Procédé consistant à tendre le papier à aquarelle pour éviter qu'il ne gondole lors de l'application de la peinture. On détrempe le papier avant de le fixer sur une planche avec du papier gommé, puis on le laisse sécher.

Titanate de nickel Pigment inorganique moderne présentant une grande solidité à la lumière.

Valeur Degré de clarté ou d'obscurité d'une couleur sous l'effet de la lumière. En froissant une feuille de papier blanc, vous ferez ressortir les différentes valeurs de blanc.

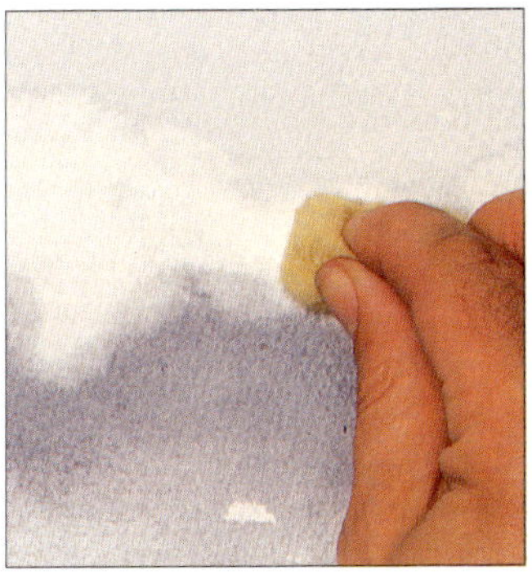

La forme des nuages apparaît sous les touches d'éponge.

Virole Pièce métallique du pinceau enserrant les poils

Viseur Rectangle de carton découpé à la taille de la feuille de travail, tenu à bout de bras pour cadrer une composition sur un paysage.

Technique humide sur humide

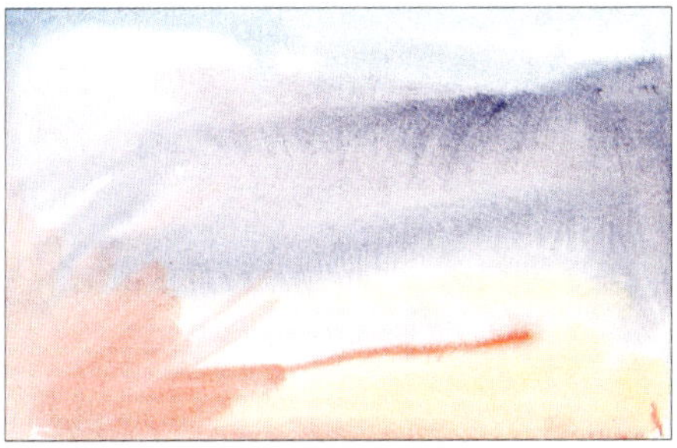

REMARQUE SUR LES COULEURS, LES PIGMENTS ET LA TOXICITÉ

Le bleu Winsor et le vert Winsor que nous recommandons sont des pigments à base de phtalocyanine ; d'autres fabricants proposent les mêmes matériaux sous d'autres noms de marque, tels que bleu ou vert Phtalo, bleu ou vert Monestial, etc. De même, le rose permanent que nous conseillons est un pigment à base de quinacridone. Le jaune citron auquel nous faisons référence existe également sous le nom de jaune de titanate de nickel. Pour tout renseignement complémentaire sur les pigments, reportez-vous à la documentation du fabricant.
Nous avons, dans la mesure du possible, évité de recommander des pigments à base de chrome qui sont relativement toxiques. Les couleurs à base de cadmium présentent un pouvoir colorant et une permanence exceptionnels, mais il est conseillé de prendre certaines précautions élémentaires en les utilisant (éviter de porter à la bouche les pinceaux chargés de peinture).

REMARQUE SUR LES PINCEAUX

Selon les fabricants, les tailles peuvent être légèrement différentes.

REMARQUE SUR LES PAPIERS

Le grain des papiers - gros grain, grain moyen et grain fin - varie sensiblement d'un fabricant à un autre. Il est donc vivement conseillé d'en examiner plusieurs avant de fixer son choix.

INDEX

REMERCIEMENTS

Ray Smith tient à remercier Alun Foster et Richard Goodban de chez Winsor & Newton pour leurs conseils avisés et Jane Gifford, pour ses tableaux si frais et si charmants. Je voudrais également exprimer toute ma gratitude à Jane Laing, Sean Moore, Tina Vaughan, Gwen Edmonds et Toni Kay de l'équipe de Dorling Kindersley, et tout particulièrement à ma responsable d'édition Emma Foa, ainsi qu'à Claire Legemah pour son approche séduisante et dynamique de la maquette. Que soient également remerciés Nigel Partridge et Maria D'Orsi pour leur participation à la mise en page.

Photographies

Légende : *h = haut, b = bas, g = gauche, d = droite, c = centre*

Pages de garde : Jane Gifford ; *p. 1* : Gabriella Baldwin-Purry ; *p. 2* Philip O'Reilly; *p. 3* : Julia Rowntree ; *p. 4* : Camilla Smith, 7 ans, dédicacé à son père, Ray ; *p. 5* : échantillons de peintûre, Sharon Finmark ; personnages, Jane Gifford ; matériaux, Winsor & Newton ; *p. 6-7* : œillets, Sharon Finmark ; autres, Gabriella Baldwin-Purry ; *p. 8-9* : Dürer, British Museum / Bridgeman Art Library ; Girtin, Tate Gallery / Bridgeman Library ; Turner, British Museum / Bridgeman Art Library ; Cozens, Private Collection / Bridgeman Art Library ; Constable, avec l'aimable autorisation du Conseil des Administrateurs du Victoria and Albert Museum / Bridgeman Art Library ; *p. 10-11* : Pissarro, British Museum / Bridgeman Art Library ; Cotman, Bonham / Bridgeman Art Library ; Sargent, avec l'aimable autorisation du Conseil des Administrateurs du Victoria and Albert Museum / Bridgeman Art Library ; Hopper, Whitney Museum of American Art, New York / Bridgeman Art Library ; Palmer, Oldham Art Gallery, Oldham ; *p. 12-13* : Winsor & Newton ; *p. 14-15* : cercle chromatique et échantillon de l'encadré, Ray Smith ; autres, Sharon Finmark ; *p. 16-17* : Ray Smith ; *p. 18-19* : Sharon Finmark ; *p. 20* : Will Adams ; *p. 21* : *h* : Sharon Finmark ; *b* : Jane Gifford; *p. 23* : Nolde (attribué) Ruttebüll Tief, Christie's, Londres / Bridgeman Art Library, © Nolde-Stiftung Seebüll ; *p. 24* : Winsor & Newton ; *p. 25* : Ray Smith ; *p. 26-27* : Jane Gifford ; *p. 28-29* : Julia Rowntree ; *p. 31* : Dufy : Visual Art Library, Londres ; *p. 32* : carnet de croquis, Jane Gifford ; presse cylindrique et papier mi-teinte Bockingford, Inveresk, Papeterie St Cuthberts ; *p. 34* : *h* : Sharon Finmark ; *p. 36-37* : Jane Gifford ; *p. 36-37* : Klee, Christie's, Londres : Bridgeman Art Library ; *p. 38-39* : portrait Ray Smith ; autres, Julia Rowntree ; *p. 40* : *h* : Julia Rowntree ; *p. 41* : Maria D'Orsi ; *p. 42-43* : Sharon Finmark ; *p. 44* : Ray Smith ; *p. 45* : *h* : Sharon Finmark ; *b* : Jane Gifford ; *p. 46-47* : Sharon Finmark ; *p. 48-49* : scènes de plage, Julian Gregg ; autres, Ray Smith ; *p. 50* : Cotman,Oldham Art Gallery, Oldham ; *p. 52-55* : Sharon Finmark ; *p. 56-63* : Julia Rowntree ; *p. 64* : h Ray Smith ; bg & d Sharon Finmark ; *p. 65* : h Sharon Finmark ; b William Ireland ; *p. 66-67* : Ravilious, collection privée / Bridgeman Art Library ; *p. 68* : *hg* : Jane Gifford ; *cg* : Ray Smith ; *cd* : Sharon Finmark ; *p. 69* : *g* : Sharon Finmark ; *hc* : Julia Rowntree ; *d* : William Ireland ; *p. 70* : *hg* : Ray Smith ; *bg* : Jane Gifford ; *c* : Tim Pond ; *d* : Julia Rowntree ; *p. 71* : *hg* : Ray Smith ; *hd* : Sharon Finmark.